丑闻

二战期间美国日裔拘留营中的惊人故事

〔美〕理查德·里夫斯 著
魏令查 译

创于1897 商务印书馆 The Commercial Press
2018年·北京

Richard Reeves

INFAMY

The Shocking Story of the Japanese-American Internment in World War Ⅱ

根据美国亨利霍尔特出版社 2015 年版译出

谨以此书献给

拉维妮娅·约瑟芬·凯瑟琳·奥尼尔

目　录

前言　1

第一章　珍珠港　10

1941 年 12 月 7 日

第二章　总统谕　39

签署第 9066 号行政令：1942 年 2 月 19 日

第三章　行李从简　62

一号公告：1942 年 3 月 2 日

第四章　“保持白人国度”　100

设置集中营：1942 年 3 月 22 日至 10 月 6 日

第五章　荒漠圣诞　125

1942 年 12 月 25 日

第六章　山姆大叔终于需要你了　142

日裔从军：1943 年 1 月 29 日

丑闻

第七章 “忠”与“不忠” 170
图利湖：1943 年 9 月

第八章 “这符合美国精神吗？” 192
拒服兵役：1944 年 2 月

第九章 “孤注一掷” 215
援救失踪之营：1944 年 10 月 30 日

第十章 回“家” 243
胜利日：1945 年 8 月 15 日

尾声 265

人物简注 278
注释 288
参考文献 309
致谢 317
索引 320

译后记 349

日裔集中营分布图
加拿大
皮阿拉普
华盛顿州
波特兰
米苏拉
蒙大拿州
库斯基亚
俄勒冈州
北达科他州
俾斯麦
明尼苏达州
爱达荷州
哈特山
图利湖
米尼多卡
南达科他州
威斯康星州
密歇根州
缅因州
佛蒙特州
新罕布什尔州
马萨诸塞州
纽约州
康涅狄格州
罗得岛
怀俄明州
加利福尼亚州
内华达州
马里斯维尔
萨克拉门托
斯托克顿
坦佛兰
特洛克
默塞德
萨利纳斯
派恩代尔
弗雷斯诺
图莱里
曼萨纳
托珀兹
犹他州
科罗拉多州
阿玛彻
（格拉纳达）
内布拉斯加州
艾奥瓦州
伊利诺伊州
印第安纳州
俄亥俄州
宾夕法尼亚州
新泽西州
马里兰州
德拉华州
华盛顿特区
西弗吉尼亚州
弗吉尼亚州
堪萨斯州
密苏里州
肯塔基州
北卡罗来纳州
田纳西州
亚利桑那州
圣菲
波莫纳
圣阿尼塔
梅耶
新墨西哥州
俄克拉何马州
阿肯色州
大西洋
波斯顿
罗沃尔
杰罗姆
密西西比州
亚拉巴马州
佐治亚州
南卡罗来纳州
希拉河
西格维尔
路易斯安那州
得克萨斯州
太平洋
集散中心
安置中心
司法部监狱
佛罗里达州
克里斯特尔城
墨西哥
墨西哥湾
100 0 300英里
0 300公里

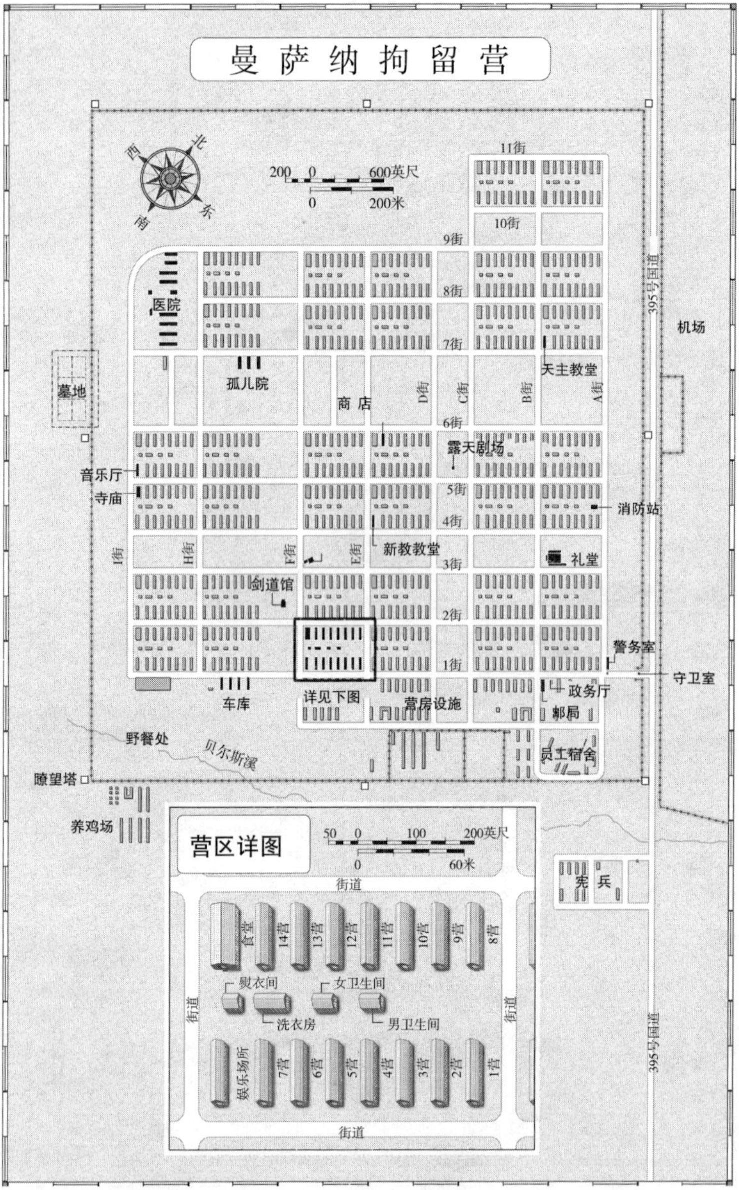
曼萨纳拘留营
西
北
南
东
200 0 600英尺
0 200米
11街
10街
9街
8街
7街
6街
5街
4街
3街
2街
1街
医院
孤儿院
商 店
D街
C街
B街
A街
天主教堂
395号国道
机场
墓地
露天剧场
音乐厅
寺庙
消防站
I街
H街
F街
E街
新教教堂
礼堂
剑道馆
警务室
守卫室
车库
详见下图
营房设施
政务厅
邮局
野餐处
贝尔斯溪
员工宿舍
瞭望塔
养鸡场
营区详图
50 0 100 200英尺
0 60米
街道
宪 兵
食堂
14营
13营
12营
11营
10营
9营
8营
熨衣间
女卫生间
洗衣房
男卫生间
娱乐场所
7营
6营
5营
4营
3营
2营
1营

前 言

加州南部的人有时会从洛杉矶沿395号国道驱车北上，前往 xiii
内华达山脉东坡的马默斯山滑雪。六小时的车程漫长而无趣，所经地区大多荒无人烟。中途，有一处荒凉的沙漠，远山环绕，那里有一个标志：曼萨纳战时安置中心（Manzanar War Relocation Center）。

此处鲜有人停留，过路车上或有人问："那不就是他们关日本人的地方吗？"

是的，第二次世界大战期间，12万余名美国日本人（American Japanese）背井离乡，遭禁于10座"安置中心"和数座监狱。珍珠港遭袭短短数月内，富兰克林·德拉诺·罗斯福（Franklin Delano Roosevelt）总统即颁布行政令，将他们发配到这些"集中营"（concentration camps）。逾70%迁移人员

xiv（evacuee）和囚徒生于美国，属美国公民。他们的父母是第一代移民，因为 1924 年的《移民法》禁止他们归化，所以永远属于外籍人士。无论是公民还是外籍人士，他们中的大多数都极爱美国。虽然无一人被控叛国，但岗楼里的士兵却用机枪监管着他们。事实上，日裔中的外籍人士和美国公民，在战争期间无一被判间谍罪或颠覆罪。这些男女老少大多从未到过日本，之所以在战时遭受囚禁，仅仅是因为他们貌似敌人——大日本帝国的皇军。

在加州断断续续地住了多年，我曾多次经过曼萨纳，每次都觉得应该停下，应该写写那里的故事，以及亚利桑那州、科罗拉多州、怀俄明州、犹他州和阿肯色州其他集中营的故事。我是美国人，但在美国，我认识的大多数人对这些曾经发生的事情都不明就里。看到我们的国家又一次开始攻击移民，指责他们该为美国当下的问题负责，我终于决定撰写此书。70 年前，受指责的是美国日本人，尽管他们大多数对初来乍到的这个国家忠心耿耿；今天，则是穆斯林和西班牙裔。这不是美国日本人的故事，而是美国人的故事。这些美国人被安置中心周围的铁丝网隔离开来，一侧的人拥挤在油毡营房里，另一侧的人则在岗楼里操着机枪和探照灯。

白人拘押美国日本人，这样的事影响深远，绝非一个个孤立事件，这些事促使我们审视“美国方式”的黑暗面。这样的事至少可以追溯至对美洲土著的态度、美国革命后对英国保皇派的
xv 迫害、新世界里对非洲人的奴役、第一次世界大战期间对美籍德裔的处理、犹太人配额制度、“爱尔兰人不得申请”，以及众议

院非美活动委员会（Un-American Activities Committee）这类官方机构的泛滥。而且，至少在我看来，一旦恐惧和狂热淹没了林肯所说的“人性中善的一面”，类似的迫害似乎就有可能卷土重来。

这件事要么经常遭人遗忘，要么仅仅作为美国历史教科书中第二次世界大战宏阔史诗的注脚，虑及此点，重蹈覆辙的危险更大。甚至在当时，美国日裔集中营不是报道不足，就是遭到歪曲。尽管对围捕、拘禁美国日本人时有全国性的报道，但大多数报道视这种强制迁移（evacution）为乡村度假。安置营时常被描绘为度假之地，美其名曰“拓荒社区”（pioneer communities）。那时，在美国大多数地区，人们送子奔赴欧洲和太平洋战场，忧心忡忡，而加州却偏安一隅。

美国政府和军方没有理由宣传这样的迁移和拘禁。日军袭击珍珠港后不到 10 周，富兰克林·罗斯福总统即签署第 9066 号行政令，授权羁押美国的日本人，他可不想让羁押引发政治纷争。数十年来，那些遭受羁押的人员也不愿意讲述自己的故事，甚至是——或者说特别是——向自己的家人，真相简直太过苦楚。

20 世纪六七十年代，年轻的美籍日裔开始从父母或者祖父母那里探寻 20 世纪 40 年代的事情，这样做部分源于黑人民权和抗议越战的运动。随即出现了由遭受羁押的日裔人士撰写的书籍 xvi
和回忆录，很多是不同寻常的文学作品，不少属于私人出版，也有很多从未出版，而非常重要的是，大量属于童书或青年读物。新生代提出的问题激发了日裔组织的热情，于是，他们创设口述史，公开信函，开设博物馆，并展开游说活动，要求政府进行正式道歉和经济补偿，并划设曼萨纳等营址为国家历史纪念馆。政府关于迁移的档案开始被披露或解密。不久，学术和法律方面的文章开始聚焦于这些战时事件是否符合宪法。

历史上那些要求并负责设立安置营（relocation camps）的人物后来也在著述中或听证会上竭力自辩，他们的非正义行为骇人听闻，他们应该做出解释。最高法院曾经推迟或驳回那些对于群体羁押的质疑，决定于1944年总统大选结束后另行审理相关案件，以保护罗斯福总统。但最终，法官批准了集中营。陆军部副部长约翰·麦克洛伊（John J. McCloy）在一份函件中说："尽管有宪法……我们也可以搞定法律问题，宪法于我而言仅是一纸空文。"怀俄明州州长内尔斯·史密斯（Nels Smith）对时任战时安置署（War Relocation Authority）主任弥尔顿·艾森豪威尔（Milton Eisenhower）咆哮道："如果你把日本人遣送到我们州，我一定要将他们一个个在树上吊死。"爱达荷州州长蔡斯·克拉克（Chase Clark）补充道："小日本生活如鼠，繁殖如鼠，而且行事如鼠。"

西部防务司令部有两名军官推动此事，一名是约翰·德威特（John DeWitt）将军，另一名是卡尔·本德森（Karl Bendetsen）上校。两人均是偏执狂，前者愚蠢，后者狡黠至极，满嘴谎言。他们操纵事态，极力夸大西海岸日本人的种种危险。德威特将军
xvii 等人在众议院海军事务委员会（Committee on Naval Affairs）鼓
噪的理由竟然是："鬼子终究是鬼子！他们的忠诚靠不住。"

在同龄人的眼中，德威特懦弱无知，本德森则是劣质间谍小说中那种工于心计的人物。1944年，在《美国名人录》（*Who's Who in America*）中，本德森自称，他"在将日裔驱离军事区域的工作中，规划方案，设计细节"。而在20世纪70年代国会委

员会调查驱离日裔事件时，他却说：“当然，那时我没参加高层会议，我只是个少校。”

这场闹剧的反派人物还有：加州司法部部长厄尔·沃伦（Earl Warren），他凭借反日浪潮，登上该州州长的宝座；国务卿科德尔·赫尔（Cordell Hull）；陆军部部长史汀生（Henry Stimson）；陆军部副部长约翰·麦克洛伊；喜欢吹毛求疵的美国公民自由联盟（American Civil Liberties Union）发起人罗杰·鲍德温（Roger Baldwin）；最高法院法官汤姆·克拉克（Tom Clark）、威廉·道格拉斯（William O. Douglas）；以及威廉·伦道夫·赫斯特（William Randolph Hearst）、沃尔特·李普曼（Walter Lippmann）、爱德华·R. 默罗（Edward R. Murrow）等数百名胡编乱造的记者。

尽管鲜为人知，但其中也不乏正派人物：内政部部长哈罗德·伊克斯（Harold Ickes）；司法部副部长爱德华·恩尼斯（Edward Ennis）、詹姆斯·罗（James Rowe）；以及旧金山民权律师欧内斯特·贝西格（Ernest Besig）和韦恩·柯林斯（Wayne Collins）。还有许多普通民众和民间英雄：“世界草莓之都”加州弗罗林的消防队长鲍勃·弗莱彻（Bob Fletcher），他真正地不顾安危，保护日裔旧邻的财产，而其他白人却要么侵占日本人的土地，要么焚毁他们的房屋，甚或肆意毁坏羁押者存放财物的那些建筑，通常都是教堂或寺庙。

本书核心讲述那些遭到驱离的家庭（evacuted families），他
们夹在正反两面人物之间。这个美国故事阐述这样一些永恒的主 xviii
题：种族主义、贪婪、不公、抵赖——继而反省、道歉，终而

回归最典型的美式应对机制——我行我素。尽管沙漠里有酷热，有暴风，有严寒，有崩溃，甚或自杀，但自始至终，绝大多数日裔——无论入籍与否——均忠于美国。甚至作为移民美国的第一代日本人（Issei），虽遭美国政府凌辱，却在自己的子女——集中营里的年轻人——面前极力恢复美国生活的常态，孩子们被组成幼童军团、童子军、棒球联盟等，高中校历上的照片也裁去了门口持枪的士兵，貌似朱迪·嘉兰（Judy Garland）和米基·鲁尼（Mickey Rooney）正在跳吉特巴舞。从集中营高中毕业的很多学生都加入了美军，美军中共有 3 万名二代日裔（Nisei），有些毕业生就在美国陆军第 442 团（442nd Regimental Combat Team）服役。该团驻扎于欧洲，全部由二代日裔组成，他们纵横意大利和法国，是美军史上人均受勋最多的军团。该团曾荣获 14 枚国会荣誉奖章，其中一枚授予了中士井上健（Daniel Inouye）[①]，他后来跻身于参议员行列。另有 6 000 人在反抗日帝的太平洋战场上秘密服役，担任口译和笔译，英勇地挽救了成千上万美国人的生命。

与此同时，很多年轻的美国日本人，因为这个国家羁押了他们的家人，拒绝为美国而战。有些人留在集中营，照顾年迈的父母；有些人感觉被骗，对美国渐生恨意。

尽管曾遭驱离，即使有些人大学毕业后做了园丁，但从集中营走出来的那些学生在全国各地几乎个个过上了有意义的生

---

① 本书据英文版译出。由于原书中日本人的名字众多，而其发音与汉字又非唯一对应，仅通过发音无法准确判断其对应的日文发音，故除了历史文献中能够查证的日本人外，我们仅根据《世界人名译名大辞典》选取了诸多对应中文译名中的一种，还请读者以日文发音为准。——译者

活。20 世纪 60 年代,《时代》杂志称美国日本人和其他亚洲移民为“模范少数民族”。第 9066 号行政令可谓羁押的法律基础, xix
1976 年,在纪念罗斯福总统签署该行政令 34 周年时,曾在太平洋战争中担任海军少校的杰拉德·福特(Gerald Ford)总统说:

> 我们早该知道,但现在才知道了:不仅集体迁移是错误的,而且美籍日裔以前和现在都忠于美国。无论是在战场上,还是在国内,滨田升、三森、森本、野口、山坂、木户、宗盛、宫村等美籍日裔,都为我们这个共同的国家之福祉和安全做出了牺牲与贡献,他们已经并将继续名垂青史。

这一切开始的时候,我才五岁,但却莫名其妙地清楚记得一首爱国歌曲:《我家的房子》(*The House I Live in*)。1942 年,该曲由弗兰克·西纳特拉(Frank Sinatra)演唱。他成长的地方距我家只有几英里。歌曲末尾唱道:“不分种族,不分宗教,这是我理解的美国。”那首流行歌曲制作成电影短片后,在全国所有剧院播映。或许我看过该片,但是,就在它播映期间,却有 12 万美国的日本人被羁押于集中营,这些营地散布在从加州到阿肯色州的荒漠上、沼泽里。

通常所谓的“日裔监禁”,既指出了美国最好的一面,也揭露了其最坏的一面。我由此悟到:推动美国前进、拓展我们自由的,并非缔造者所奉行的那些盎格鲁–撒克逊式的新教价值观,而是一拨又一拨移民几近盲目的信仰。这些移民包括我们曾经羁

押的人：德国人、爱尔兰人、意大利人、犹太人、中国人、日本
xx 人、拉美人、南亚人，以及非裔美国人。我们是一个移民国家，我们需要这些外来者的务工、技能和信仰，但他们却经常因为有别于我们而遭到痛恨，直到他们也成了我们。

* * *

最后一点说明：学界在讲述第二次世界大战时期美国日本人的故事时，一直就具体措辞争论不休。有些人，比如美籍日裔作家平林道亮（Lane Ryo Hirabayashi）和罗伯特·朝日奈（Robert Asahina），告诉我，最遭诟病的莫过于“拘留营”（internment camp）和“集中营”（concentration camp）这两个词了。

法律意义上，拘留仅指政府对于外国人（alien）——而非公民（citizen）——的管制，而在 1942 年遭羁押的日裔中，有超过三分之二的人是美国公民。但是，在描述战时受到羁押的公民和外国人时，却常用“拘留”一词。

那些年，描述遍布全美的那十个官方安置营时，政府部门常用“集中营”一词，如此措辞的包括美国总统富兰克林·罗斯福。我深知，由于纳粹在欧洲的死亡营，“集中营”的意义永久地被改变了，但我在遣词造句时，像 20 世纪 40 年代早期那样，官方认可的“迁移”（evacuation）和“安置（relocation）中心”等词均可互换。

“日本人”一词或许也会引起混淆，述及第二次世界大战，该词所指显非唯一。它指日本帝国的公民和士兵，是敌人；但在美国，它也指美国出生的日裔公民，以及他们那些生于日本

但由于种族原因无法申请美国国籍的祖辈和父辈。本书中，我 xxi
使用了“American Japanese”（美国日本人）和日语的“Nikkie”，既指战争初期居住在美国的日裔公民，也指未入美国籍的日本侨民（alien）；“Issei”则指出生于日本、移民美国的第一代人；“Nisei”[①]指第二代日本人，他们生于美国，拥有美国国籍；“Kibei”[②]则指那些生于美国但送回日本接受教育后复返美国的人。

理查德·里夫斯

于加州洛杉矶

2014年10月

① Nisei，一般译为“二代日裔”，个别语境下，比如在第二次世界大战时期的美国军队中，所涉人员是且只能是第二代日本人，为了行文简洁，偶尔会简译为“日裔”。——译者

② 基于作者解释，在本书中，“Kibei”一般译为“归米”。——译者

第一章

珍珠港

1941 年 12 月 7 日

1 1941 年 12 月 7 日，一个恐怖的星期天。时年 18 岁的井上健从广播里听闻了珍珠港事件（Pearl Harbor attack）。在火奴鲁鲁，他走出家门，看到三架飞机凌空而过，灰色的机翼上印有红色的圆圈。“我知道它们是日本的，”他回忆道，“我感到那个我认识的、梦寐以求的、踌躇满志的世界支离破碎了。”井上当时刚刚被录取为夏威夷大学医学预科生，后来他成为美国参议员，代表夏威夷。由于受过急救训练，这个小伙子蹬上自行车就向港口奔去，协助那里的医务人员。2 400 余名水手、士兵和平民在偷袭中丧生。在那里，他帮了整整五天的忙才返回家中。

在旧金山，甫闻偷袭，木户三郎（Saburo Kido）即奔赴日
文报纸《新世界太阳报》（*New World Sun*）的办公室。木户是日
2 裔美国公民协会（Japanese American Citizens League）的会长，

该协会强烈亲美，已成立25年。此外，他身为律师，还为上述报纸撰写专栏。到办公室后，所有电话都铃声大作，电话大多来自东部，他们都想得知更多的细节。他全力回答，随后给富兰克林·罗斯福总统发电，郑重说道：“值此沉重之际，我们谨保证与总统先生及我们的国家全力合作……鉴于日本已然攻击我土，我们愿意并已准备与美国同胞一道不遗余力，抵抗侵略。”

美国最大的日文报纸《罗府新报》（*Rafu Shimpo*）也刊登了很多英语文章，在其随后发表的评论员文章中写道：“我们在美国生活了这么久，深知自由公正之可贵。我们无法容忍一小撮人妄图掌控世界……日本发动了这场战争，如今，该由美国来击溃日本帝国及其残忍野蛮的罪魁祸首，结束战争。”文章继续写道：“美国同胞们，给我们一个机会，贡献绵薄之力，让世界更为美好。”

尽管日本社区的言辞间流溢着爱国热情，但在珍珠港事件之后，数百名美国日裔在各地即遭逮捕。在内布拉斯加州，当地日裔美国公民协会秘书正冈优（Mike Masaoka）在北普拉特圣公会教堂的地下室正对一个50名左右的日裔小团体发表讲话时，突然有两人从后门闯入，大声喊道：“正冈在哪儿？”他们是联邦调查局的特工。出了教堂，联邦调查局人员给正冈戴上手铐，押往市狱。

正冈住在犹他州的盐湖城，木户在得知正冈入狱后，遂致电艾尔伯特·托马斯（Elbert Thomas）参议员。后者随即与华盛顿各方电话斡旋，终使正冈获释，并搭上了前往旧金山的火车。然而，3
在火车上，怀俄明州夏延市一警察瞄了正冈一眼，当场又把他抓了起来。托马斯参议员再度介入，这次他获准派两名士兵陪同正冈前往旧金山。

在人口普查局（Census Bureau）的协助下，联邦调查局制定了一份“嫌疑敌侨”的秘密名单，其中包括1 200余名美国日本人领袖，正冈名列其中。珍珠港遭袭后的48小时之内，名单上的商人、牧师、教师、报人，以及各类民间组织的领袖未经审判即遭逮捕。这些人中，1 000余人来自加州、俄勒冈州、华盛顿州和夏威夷，其中13人是女性。

遭袭后不到24小时，富兰克林·罗斯福便要求国会召开联合会议，宣布对日作战，公开表示：“昨天，1941年12月7日，是一个永难磨灭的耻辱日，美利坚合众国突遭日本帝国海空部队的蓄意袭击。”数小时后，德国和意大利向美国宣战，联邦调查局局长埃德加·胡佛（J. Edgar Hoover）禀报白宫，620名德国人和98名意大利人已被收容。被关押的德国人中包括一些组织的头目，比如：美籍德裔同盟，该组织统一着装，公然支持希特勒，在东北部和中西部拥有4万余名成员。

意大利人的数量本来可能更多，但是联邦调查局决定对旧金山的外侨朱思佩·保罗·迪马乔（Giuseppe Paolo DiMaggio）免于拘押，他是一个来自西西里的渔民，在美生活了40年，却从未申请公民身份。然而，联邦调查局阻止他接近渔人码头。在那里，他和妻子拥有一条船和一家餐厅。根据回忆录和电话记录，政府官员担心，一旦将乔·迪马乔的父母投入监狱，会引起
4 公众注意。毕竟，那年纽约洋基队（New York Yankees）的“神奇乔”（Joltin' Joe）在连续参加56场比赛后，刚刚被评为联盟的最有价值球员。

纽约市市长和旧金山市市长也属此种情况。费欧雷罗·拉瓜迪亚（Fiorello La Guardia）和安吉洛·罗西（Angelo Rossi）的父母均为意大利人，但从未申请美国公民身份。罗斯福总统曾要求司法部部长弗朗西斯·比德尔（Francis Biddle）对意大利人和美籍意大利人从轻处理："他们只不过是一帮唱歌剧的。"但颇具讽刺的是，纽约联邦调查局却真的抓过一个小有名气的歌剧演员艾契欧·平查（Ezio Pinza），这位意大利公民是大都会剧院的男低音。像迪马乔家族一样，他在美居住了20多年，却从未寻求入籍。两名联邦调查局特工在其毫无戒备的情况下，进入他家。在屋里东翻西找数小时之后，一个特工看到他的书房墙上挂着一幅装裱的意大利语文字。

"这是什么？"

"威尔第的一封信。"

"谁？"特工问。

而另一特工则说："以美国总统的名义，你被捕了！"

这是《纽约时报》（*New York Times*）头版的一则新闻，标题是《歌剧演员艾契欧以敌侨之名被捕》。他与其他125名日本人、德国人和意大利人一起被关押于埃利斯岛上。他几近崩溃，沉默寡言。三个月后，在费用高昂的律师团队和纽约市市长拉瓜迪亚的支持下，他才获释。平查认为，他是因大都会一竞争对手的诬告才被捕的，妄称他是意大利独裁者贝尼托·墨索里尼（Benito Mussolini）的朋友。像其他被关押人员一样，平查从未受到起诉。他后来撰文称，审讯人员指控他在广播大都会歌剧期间通过改变声音节奏给墨索里尼暗递情报。事实上，他与墨索里尼素不相识。5

然而，在对待欧洲和亚洲的移民问题上，美国的做法迥然不同。包括平查、迪马乔一家人在内的欧洲人可以归化为美国公民，但生于日本、居于美国的那些人却无法成为美国公民，在美国也无法拥有土地。其依据便是1924年颁布的《移民法》，这是1924年《约翰逊–里德法案》（*Johnson-Reed Act*）的一个特别条款。土地所有权方面的限制是由一群加州的名流推广开来的，比如，爱德华·阿尔斯沃斯·罗西（Edward Alsworth Ross）博士。他是斯坦福大学著名的社会学教授。早在1900年，他就曾这样描述日本人：

1. 他们无法同化。
2. 他们低薪求职，因此会降低美国工人现有的工作标准。
3. 他们的生活水平远远低于美国工人。
4. 他们对美国民主体制缺乏政治认同。

拒绝日本移民入籍肇始于小泽高尾（Takao Ozawa）一案。小泽毕业于伯克利高中，当时就读于加州大学伯克利分校三年级。1922年11月，最高法院受理此案。法官裁定，他不是“自由的白人”，因此无资格获得美国国籍。“该判决在日本引发强烈不满，”凯里·麦克威廉斯（Carey McWilliams）在《偏见》（*Prejudice*，1944）一书中写道，“论及此判决时，《大阪每日新闻》（*Osaka Mainichi*）称‘美国人是蛇蝎心肠——其政府堪称老奸巨猾的骗子’。”

那些法律部分地导致了美国与日本、白人与西海岸日裔农 6
商阶层之间关系的紧张。珍珠港遭袭后仅仅数小时，美国政府即动议抵制美国日本人。内田淑子（Yoshiko Uchida）是名住在伯克利的基督徒。周日，她从教堂回到家中，家门刚一打开，她就惊讶地发现一个白人坐在客厅。这名联邦调查局特工刚刚搜查过房屋，屋里一片狼藉。他想知道内田淑子的父亲“藏匿何处”，淑子的父亲是旧金山一家日本航运公司三井出口公司的高管。

“我还会再来。”特工说。

一小时后，内田淑子的父亲内田江诗（Dwight Takashi Uchida）回来了。他看了一眼屋子，便打电话报警：“家里遭抢了！”没过几分钟，警察来了，同时还有三名联邦调查局特工。他们带走了内田，称：“就一会儿！”一名特工留守在内田家里，一有电话就回复家里没人。周日来访的友人也都被拒。

整整五天后，才有一位朋友打电话告诉这一家人，内田与另外一百来号人被关在驻旧金山军队司令部普雷西迪奥的监狱里。次日，他们收到一张明信片，要求送些衬衣和剃须用品。

内田江诗告诉妻子，他将被押往蒙大拿州的米苏拉。司法部用于关押外国人的监狱都远离加州：北达科他州的俾斯麦、爱达荷州的库斯基亚、新墨西哥州的圣菲以及得克萨斯州的克里斯特尔城和西格维尔。在随后的家书中，内田告诉妻子，他们的银行账户被冻结了，建议她去银行设法取些钱出来，比如，每月100美元，维持生计。他还说：“别忘了给车加润滑油，1月一定
要修剪玫瑰，给宠物狗梳梳毛，帮我拍拍它。每月一定要记着给 7
奶奶寄支票，我的圣诞奉献也一定要带去教堂。”

在北方的华盛顿州，距西雅图乘船20分钟的普吉特湾有一个名为瓦雄岛的地方。岛上有一农场主种植草莓，他的妻子松田光之（Mitsuno Matsuda）接到该湾班布里奇岛上好友山本久惠（Hisage Yamamoto）的电话。“联邦调查局把我们家搜了个遍，太恐怖了！简直恐怖死了！他们甚至把手伸进饭碗、糖罐中翻找枪支和收音机，或者写有日文的任何东西。”山本说，“瓦雄肯定是下一个目标。”

当晚，松田平祐（Heisuke Matsuda）和松田光之便带着米一（Yoneichi）和玛丽两个十余岁的孩子，一起销毁他们觉得对警察或联邦调查局特工来说可能显得独具日本特色的东西。玛丽记得父亲手持他最喜爱的留声机唱片，一边走向餐厅的炉灶一边说：“就这个，这张是《樱花》专辑，良子女士的声音很清亮。”

他将唱片一折为二，扔进炉火中。全家人花了一小时烧毁家庭照片和书籍。玛丽开始把穿着和服的洋娃娃扔进火炉里。两周后，联邦调查局来了，两名特工没收了米一的22毫米口径的步枪和家里的收音机。此外，他们还发现了一本书。

“这是本什么书？”一个特工问。

“这是我父母日文版的《新约圣经》，我们是卫理公会的。”玛丽说。

在加州的佩塔卢马，名岛（Jahachi Najima）[①] 听说他那些声名显赫的日本友人被捕后，开始收拾行李。当联邦调查局的特工在两名当地警察的陪同下，乘加长黑色豪华轿车到来时，他的女

① 原文如此。按此拼写，未查到与“Jahachi”相对应的日文名字，故仅译出其姓氏。——译者

儿艾琳正好在家。

“你爸爸在哪里？”有人问。

他在牧场干活，他自己的牧场。艾琳出去找父亲，可刚一 8
回家，父亲便被特工戴上了手铐。

“可以让我换身衣服吧？”他问。

他们给他卸掉手铐，准许他换上商务正装。但当艾琳问他们去哪里时，却无人应答。艾琳和妈妈耗时多日，打电话，访监狱，寻找名岛。最终，她们在普雷西迪奥找到了他。又经数日，方得探视。分别时，名岛说：“这是战争，我们也许永难相见了。”

12 月 7 日后，另一名“危险分子”爱德华·大下（Edward Oshita）被捕，他办了一家小厂，生产豆面酱。临别时，他安慰妻子格蕾丝：“别担心，别担心，这是美国！”俄勒冈州的胡德里弗谷（Hood River Valley）居住着 130 户日本家庭，12 月 8 日凌晨 3 点，联邦调查局的人来到这个镇子。他们搜查房屋，抓走了十余名社区领袖，包括当地日本社团会长秋山留七（Tomeshichi Akiyama）。其子乔治在美军服役，是珍珠港遭袭前美军中 3 188 名二代日裔中的一员。

加州大学伯克利分校四年级的巴里·佐伯（Barry Saiki）在斯托克顿眼睁睁地看着父亲被抓走。“等等！”老人递给儿子一个信封，“这个你也许用得着。”

信封里是一沓美国战争债券。

联邦调查局抓捕美国的第一代日本人并不让人感到意外，抓捕名单的制定也并不特别繁复。多年以来，西海岸和华盛顿特区对间谍和破坏分子越来越敏感。1941 年 8 月 1 日，《华盛顿邮报》（*Washington Post*）刊登了一篇名为《加州日本人活动秘闻》

9 的文章。文章称，日本领事强迫美国的第一代和第二代日本农场主前往油井附近，指示他们随时准备，战事一起即攻击油井；90% 的日裔消防员其实是日本海军士官，厨师、管家和洗衣工都将奉命“摧毁关键设施、桥梁和隧道”。

类似的报告在政府的办公室里一摞一摞的，一直可以追溯至 1924 年国会通过《移民法》之前。该法恢复了 1790 年的一项归化法令，国籍仅限授予“品行良好的自由白人”，完全排除了亚洲移民。1924 年立法辩论期间，加州司法部部长尤利西斯·韦布（Ulysses S. Webb）在国会作证提及亚洲人，特别是中国人和日本人时称：“他们肤色不同，理想不同，种族不同，愿景不同，政治、经济和政府均不同，语言不同，信仰也不同。他们与白种人毫无共同之处。”十年后，随着美日政治和经济关系的恶化，国务院一份秘密调查得出结论：如果两国爆发战争，“西海岸全体（美国日裔）民众将会造反，大搞破坏。”1940 年 10 月，海军部部长弗兰克·诺克斯（Frank Knox）向罗斯福总统提交了一份“15 点计划”，陈述日美战争时美国的应对之策。第 12 条即“筹建集中营”。

送达总统及其主要助理的这些报告完全错误，且荒唐可笑。但是，类似一些事情却在报纸和广播上甚嚣尘上。加州报刊上有一系列的文章称，美国的日本人正在移动，准备包围港口、美国海军基地、陆军航空队设施，以及国防工厂。

10 《洛杉矶时报》（*Los Angeles Times*）于 1941 年 11 月 13 日头版的报道倒是真的：“日本人被联邦调查局审讯”。10 月初以来，司法部和联邦调查局就一直在问责一些日本或美国日裔组织的领袖。他们运走几卡车的商业记录，调查给日本国内慈善团体或组织的捐赠情况。西海岸各州地方官员干这种事很多年了，比如，1937 年，在俄勒冈州的胡德里弗谷，治安官约翰·谢尔德里克（John Sheldrake）花钱委托白人居民监视该谷的日裔家庭。

《洛杉矶时报》的文章发表后，《时代》杂志洛杉矶分部又不动声色地密报纽约："加州南部的日裔民众一想到战争爆发，战火纷飞，就坐卧不安。"密函继续写道，"他们大多数从事农渔业，在洛杉矶当地，他们主要受雇做园丁或用人，他们在这里住了很久……绝大多数忠心耿耿。"然而，这些理性的言论微不足道，无法阻止"可疑分子"名单的膨胀，因为名单是由联邦调查局和其他执法机构制定的。

联邦调查局的抓捕名单基于海军情报部肯尼斯·林格尔（Kenneth Ringle）少校提供的名单，林格尔会讲日语，他早就获取了黑龙会（Black Dragon）美国各分支机构的会员名单。黑龙会是日本一组织，成立于 1901 年，日俄战争前，从事针对俄国、朝鲜和满洲里的间谍活动。他还在亲美的日裔美国公民协会的配合下，建立了自己的线人网络。联邦调查局名单上的大多数人，商人、教士、医生、编辑，甚至武术教头，无非——而且通常——是商会 11
晚宴的一些赞助人而已。12 月 7 日及此后的几天里，他们都失踪了。

经华府司法部的同意，联邦调查局制定了 A、B、C 三份名单。A 名单上的人均以莫须有的罪名遭到立即逮捕。那些拥有船只、无线电的渔民、富裕农场主和小商人被认为在日本族裔中颇具影响，上了 B 名单。C 名单上的人则更随意，包括任何曾经捐助过日本组织或慈善机构的人，以及一些被邻居或友人告发的人，告发者既有白人也有日裔。

圣迭戈的臼井富士（Fuji Usui）牧师在 A 名单上，其女光雄（Mitsuo）周日晨去了当地的圣玛丽教堂。外出期间，联邦调查局搜查了她的家，搞得一片狼藉。回家后，她发现母亲在一个角落里痛哭：“他们抓走了爸爸！”她提高嗓门说，“他们捆绑住他，给他像动物一样编了号。”

抓捕名单上另一位第一代日本移民秋元丰（Yutaka Akimoto），在斯托克顿两个日本民间组织中担任职务。警方和联邦调查局特工端着冲锋枪进了他的家，其子秋元裕（George Akimoto）21 岁，是名大学生，眼睁睁地看着警察在家里翻来找去。带走的东西中包括他母亲的日文编织手册——一针上，两针下——他们认为那是密码本。全家再次听到秋元丰的消息时，他已被囚于司法部设于北达科他州的俾斯麦集中营里。

深夜，圣迭戈，萨莉·桐田（Sally Kirita）家的门被敲开了。当地治安官和联邦调查局特工一言不发，带走了她的爸爸。整整过了两年半，家人才又见到了他。

12 附近，联邦特工抓捕了玛格丽特·石野（Margaret Ishino）的父亲。玛格丽特当时在读高中，她眼睁睁地看着他们在屋里翻来找去。母亲刚生了弟弟托马斯，躺在床上。一个特工扯开毯子和床单，想看看有无藏匿东西。因为了解一些朋友已经被抓，她的父亲早早地收拾好了行李箱。然而，联邦调查局的特工却认为此举表明他是间谍，准备逃离。

那些担任社区领袖的第一代日本人被运往司法部设在各地的 26 所监狱或其他设施。通常，他们的家人根本不知道丈夫或父亲关押何处，遑论生死。西海岸的日本人，无论是否美国公民，均被剥夺了民间领导职务。数千妇孺无依无靠；珍珠港事件后，他们得知账户被冻结，境遇更糟。

林格尔少校的情报在华盛顿流传开来，他或许是最了解日本居民的美国人。早在珍珠港事件之前，海军即派林格尔检查太平洋沿岸三州海军基地的安全。林格尔曾在美国驻东京使馆任职三年，在东京和加州、俄勒冈州以及华盛顿州的日本社区有个日本朋友圈和线人网络。1941 年，这些美国日本人帮他挖出了日本海军军官立花至（Itaru Tachibana）安插的一个间谍团伙，其中包括卓别林的司机河野虎市（Toraichi Kono），立花被逮捕并驱逐出境。1941 年 4 月，林格尔还设法秘密潜入日本驻洛杉矶领事馆，同时带进去一位从圣昆廷监狱请来的专开保险箱的人。13
他从领事馆的文件中获悉，向东京汇报的那些日本人对美国的第一代和第二代日本人都不信任，称他们为“文化叛徒”，一旦发生战争，他们会站在美国一边。类似不信任情绪也体现在 4 000 封所谓“神秘”电报中，这些信息往来于东京与日驻美各使领馆之间，但遭美国陆军信号情报部截获破译。1941 年 1 月 30 日，有封关于情报的电报警告勿用美国的日裔；相反，驻美领馆则被要求雇用“共产主义分子、工会会员、黑人以及反犹分子”。

林格尔先于 1936—1937 年在西海岸服役一年。那年，加州大学出版的一份杂志预计，一旦战争爆发，美国日本人或会遭到“就地屠戮”。随后，林格尔奉命赴日，直到 1940 年 7 月方得返美。他自觉了解美国日本人，也喜欢他们，但他对日本或美国的日本人鲜少同情，包括他的那些朋友和线人。他们大多以美国的爱国者自居，而且乐得向他报告所在社区里个别人的“不忠”行为。珍珠港事件后，搜捕开始了，林格尔向华盛顿书面呈报：

> 盖因该民族之体格特征，整个“日本问题”遭到放大，超乎情理。此事宜视作个人问题，无论其入籍与否，而非族群问题。……呈文显示，在全国战争部署中，第二代日本人可赋予一定职位，毫无危险。欲坚定其对美之忠
> 14 诚，非此举莫属。……所陈陋见，当属至急。

林格尔称，虽然也有危险之处，但他估计至少三分之一的第二代日本人都是积极效忠，而绝大多数第一代日本人都年事已高，疲惫不堪，倾向于消极效忠。他还指出，那些归米必须拘留，他们的忠诚值得怀疑，须经考验。“以本性论，该群体基本属于日本民族，他们或许是刻意安插在美国的特工。尽管他们是合法的（美国）公民，但应被视作敌侨，很多应该拘留。”

无论如何，林格尔还是对群体迁移和拘留感到震惊。后来，他用满意而略显深沉的语气说：“在西海岸和夏威夷，经过仔细调查，未发现丝毫证据证明二代日裔或长期居民从事破坏、颠覆、间谍或第五纵队（Fifth Column）的活动。”“第五纵队”一语首现于西班牙内战期间，由国民军的埃米利奥·莫拉·维考（Emilio Mola Vidal）将军所创，当时，四路纵队进攻马德里，意图推翻民选的共和政府。莫拉·维达尔称，他期待获得军政内部国民军分子的支持——这个“第五纵队”将向国民军提供情报，并在必要时挺身作战。

文末，林格尔总结说，美国或许有 3 500 名日本人对安全构成潜在危险。

这个信息很大程度上被海军忽略了，因为海军权威人士认为，国土情报是陆军的事，所以，这个信息从未送达陆军情报部门。但是，它被呈送给了罗斯福总统，因为他有一个私人间谍机 15
构，由白宫一秘密资金支持，归陆军部部长史汀生负责。该机构包括一些政府官员、商人和记者，他们向他且只向他报告。总统私人间谍中有一位叫柯蒂斯·芒森（Curtis B. Munson）的商人，他接受约翰·富兰克林·卡特的派遣，奔赴西海岸。卡特是总统一位秘密间谍，身份是报业集团专栏作者，笔名杰伊·富兰克林。

与林格尔和联邦调查局协商后，芒森早在 1941 年 11 月 7 日即致信总统："关于日本人最有见地的观点中，99% 是林格尔提炼的。"概论诸多报告时，卡特写道：

> 日本人不会武装暴动……芒森报告之要旨：迄今，他未发现证据证明该群体有大范围反美活动的危险。他觉得日本人面临来自白人的危险，而非相反……毫无疑问，会出现一些日本资助的破坏活动，具体由未来安插或已经安插的特工执行。一些日本"狂人"会上演疯狂的破坏闹剧……日本人面相易识，不大敢搞破坏。他们不易接近任何有人看守的设施，实施爆破。就物资供应、部队调度、港口船只、铁路动向而言，他们是情报高手，他们刺探情报的危险正在于此……日本将主要依靠其安插的日本人从事破坏活动，因为他们担心第二代日本人不可靠。

16 一周后，芒森在呈总统的报告中补充道："世所公认，二代日裔中 90% 至 98% 的人忠于美国，但不包括那些归米。第二代日本人急于表忠心，他们从文化上讲，不是日本人；但对日本而言，他们又是外国人。"

卡特在报告封面上加注道："很大程度上，当地日本人忠于美国，或从最坏的角度看，他们希望保持沉默，以避免集中营之灾或暴民之祸。我们相信他们至少不会比其他族群更加不忠于美国。战场上，我们还与其他族群并肩战斗呢！"

卡特在全国新闻大厦上班，毗邻白宫。12 月 16 日，他又向罗斯福总统转达了芒森和林格尔的其他意见。总统仅就其中一点做出回应，无人防守的桥梁和其他基础设施易遭破坏，总统要求就此问题提供更多的信息。

珍珠港事件约两周后，加州的报纸和政府官员呼吁冷静和宽容。西海岸报纸纷纷刊文，报道美籍日裔及其未入美籍的父母宣誓效忠美国，社论和广播对此常有反映。12 月 9 日，《旧金山纪事报》（*Francisco Chronicle*）报道："全国各地对美籍日裔的抓捕……并非号召志愿者行动起来深挖间谍……也非找碴儿对日本人——无论是在美国出生与否——表示不悦……没有理由用怀疑和偏见伤害任何美国居民的感情。"

在洛杉矶东南，《布劳利新闻》（*Brawley News*）社论称："美国人应该保持冷静体谅，我们这里有很多日本邻居和入籍的
17 公民，他们在危急时刻对这个收留他们的国度始终坚贞不渝。"

"加州有很多美籍日裔人士，"《旧金山新闻》（*San Francisco News*）称，"他们大多是土生土长的美国人，他们不应为一个他

们不同情、不效忠的政府所犯之罪而遭受苦难。”三天后，该报进一步称：“迫使他们接受非法搜查，对其财产强制罚没，然后肆意抓捕，动辄监禁，违反了宪法规定之民主原则。”

起初，政界人士也呼吁冷静和克制，最引人注目的便是加州州长卡伯特·奥尔森（Culbert Olson）和司法部部长厄尔·沃伦。奥尔森州长自诩为和平主义者；而北加州日裔公平竞争委员会则是一个义薄云天的组织，由沃伦担任主席一职，他说：“加州已经足够理智……美国公平的传统得以遵守。所有具备公共影响力和传播力的机构——出版、讲坛、校园福利组织、广播和影院——均反对暴力，呼吁不分种族，对所有守法居民宽容和公正。”

早期，在西海岸的学校里也有迹象表明有望获得和平与宽容。袭击发生后那个气氛紧张的周一，有些学校里的白人学生到校后还拥抱他们的日本朋友。12 月 8 日，西雅图的华盛顿中学校长阿瑟·西尔斯集合全体学生召开晨会，他说：“我们都是美国人，我们这里不想有任何种族仇恨，我们在同一屋檐下。”训话结束后，学生的作业即是就校长发言致信老师。六年级的贝蒂给埃伦·埃文森老师的信中写道：“西尔斯先生告诉我们，即使我们肤色不同，也没有关系，因为我们是美国公民……当我们向国旗 18
敬礼时，我很自豪，有些人为自己的国家感到自豪，甚至哭了。”而另一名六年级学生惠美子（Emiko）在给埃文森老师的信中写道：“因为局势问题，我们（或许）不得不离开西雅图这个可爱的城市和这里的一切……如果下个学校有位像您一样的老师，我就太高兴了。路上，我会想起在这里上学的这段时光，以及大厅里举行的那些集会。不管在哪里，我都会忠于美国。”

然而，转瞬之间，恐惧、偏见、政治、贪婪开始弥漫于加州的白人群体中。政客、军官以及媒体开始一惊一乍，对偏激情绪推波助澜，他们散布流言，称日本即将轰炸并入侵加州。洛杉矶警察局关闭了小东京主街东一街上的店铺。小东京聚居着 3 万余名日本人，他们在全市经营 1 000 个果蔬摊，年营业额达 2 500 万美元，日本花店年收入超过 400 万美元。孰料，一车一车的人从其他区域突降小东京的街道，打砸日本店铺。这些自封的治安员以爱国之名掀翻货车、推倒摊位，但凡见到亚洲面孔，即向其投掷番茄和土豆。

美国的二代日裔不时遭到嘲笑，有些老师拒绝日裔学生每天早上向国旗宣誓效忠。12 月 8 日，洛杉矶三年级学生凯·宇野（Kay Uno）步行上学时，听到有人喊："那个小日本过来了！"

"我环顾四周，"她后来说，"谁是小日本？谁是小日本？后来才明白我是小日本。"

19 西雅图，同日晨，秘书专业的巴塔·澄江（Sumie Barta）讲述了这样一件事情：

> 我在车站，准备去纳普商学院（Knapp's Business College）上一门复习课。司机没有像往常那样跟我打招呼："嗨，澄江！还好吧？"我听到车尾部有人大喊："'卷毛'，把那个日本丫头赶下去！"他问："你是日本人？"我说自己是美国的日本人。"你能证明吗？"他冷笑道……"我是在金县出生的。""你还是小日本！""卷毛"命我下车。我无法继续上课，一时间，我独立街头，恐惧万分。

仇恨继续蔓延。亚利桑那大学校长艾尔弗雷德·阿特金森（Alfred Atkinson）阻止该校图书馆向日本学生借书，他说：“我们处于战时，**这些人**是我们的敌人。”

驱赶巴塔下车，阻止美籍日裔借书，这些仅是不祥之兆。短短数日，圆形徽章便生意兴隆，上面书有“我是美国人”“我是华人”。大多数美国人，甚至那些西海岸人都无法区分华人与日本人。最具影响力的杂志之一《生活》（*Life*）刊文，指导人们了解小日本与华人的区别。著名漫画家弥尔顿·卡尼夫曾创作绘制了《特里与海盗》（*Terry and the Pirates*），他在全国发布了一幅名为《如何辨别小日本》的六格漫画。其中有如下文字：

> 华人与普通美国人身材相似，小日本矮一些，仿佛腿直
> 接长在胸部……华人通常牙齿整齐——小日本则是龅牙…… 20
> 华人阔步行走，小日本则拖脚徐行……华人与其他亚洲人足
> 部相当正常，而小日本的大拇趾与二趾是分开的……小日本
> 不会发柔和的“L”音……任何“S”音都嗞嗞啦啦的。

珍珠港事件后，对第一代和第二代日本人的任何善意很快就烟消云散了，因为每天都有消息传来，似乎日本铁蹄战无不胜，残暴野蛮，肆意纵横于菲律宾、缅甸、香港、马来亚以及荷属东印度群岛。所有宽容逐渐被白人商人和农场主的恐惧与贪婪所取代，那些人巴不得击垮日本人经营着的 6 000 所加州农场，消灭他们的这些竞争者。这些农场的面积至少有 25 万英亩，价值超 7 500 万美元。加州农产品的 40% 以上出自日本人的农场，

白人常常因那里土地贫瘠、不宜耕种而不屑一顾。

在城里，很多经商的白人觊觎日本竞争者所拥有的那些店铺、企业和渔船。奥斯汀·安森（Austin Anson）在农业组织萨利纳斯谷蔬菜种植运输协会担任常务会长，他对《星期六晚邮报》（*Saturday Evening Post*）说：

> 我们被指控出于自私而企图除掉日本人。我们不妨坦承：的确如此。问题在于太平洋沿岸住的究竟是白人还是黄色人种……在市场上，他们以低于白人所出的价格抛售。他们可以这样做是因为他们自己养活劳工，他们让女人和孩子干活，而白人农场主不得不付薪给雇工。

21 珍珠港事件后，白人店主与农场主一样，公开表示仇恨，其招牌明书“本餐馆毒杀老鼠与小日本”“小日本猎捕季”。有家理发店挂牌称：“鬼子剃须，发生事故，概不负责。”后来还出现了柏玛公司的广告，该公司生产剃须膏，其广告合辙押韵，沿公路摆放。他们原先的广告是：“剃须不虚，无伤肌肤，丝般润舒——柏玛剃须膏”。后来更改为：“掌掴日倭，铁器削切——柏玛剃须膏”。

加州的歇斯底里开始波及全美。纽约最开明的报纸《午后》（*PM*）有位漫画师，他的一幅作品表现了日本那些龅牙细眼的乌合之众一拨一拨地在西海岸排队领取炸药包，地点即“光荣的第五纵队”。漫画题款：“等候老家暗号”。该艺术家原名西奥多·苏斯·盖泽尔（Theodor Seuss Geisel），后来成为大名鼎鼎的童书作家苏斯博士（Dr. Seuss）。

1941 年 12 月，司法部副部长托马斯·克拉克（Thomas C. Clark）正好在加州处理一起反托拉斯案件，他开始收集特殊标题和内容的报纸，比如“洛杉矶被炸”“洛城遭袭”等标题，以及该州关于日本人集体自杀的报道。尽管此类传闻多属虚妄，但珍珠港事件后，该州各处确曾发生个别自杀事件。加迪纳的本田利喜太（Honda Rikita）医生年轻时曾是日军军医，12 月 7 日，他被作为“危险”头目拎了出来。在独押一室、遭到联邦调查局整整一周的审问后，他割腕自戕。有些日侨和东京电台称，审讯 22
期间，本田是遭殴致死的。他的确留有一系列自杀遗言，其中一条写道：“医生的职责是挽救生命，牺牲自己则是挽救生命的最高荣耀，我将自己奉献给了美日友谊。”

关于轰炸的报道很多来自加州的驻军，但从来未获证实。司法部的克拉克所读到的那些民间报告更是天马行空。一份报告称，加州北部发现日本海军将领身着惹眼制服、帽插羽毛。后来证实，那只不过是当地共济会的聚会罢了。克拉克对迁移日本人一事知之甚少，他曾问助手“Nisei”是什么意思。他是司法部第一个公开支持在西海岸实施军管的人，军事、民事统归军管。他开始沿西海岸巡游，一城一镇，一路演讲。他说：“用人不疑，疑人不用。我们拥有陆军，他们说的必须竭力照办，不得阻延。”

克拉克信任并与之天天沟通的军方人士是约翰·德威特中将，此人 61 岁，是西部军队司令兼第四军司令，辖 5 个师的陆海军，凡 10 万之众。这些人训练不精，装备不良，分布于华盛顿州普吉特湾至加州圣迭戈沿岸的各个基地。像很多和平时期的军方领袖一样，德威特本人也是能力不足，纯系军事官僚。20 世纪 30 年代大萧条时期，他曾组织民保队（Civilian Conservation Corps），其职业生涯主要在陆军军需部门度过。

如今，身在旧金山的普雷西迪奥总部，德威特以善变而臭
23 名昭著，无论与谁电话，放下电话便鹦鹉学舌。他还以掩饰其职业生涯中的软肋著称。或许因为他觉得海军和华盛顿政界无权评估陆军的表现，所以懒得搭理林格尔和芒森。对他来说，萦绕脑际并经常挂在嘴边的是夏威夷的陆军司令沃尔特·肖特（Walter Short）将军和海军司令赫斯本德·基梅尔（Husband Kimmel）上将，这两位因为没有制定应对日本袭击的应急方案而被控玩忽职守。颇具讽刺意味的是，20 世纪 20 年代，德威特的职责就是负责制定日本袭击珍珠港后的应急处置方案。该方案不是被忘到九霄云外，就是被置之不理，而其核心内容就是在夏威夷诸岛全面实施军事管制，监禁所有日裔工人。

德威特的总部日复一日地报告敌情，称日本军机和潜艇沿太平洋海岸不断进行侦察。有些报告荒诞不经，什么来自海上的炮击、西雅图四处着火，以及沿岸非法广播，等等，所有这些几乎全属杜撰。

西部二号人物则是史迪威（Joseph Stilwell）少将，加州奥德堡的司令，即后来在中国和印度鼎鼎大名的“尖酸乔”[1] 史迪威。那段时间里，他坚持写日记。12 月 8 日起的日记部分内容如下：

---

[1] 原文为 Vinegar Joe，字面意为“醋乔”，在英文中意谓言辞尖酸刻薄，此处意译。——译者

12月8日：看到德威特周日晚“空袭”旧金山……第四军有些神经，颇为沮丧。

12月9日：……34艘（日）舰游弋于旧金山和洛杉矶之间，后知——假的（越发不安）。更多袭击和登陆的威胁。

12月11日：（第四军来电）“日本主力舰队距旧金山 24
164英里。”我信了，像傻瓜一样……自然，攻击根本未见实施。（第四军）对此报告拒绝承担责任。他们是从“通常消息可靠的人士”处获此信息的，但他们不该未经核实即发布。

12月13日：不满足于上述胡扯，（第四）军今天10点半又扯：“可靠消息称即将攻击洛杉矶，正在考虑拉响应急警报……”蠢驴才会在这种情况下拉响应急警报，呼吁大家从洛杉矶疏散。该（四）军陆军参谋部二部（G-2，即情报部）也是外行，像参谋部其他人员一样。铁律：职务逾高，逾需冷静。

史迪威当然清楚蠢驴所指何人：他的顶头上司德威特将军。12月21日，史迪威奉调离开加州，前往华盛顿，制订盟军次年末进攻北非的计划。他巴不得离开，日记中充斥着这类文字：

第四军扯出的那些玩意儿狂热、滑稽，且不可思议！最新一例便是一坨两磅重的大粪：调查加州理工的一位博士，此君是名优秀的气象研究员，为橙子种植户服务。战

> 争爆发后，虽然他主动停止了预报，但（第四军）却让
> 联邦调查局调查他……陆军报告称，有人举报（圣迭戈）
> 帕洛马以北 20 英里处有一秘密机场，飞机均以苜蓿作掩
> 25 护……我们的海军在哪里？五艘墨西哥驱逐舰正从巴拿马
> 北上巡航下加州（Baja California）。（我们依靠墨西哥海军
> 的日子终于到来了！）

接着，狼真的来了。12 月 23 日，一艘日本潜艇用鱼雷击沉了联合石油公司最大的油轮“蒙特贝洛”号（USS *Montebello*），地点是在洛杉矶和旧金山之间，可以看见坎布里亚海滩。所幸无人伤亡，四艘救生艇将 36 名船员安全救助上岸。由于全州恐惧加剧，情绪激昂，这一次海军和海岸警卫队便否认有袭击发生。同一周，加州近海另两艘小型货船——“阿巴洛卡”（*Abbaroka*）号和“艾美迪奥”（*Emidio*）号——遭到鱼雷袭击，但消息也被海岸警卫队封锁。这三起真实事件前后，小道消息不说有数百条，至少也有数十条。其中一条称：日裔农场主在田野里标出箭头或火光箭头，向日本飞机指示美军基地和军工厂的位置。

小道消息终获采信。1941 年圣诞节前，在加州、俄勒冈州和华盛顿州，士兵、联邦调查局特工、警察以及地方政府都在突击搜捕。有些人即使名字从未在政府炮制的任何名单中出现过，也遭到了逮捕。有时特工和警察甚至破门而入，他们除了没收枪支和一切带有日文字迹的物件，还没收普通收音机和望远镜。在洛杉矶的帕洛斯弗迪斯，突击搜查农场后，市里的执法人员不无得意地向当地报纸展示“赃物”：一段疑似大炮部件的水管，疑

为短波天线的晾衣电线，以及被称为毒气的农药。托马斯·西撒
塔（Thomas Sisata）在《洛杉矶时报》看到了那些照片，而他给
别人当管家的未婚妻在珍珠港事件翌日也遭辞退。这一切之后， 26
他说："我们完了。"在大学作业中他写道："我真的开始觉得，
美国人的平均智商简直相当于高级白痴。"

联邦调查局官员和当地警察报告称，他们从加州的日本居民手上缴获了数百件枪支，而他们没有报告的是，多数枪支是从日本人拥有或经营的体育用品商店搞来的，在一个以狩猎闻名的州里，这样的店有上百家。西海岸三州没收物品数量如下：枪支 2 592 件，子弹 19 900 发，炸药 1 652 捆，收音机 1 458 部，照相机 2 015 部。司法部向总统密报："但是，通过搜查，我们未发现任何危险分子，未发现一挺机枪，也未发现任何情况下哪一支枪会被用于帮助敌人。"

* * *

战争爆发时，落基山脉以东仅住有数千名日本人，大多经营农场。内布拉斯加州赫希镇的本·黑木（Ben Kuroki）和弗雷德·黑木（Fred Kuroki）一直在正冈被抓的北普拉特教堂参加聚会，当天晚上，他们告诉父亲想参军。父亲黑木胜介（Shosuke Kuroki）说："这是你们的国家，为她而战吧！"于是，第二天早上，兄弟俩乘坐农场卡车，行驶 150 英里，抵达最近的一个征兵站格兰德岛。他们填写了各种表格，但此后杳无音讯。两周后，本·黑木听收音机里说陆军航空队在招人，而且在北普拉特设有征兵站。这次他们被接受了。问及为什么航空队愿意接受他们，

27 征兵站负责人说:“每招募一人,我可以赚两美元,欢迎加入美国陆军航空队!”这对美籍日裔兄弟宣誓参军的照片登上了该州最大的报纸《奥马哈世界先驱报》(*Omaha World-Herald*)。

但是,对两位农场小子而言,并非一帆风顺。甚至在前往堪萨斯州莱文沃斯堡的火车上,就有另外几名应征者开始找他们的碴儿:“那两个讨厌的小日本来这里干吗?这不是美国军队吗?”弗雷德被安排挖沟,本虽然学过驾驶小型训练机,但最初的 21 天却只能削土豆皮,同时还要假装没有听见白人士兵和飞行员对小日本的挖苦和威胁。本回忆说:“我们是美国军队里最孤独的两个人。”

最后,航空队将兄弟俩分开了,他们送本去了科罗拉多州洛根堡教会学校,然后赴路易斯安那州什里夫波特附近的巴克斯代尔空军基地,继续帮厨削土豆皮。他沮丧而孤单,得知弟弟被航空队辞退转为步兵时,他愈加苦恼。经过一个月向长官的恳求,其实是哀求,本奉命加入了作战部队,第 93 轰炸队第 409 中队。他在这里待了三个月。不过,越来越多的白人战友会在照面时点点头,有几个人开始与他交谈。很多人很快踏上海外征程,本依然央求长官派他同往。事情还真成了!内布拉斯加州的这个小伙子与 19 000 名士兵同乘“伊丽莎白女王”(*Queen Elizabeth*)号客轮,驶过自由女神像,开赴英国。没驶多久,他们中便有大约 18 000 名士兵面色苍白。在此后五日的颠簸中,他们不断呕吐。

与此同时,首都华盛顿特区却就如何处置正在服役的年轻日裔士兵和那些希望入伍的美籍日裔而陷入混乱、矛盾和争论之
28 中。下士吉村昭二(Akiji Yoshimura)是旧金山克里希基地一名

实习医生，他被联邦调查局两名特工下狱审讯。

“如果需要，你会与日本作战吗？”一个特工问。

“当然会，随时随地。”吉村答。

“你个杂种，”审讯者说，“你应该说你会射杀天皇，扯掉小日本的国旗，扔到地上踩踏！”

像 3 000 余名已在服役或珍珠港事件前已获征募的美籍日裔一样，吉村被踢出了军队。后来，他自愿加入陆军情报部（Military Intelligence Office），这个秘密机构由美籍日裔组成，接受培训，准备在太平洋战区担任口译。吉村在战争期间升任中尉。

珍珠港事件后，在内布拉斯加州，黑木兄弟获准入伍；但是，在加州，二代日裔却常常遭拒。截至 1942 年 3 月，珍珠港事件前服役的日本人一律被开除，加州尤甚。“我们的部队不要小日本，你们坏透了，滚开！”圣何塞一位征兵的军官对二代日裔森本泰子（Yasuko Morimoto）吼道。

不过，与此同时，其他州还是有日裔在继续服役，夏威夷那些年轻的预备役甚至转为了现役。新成立的陆军情报部位于普雷西迪奥，靠近德威特的司令部。珍珠港事件后，德威特将军要求陆军迁走情报部，于是，这帮老师和 65 名学员奉命迁往明尼苏达州的萨维奇营（Savage Camp）。

* * *

12 月 12 日，洛杉矶北部小报《圣路易斯-奥比斯波独立报》29
（*San Luis Obispo Independent*）在西海岸率先发声，呼吁从太平洋沿岸地区迁离所有日本人，无论入籍与否。《纽约时报》散布小道消息：日本人在圣迭戈以南墨西哥的下加州设有一处秘密空军基地。消息来自加州司法部部长厄尔·沃伦。报纸引用德威特将军的话称，任何不相信这些报告的人都是“疯子、白痴和蠢驴”。海军部部长弗兰克·诺克斯曾担任《芝加哥日报》（*Chicago Daily*）的社长，获 1936 年共和党副总统候选人提名。1941 年 12 月 15 日，他在访问夏威夷后，于华盛顿举行新闻发布会。他将生活着成千上万日裔的夏威夷诸岛称为间谍巨巢，并声称：“战争中‘第五纵队’最富成效的工作就是在这里完成的。”

一派谎言！那么诺克斯又何出此言？无非是推卸海军在珍珠港遭重创的责任。尽管数周前已有情报预测会有袭击发生，但他们对偷袭毫无防备。诺克斯“演戏”翌日，在全国多家报刊同时发文的专栏作者多萝西·汤普森（Dorothy Thompson）撰文称：“像夏威夷一样，美国也有个庞大的第五纵队，他们沆瀣一气，带来了珍珠港之灾。那些人揪出来了吗？他们还在行动吗？”他们确实一目了然。二代日裔占夏威夷人口的 37%，如果日本人被逐出该岛巨大的果园和甘蔗园的话，当地经济毫无疑问就会崩溃，所以，除了德威特将军，没有几个官员曾动念抓捕夏威夷人。当然，夏威夷第五纵队永远不会被揪出，因为它不存在。

30 的确，夏威夷和加州都有很多日本人支持故国的崛起和野心，但没有证据显示他们在任何一地从事颠覆或间谍活动。反过来，却有一些军官紧张不安，一些政客惊慌失措，他们听闻小道消息和耸人听闻的报告后应声而动。如果加州的日本人被赶出他们的农场和企业，该州会有数千人从经济上获益。

12 月中旬，加州州长奥尔森提出一个方案，限令美国的日本人待在家里。这相当于软禁，但奥尔森辩称，这样可防止愤怒的白人制造暴力和暴乱。该州防务委员会否决了上述方案，他们反驳的理由是：日本人在该州拥有或经营着很多农场，如果他们停工，可能导致食物短缺。与此同时，德威特将军向华盛顿的上司奉上一份秘密计划。12 月 9 日，他以电报方式发送了首份方案，建议将所有 14 岁以上的男性敌侨，不分入籍与否，包括德国人和意大利人，全部迁往落基山脉以东，予以“限制”。此后，他还陆续提出过数十条常常自相矛盾的方案。这一“限制”方案，且不论此词何意，还是被陆军宪兵司令艾伦·格里恩（Allen Gullion）少将拒绝了，因为它力度不够。格里恩曾担任过陆军首席法务长，他意图对美国所有日本人，不分年龄、不分国籍，实行军事管制。德国人和意大利人则免受这种针对日本人的强制措施。理由很简单：司法部官员估计，加州的意裔和德裔在美国各地拥有逾 5 000 万亲属，几乎是全国人口的三分之一，倘若没有他们的帮助，美国便没有十足的把握赢得战争。

*　*　*

从太平洋到大西洋，似乎都进入了最糟糕的时代。迷茫和 31
恐惧困扰着每个美国人，包括第一夫人。12 月，埃莉诺·罗斯福（Eleanor Roosevelt）给西雅图的女儿安娜写信说：“亲爱的，刚刚收到消息，开战了。我给你和约翰尼都打了电话，你们或可把孩子送到东部来……亲爱的，我得去和你爸说说。至爱你的，妈妈。”

尽管私下里满怀恐惧，罗斯福夫人依然前往加州，并于 12

月 11 日在洛杉矶公开会见了知名日裔妇女。随后，她在全国性专栏《我的一天》中写道："这也许是这个国家历来经受的最大考验……我们的公民来自世界各国……如果我们无法做到公正对待来自各国的公民，无法真正信奉《人权法案》(*Bill of Rights*)，无法向所有忠诚的美国公民，不分种族、信仰和肤色，兑现该法案，如果我们无法控制反犹主义、反种族情绪、反宗教情绪，那么我们就会断送对未来的真正希望，那是全人类所依赖的希望。"

第二章

总统谕

签署第 9066 号行政令：1942 年 2 月 19 日

1941 年岁末，12 月 30 日，旧金山。日裔美国公民协会会 32
长木户三郎接待了一位朋友弗雷德·野村（Fred Nomura），他是做保险代理的。野村说："三郎，听说他们要把所有日本人关进集中营，你知道这事吗？"

"谁说的？"木户问。

"奥克兰的警长告诉我的。他说所有人，包括第一代、第二代日本人，甚至小孩子，全要关起来。"

"他简直疯了，他们不能这样对我们！我们是美国公民啊！"

1942 年 1 月 14 日，《普莱瑟维尔时报》（*Placerville Times*）首次公开呼吁设置集中营，主张不分国籍、男女和长幼，将美国
所有的日本人关入集中营。普莱瑟维尔是座小镇，西距萨克拉门 33
托 40 英里。两周后的 1 月 29 日，温和派重要代表、加州司法部

部长沃伦彻底改变了立场，他发布新闻称："我已得出结论，本州目前的日本人问题或许正是民防努力中最薄弱的环节，若无举措，珍珠港事件恐会重演。"

沃伦是共和党人，是纯白人组织"金西之子"（Native Sons of the Golden West）的成员；而奥尔森州长则是民主党人，他认为沃伦可望成为他在 1942 年 11 月大选中[①]的竞争对手。奥尔森立场相同，他在一周后的一次国会听证中说："鉴于美国日本人之忠诚极难分辨，有些日本人忠于这个国家，有些则忠于天皇，我主张将日本人从加州沿岸整体迁离。"随后，州长向全州发表广播讲话称："众所周知，加州有些日本居民企图通过传递情报帮助敌国日本，且已有迹象表明第五纵队蠢蠢欲动。"

洛杉矶市长弗莱彻·鲍伦（Mayor Fletcher Bowron）开除了市里雇用的所有日裔员工，然后宣布："在我们自己的城市里，这些人可以根据既定方案在约定时间发起行动。根据这个方案，如遇蓄意侵略或空袭，我们的每位日本小朋友都将知道何去何从……在南加州，我们不能冒险让珍珠港事件重演。"他后来补充道："毫无疑问，就连林肯——这个我们记忆里尊为圣人的温文
34 尔雅之人——也不会仅仅将日本人赶到一个无法为害的地方就草草了事。"他还称那些美籍日裔为"生于美国国土之上却秘密效忠天皇的人"。

全美各地的政客，尤其是国会中的南方人，很快便与加州官员成了同道中人。密西西比州众议员约翰·兰金（John Rankin）

① 当指加州州长的竞选。——译者

说：“这是一场种族战争，我说灭除所有日本人至关重要，不管是在夏威夷还是内陆……去他妈的，现在就该灭除他们。”

俄克拉何马州的国会议员杰德·约翰逊（Jed Johnson）要求让美国所有的日本人绝育。这种话以及一些秘密试验成为当时美国人生活的一部分。甚至连富兰克林·罗斯福总统也惬意于美国19世纪20年代出现的种族神话、种族理论，包括优生学，那些玩意儿曾是希特勒上台后热衷引用的。按现代标准，罗斯福和数千万支持者都是种族主义者，通常也是反犹太主义分子。在与朋友交谈时，总统推测日本人之所以“阴险奸诈”是因为他们的头骨这个器官发育不足，“落后白种人两千年”。这是著名的人类学家阿利希·赫尔德利奇卡（Ales Hrdlicka）的原话，他是史密森学会的会长，也是总统的朋友。1942年，罗斯福与阿利希会谈时曾问：“手术可以解决吗？”1944年8月，罗斯福总统在一次内阁会议上谈论过使15 000名德国领导和军官绝育。数日后，总统告诉财政部部长亨利·摩根索（Henry Morgenthau）：“你必须要么阉割德国人，要么想别的方法，让他们无法繁衍并我行我素了。”

* * *

在加州，大城市的报纸，引导读者也好，投读者所好也罢，35
对美国日本人纷纷强硬了起来。《洛杉矶时报》和《旧金山考察报》（*San Francisco Examiner*）同时请赫斯特旗下的作者亨利·麦克勒莫尔（Henry McLemore）执笔开设专栏，他提笔即写：

> 严格来说，作为一个美国人，我认为美国人很蠢……

> 被抓的那些日本人是联邦调查局实际握有证据的，其余那些，说真的，都像鸟儿一样自由……我知道这是世界上的大熔炉，人人生而平等，不该有种族或信仰仇恨之类的事情，然而，当一个国家为了生存而战的时候，这些玩意儿还有用吗？……我赞成立即将所有日本人从西海岸迁往深远的内地……个人而言，我憎恨日本人，憎恨他们每个人……愿他们憔悴、痛苦、挨饿，不得好死！

而《旧金山考察报》的对手《旧金山纪事报》在最初的三天则是与之背道而驰的。该报刊发评论文章称：“不必效仿希特勒，将所有人不分青红皂白地赶入集中营。”但是，从 12 月 10 日至 1 月底，该报头版开始出现这样的标题《亚洲劳工：贫穷与犯罪共生》《黄皮肤非法入籍》《日本人对美国妇女构成威胁》。

在世纪转折时，类似报道在报纸上司空见惯，《纪事报》（*Chronicle*）曾聚焦日本人，发文称：“华人是老老实实的劳工，不买土地；日本人则不老实，购置土地。”而《洛杉矶时报》也
36 随声附和：“日本男子受长辈教唆，对美国女孩图谋不轨，同化他们简直不可思议，道义上毫无理据，生物学意义上也毫无可能。”该报继续维护“美国女性”，认为她们“如此圣洁，岂能同流合污？一个美国人如果不捐躯疆场而屈于此辱，则有负此名”。

《洛杉矶时报》与旧金山的报纸遥相呼应，同期头版标题有《日本船发射信号》《加州海岸发现敌机》《日裔庄园有标志指向机场》。

加州首府的《萨克拉门托蜂报》（*Sacramento Bee*）则集中

火力攻击位于该市以南9英里的日裔聚居地弗洛林。该报社长麦克拉奇（V. S. McClatchy）是加州排日协会（Japanese Exclusion League of California）的创始人，他于1938年去世。在其少年时代，他曾骑自行车给那个小区送报，他写道：“日本鬼子刚会写租约就可以讨老婆，他给国内发份合同，媒人以照片形式给他介绍一个老婆，从此，像老鼠一样繁殖。弗洛林每年有85个日本人出生。”

早在1940年2月，《洛杉矶考察报》（*Los Angeles Examiner*）及其姊妹刊《旧金山考察报》的主人威廉·伦道夫·赫斯特（William Randolph Hearst）就在两报头版同时撰写评论，邀请内阁成员和军界到西部考察：“来看看这些乌泱乌泱的小日本，他们在加州的阳光下栽花、植果、种菜，平平静静，但却不无野心地叫嚣：‘总有一天，我会和日本军队一起来到这里，占领一切。真的，先生，谢谢啦！’”他继续写道：“再看看这些日本的小渔船，一队一队的，在加州沿岸游弋嬉戏，平平静静，一边打鱼，一边拍照。”

珍珠港遭袭后，恐惧笼罩着加州沿岸，夸大之词到处弥漫，直至新年。1942年2月21日，《纪事报》甚至宣称，夏威夷的 37
日本人在袭击前就做好了准备，而且指责他们用自己的小车和卡车蓄意制造拥堵，在轰炸发生时，阻止美国海陆军官兵前往其驻地的舰船。这篇文章还说：“那些知情的日本人，不论出生何地，没有一个人出来提醒美国。”虽非实情，但该篇文章仍然在结尾写道：“这是一场生死之战……我们必须强硬，即使民权暂时遭到践踏。”

两天后，《蜂报》刊发社论：“十个星期以来，日本越来越有可能进攻西海岸，我们也越来越有必要采取行动……如果不整治敌侨和第五纵队，采取限制措施，完全断其效忠独裁之都的念想，加州将永无宁日！须知，那些独裁者亡我美利坚合众国之心不死！”

加州数百家机构也与报纸同仇敌忾，比如：雄狮俱乐部、麋鹿俱乐部、赛欧岛大金字塔、加州汤森德俱乐部、阿纳海姆蒙古研究俱乐部。广播也推波助澜，墨脱广播公司（Mutual Broadcasting Company）著名评论员约翰·休斯（John B. Hughes），在《约翰·休斯新闻评论》中，铺天盖地、日复一日地告诉国人，99%的日本人，无论入籍与否，“基本上都效忠日本……与其他轴心国的死党相比，我们中间的日本人威胁更大。为了日本的荣誉，他们甘愿献身。”1942年，华盛顿州立大学赫赫有名的校友、哥伦比亚广播公司新闻频道（CBS News）的爱德华·默罗，在华盛顿州普尔曼的一次演讲中说道：“我觉得，如果西雅图遭到轰炸，你们抬头就可能看到实施轰炸的有些男子身
38 穿华盛顿大学的毛衫。”在南部的好莱坞，一片恐怖。受到波及的电影厂纷纷将一卷一卷的底片运往中西部的地库。

新闻界和政界很少有人挺身而出维护西海岸日本居民的权利。奥兰治县的《圣安娜要闻》（*Santa Ana Register*）或是该州最保守的日报，其发行量大约为15 000份，归霍伊尔斯（R. C. Hoils）所有。他是一位早期的自由论者，其专栏社论均主张有限政府、自由市场、财产权以及个人自由，反对公办学校、劳资谈判、福利法以及税收。早在1942年2月5日，霍尔伊斯就

写道："大陪审团裁定将所有敌侨驱逐出县，这项工作任重道远。战争期间急需财富，这些工人受限而无法创造的财富，必然需要其他工人来创造。"他继续呼吁克制，"我们似乎不应过于怀疑这些人的忠诚，他们生于异域，而多年以来，他们生活在这个国家，都是良民，很难相信他们是危险分子。"

其他城市也有少数专栏作家和评论员抵制加州的歇斯底里，比如：斯克里普斯·霍华德（Scripps Howard）和切斯特·罗塞尔（Chester Rowell）旗下的厄尼·派尔（Ernie Pyle），他为《旧金山纪事报》撰写专栏。

* * *

与此同时，华府内部进行着一场争夺罗斯福支持的较量。然而，总统顾虑重重。或许他已然决意迁移西海岸的日本人，具体事务交由他人办理，他仅致力于双线战争的后勤和政治：一面抗击大西洋对岸的纳粹和法西斯，一面抗击太平洋彼岸的日本。
大洋曾经隔离保护美国数百年，如今，它却成为通往第二次世界 39
大战的征途。

司法部部长弗朗西斯·比德尔私下里反对大规模迁移，他那些年轻助理大多也反对。比德尔是费城的一名律师，出身于显赫的美国世家。其家族可以追溯至 1671 年，他的远祖埃德蒙·詹宁斯·伦道夫（Edmund Jennings Randolph）曾是乔治·华盛顿（George Washington）总统的司法部部长。比德尔认为，如果迁移人员包括美国公民，则不合宪法。他认为，国内的危险主要来自东海岸的德、意侨民。那里的德国潜艇用鱼雷击沉了数十艘美国向欧洲供应物资的货船。他反对迁移西部的日本人。然而，比德尔上任仅仅五个月，作为权力集团的一分子，他不但要服从总统，还要服从大多数高官，尤其是陆军部部长史汀生。

尽管比德尔起初并没有公开反对，但首都最主要的反对者却出自他的部门。司法部两位副部长爱德华·恩尼斯和詹姆斯·罗以及联邦调查局局长埃德加·胡佛均反对迁移议题。司法部敌侨控制局局长恩尼斯说："我必须说，我隐约觉得陆军急于有所动作，他们没本事与加州的日本人作战，于是找来别人作战，这就是美国的日裔。"罗则致函总统秘书格蕾丝·塔利（Grace Tully），请她告诉老板，加州政客可能会导致"史上一场巨大的人口外迁"。胡佛的特工们担负着双重任务，他们一面整理敌侨中的"危险分子"名单，一面坚称没有军方协助，他们可以处理西海岸任何不忠事件。

在2月2日和3日致比德尔的函件中，胡佛写道："集体迁
40 移的必要性主要在于公众和政治压力，而非基于实际数据。群情激昂，加上新闻广播不时地推波助澜，导致州长奥尔森、州司法部部长厄尔·沃伦和军方权威不得不承受巨大的压力。"陆军副参谋长马克·克拉克（Mark Clark）将军曾在夏威夷服役，他坦陈己见：在岛上，迁移16万日裔没有必要。他还说，日本进攻西海岸的可能性为"零"。可惜的是，军界这样的人寥寥无几。

翌日，即2月4日，联邦调查局局长和克拉克将军收到电报，得到支持。这些电报来自火奴鲁鲁警察局局长威廉·加布里埃尔森（William Gabrielason）和夏威夷驻军司令迪洛斯·埃蒙

斯（Delos Emmons）中将。电报称，在珍珠港遭袭前和遭袭过程中，均未发生蓄意破坏事件。

* * *

然而，德威特将军经常强推这样的观点：集体迁移不但必要而且至为关键。2 月 3 日，他致电陆军部副部长约翰·麦克洛伊，坚持要求设法绕过宪法对美国公民自由的保障。德威特说："在这里，对这些人来说，小日本就是小日本……根本无法区分，他们都长一个样。"

麦克洛伊从政前在纽约当律师，曾因证明德国特工是"黑汤姆军火库爆炸案"[①] 的幕后主使而名声大噪。发生在第一次世界大战期间的这次爆炸共有七人死亡。他给德威特答复说，可以想办法，又补充道："你让华尔街律师十分为难，不过，如果事关国家安危，至于宪法……宪法对我而言仅是一纸空文。" 41

2 月 14 日，德威特将他与麦克洛伊的对话形成公函，呈送陆军部部长史汀生：

> 在我们进行的这场战争中，种族亲情并未因移民而隔断。日本民族是一个敌对的族群，尽管很多第二代、第三代日本人生于美国国土，拥有美国公民身份，已然"美国化"，但是，族系亲情并未淡化。否则，相当于寄希望白

① 黑汤姆（Black Tom）是自由女神像附近一岛屿，隶属于泽西市，系美国东北部主要军火库。1916 年 7 月 30 日，德国间谍炸毁该军火库，严重影响了协约国的军火供应。

> 人生于日本国土的孩子隔断种族亲情，效忠日本，并在必要时候对抗父母的国度，为日本捐躯。在这场斗争中，日本与德意沆瀣一气，我们不能因此而想当然地认为，那些未被传统同化、生养于美国的日本人，在忠诚最终受到考验的时候不会背叛这个国家。

德威特告诉史汀生，他认为太平洋沿岸居住的 11.2 万日本人，每一个都是“拥有日本血统的潜在的敌人”，而且，“有迹象表明，他们会在时机成熟时，有组织、有准备地同时行动。迄今虽尚无破坏活动，但恰是这一事实令人不安，也进一步表明，此类活动在未来将会发生”。随后，他列举自认为可能发生的情形：破坏活动、海上攻击、空袭。这些活动都会得到沿岸特务的帮助，由他们发出暗号。

西海岸流传的官方说法来自政客、新闻界，以及加州那些急于接管日本人田地和庄稼的农业利益集团。该说法认为，日本人
42 处心积虑地迁往靠近军事基地、机场、国防工厂、电站和输电线的农场。这一怪论被加州政客们所“证实”，尤其是州司法部部长沃伦。在县治安官的协助下，他炮制了加州日本人分布图，有些说辞很模糊，比如，“（索萨利托）造船厂街对面的日本人”。早在军事基地和其他设施建立之前，那些日本农民和工人已经在那里居住了数十年，甚至几代。对此，那些分布图却避而不提。

新闻界对军方的说法照单全收。2 月 18 日，《纽约时报》报道了一例“威胁国家安全”的事件，颇为荒唐：“佐纪伊三郎（Isaburo Saki），48 岁。特工在其农场发现双筒望远镜、闪光灯、

收音机和自制的棍棒。”

在华盛顿，德威特将军从司令部发来的日报助长了官方“军
事需要”的说辞。这位将军总是将州里蹦出的任何流言呈报上去。
蒙特贝洛事件后，他告诉华盛顿，实质上，从西海岸驶离的每艘
船只都遭到了敌人潜艇的攻击。他如此热衷于报告战事，部分原
因在于羞辱海军和联邦调查局的情报人员，那些人称，西海岸的
日本人不构成实质威胁。尽管当时海军情报报告夏威夷与加州之
间仅有一艘日本潜艇，德威特在一份公函中却报告称，日本多艘
潜艇接收“岸上特务”的信号。时年 62 岁的德威特与大多数平庸
的军官一样，都在第一次世界大战后陆军编制缩小这种境况下的
军队中艰难求生。格里恩将军，时年六十有一，同样主张甫一宣
战即展开对日裔的群体迁移，业已提议建造集中营，收押所有日
本人，不论入籍与否，不分男女老幼。陆军部部长史汀生当即拒
绝此议。在史汀生这里受阻，又遭司法部部长比德尔严斥后，格 43
里恩于 1941 年 12 月 22 日致电德威特，要求他完成此任。他想让
德威特提议迁移与监禁之事。但随着华盛顿和旧金山之间公函和
电话的往复，德威特有时显得摇摆不定，他就是这样的一个人。
12 月 26 日以前，德威特在呈格里恩的报告中两度反对集体迁移：
“如果我们推进此议，逮捕 93 000 名日本人，其中有美国出生的，
也有外国出生的，我们会摊上麻烦，而且很可能会使忠诚的日本
人与不忠的日本人疏离……试图收容或直接收容该战区内 117 000
名日本人，这样做是否符合常理，我非常怀疑。”他接着说，集体
迁移不合情理，“美国公民毕竟是美国公民。尽管他们可能不忠，
我觉得可以挖出那些不忠的，必要时将他们关起来。”

格里恩是陆军里的最高律政官，别人早就了解的情况他却在逐渐了解：德威特的同事都认为他优柔寡断，与任何人一席谈话后，他都会受到影响。今天他会告诉加州的国会议员他支持迁移所有日本人，明天他却会说集体迁移在运筹上将是一场噩梦。那些了解这位将军的人，包括他的主要副将史迪威将军，都觉得他真正关切的是避免珍珠港海军司令赫斯本德·基梅尔上将和沃尔特·肖特将军的命运，这两位的军事生涯均因对偷袭毫无戒备而基本完结。

其实，作为驻防西海岸的陆军司令，德威特将军在竭力避免与加州、俄勒冈州和华盛顿州的政客发生冲突。这些政客屈服于公众的歇斯底里，也屈服于各州的种族主义分子，包括铁了心
44 要消除日本人竞争的农民和渔民。德威特一方面告诉格里恩运作不易，另一方面依然口口声声地说“鬼子终究是鬼子”，“亲情并未淡化”的日本人应该被隔离。于是，日复一日，翻云覆雨，说辞，经常取决于现场的听众群体，变来变去。有时，他将集体迁移以及准备工作斥为“该死的废话”；有时，却建议陆军部发表声明，宣布爱达荷州、蒙大拿州、内华达州和犹他州为军事区域。这一宏大计划在华盛顿迅即遭毙，宪兵司令格里恩将军很快意识到德威特过于愚弱，不堪信任。

随后，宪兵司令派遣自己的一位年轻助手飞赴旧金山，担任德威特将军的“顾问”。此人即是 33 岁的卡尔·本德森上尉。本德森来自华盛顿州西雅图西南 110 英里的阿伯丁，毕业于斯坦福大学法学院，才华横溢，踌躇满志。他所在的陆军预备役部队早在 1941 年即被归入军队编制，随后，他奉派成为华盛顿特

区格里恩将军的随从。这名年轻上尉与德威特将军的想法并无二致。有一次两人电话沟通，德威特谈及美籍日裔愿意配合参战一事时说，“这些家伙最令我怀疑！”本德森随声附和：“的确，要嘴皮子的人总是值得怀疑。”

本德森很快成为德威特的心腹和副参谋长。1942 年 2 月 4 日，他将自己姓氏的拼写由“Bendetson”改为“Bendetsen”，以淡化犹太色彩。这位本德森其实出身于一个显赫的东正教犹太家庭，谎话连篇。1869 年，其家庭从立陶宛移民，起初定居纽约的埃尔迈拉，后来迁至西部的西雅图地区。但是在 1929 年他却否认上述事实，自称基督徒，以混入斯坦福大学 TDC（Theta Delta Chi） 45
联谊会，因为该组织禁止犹太人入会。多年以后，他以新的姓氏编了一套简历，谎称自己来自丹麦一个以伐木为营生的家庭，还虚构出一位曾祖父，说这位曾祖父于 1670 年从丹麦来到美国。

2 月 4 日当天，本德森即开始以新的姓氏签署第一份官方文件，那是呈送麦克洛伊的公函：“西部海岸的敌侨”。在此份文件中，他认可美国存在一个日本第五纵队：“绝大多数二代日裔效忠日本，受到敌人控制，接受敌人训练。时机成熟时，尤其是日本企图轰炸太平洋沿岸时，他们将从事有组织的破坏活动……这就要求对于这些人实施相当规模的迁移和监禁。”

在华盛顿，这位年轻的律师很快赢得了格里恩的信任，因为他撰写了一份法律策略，为迁移西海岸的日裔诡辩：军方有权将任何美国人从新设的“军事区域”迁出，亦有权将他们迁回。“种族”“民族”或“祖籍”等字眼则从未提及。陆军部首席历史学家斯特森·康恩（Stetson Conn）如此描述这一计划：“本德森建议划定军事区域，未获许可不得进入或逗留，所有人都因军事需要而撤出。在他看来，该计划显然合法，他建议分三步实施：第一步，总统颁布行政令，授权陆军部部长划出军事区域；第二步，根据
46 西部战区司令德威特将军的建议，在美国西部划定‘军事区域’；第三步，立即迁出那些未获许可进入和逗留的人员。”

拟议中的许可证并未获得授权，但也不必授权。因为只有一种“人”——美国的日本人（Japanese and American Japanese）——将不会获得进入这些区域或在这些区域逗留的许可证。

德威特将军划定的第一个军事区域包括从加州到华盛顿州的整个西海岸，以及亚利桑那州的一角，那里在沿岸 200 英里以内。于是，这个想法就可以呈交罗斯福总统了，由其颁布行政令，授权迁移西海岸的日本人，其中并未提及种族，却禁止任何人返回。

本德森当初不过是名预备役人员，单枪匹马经营律师行，却因为身兼格里恩和德威特的幕僚而连获擢升。他先从上尉升为少校，1942 年 2 月 4 日升为中校，仅仅 10 天之后，即 2 月 14 日，又升任上校。他与麦克洛伊一起对他们的想法修改润色，直至成为行政令。麦克洛伊赞成迁移，称虽然这件事从宪法的角度有些勉强，不过，他愿意推进此事。他对本德森和德威特将军说：“法律方面可以虚与委蛇。”

本德森致函格里恩，详细解释自己的想法，称大规模迁移“无疑是最安全之策。也就是说，由于无法区分并洞察东方思维，也无法分辨孰忠孰奸，所以，最简单的办法（且不论机械工程问题）即是将他们悉数迁离西海岸，在荒无人烟的‘内陆地区’重新安置。在监管之下，他们便毫无危害了”。

本德森认为美国的日本人都可能叛变，希望将他们全部迁 47
离西部诸州。他的家乡、华盛顿州的阿伯丁，仅有一家日本人，姓斋藤（Saito）。42岁的斋藤奈津（Natsu Saito）是位寡居的母亲，英语和日语都很流利。她开了一家东方艺术品商店，经营礼品，与本德森的律师行同在一条街上。珍珠港事件后不到48小时，她即遭逮捕。要说有什么罪名，那就是她的商店招待过日本海员。船只装载木料时，他们曾来过店里。而且，她的大儿子林肯就读于日本一家长老会神学院。这些情况联邦调查局岂能容忍？特工们洗劫了她的商店，然后当着三个孩子的面抓走了她。此后整整三个星期，他们不知道母亲的下落。当得知母亲被关在西雅图一个拘留所后，莫尔斯（Morse）、佩里（Perry）和戴利亚（Dahlia）三名十几岁的孩子，在圣诞节当天驱车112英里前往这个大城市。然而，他们被拒之门外，因为假期没有安排探访时间。孩子们返回家中，想要经营母亲的商店，但是店里的很多客人掀翻货架，并朝他们脸上吐唾沫。经过数次听证，奈津女士被判缓刑，得以释放。她和三个孩子接到命令，自费乘公交车前往华盛顿州的奥林匹亚，再转乘火车赴图利湖安置营。营地位于加州北部，距俄勒冈州仅5英里，是一片贫瘠的熔岩地区。

本德森在声称要迁移所有日裔时绝非空谈。连住院的老年人也做好了迁移的安排，他们受到监管，直到死亡或者可以行走。洛杉矶的格蕾丝·渡边（Grace Watanabe）随同母亲被赶上
了一趟军列，目的地不详。其父是卫理公会派的一名牧师，罹患 48
癌症，正在住院，但她被迫离开了他。格蕾丝父亲的病房门口站着两名士兵。像他这样病得不能动的日本人有1 000余名，每个

人都由士兵看守，仿佛他们会逃跑似的。

迁离人员中既包括日本婴儿，也包括白人收养的日本儿童，还有孤儿。联邦特工走遍西海岸的孤儿院，搜寻日本长相的儿童。洛杉矶马力诺尔中心的天主教教士休·莱弗里（Hugh Lavery）神父负责一家孤儿院。他说，本德森“俨然一名小希特勒，我告诉他，我们孤儿院有日裔儿童，有些有一半血统，有些是四分之一血统，甚或更少。我问他我该交出哪些孩子……本德森说‘我决心要将身上流淌着哪怕仅有一滴日本人血液的儿童都送进集中营’”。

这位新任上校对日本皇军和美国的日本人根本不加区分。他写道：“军队的职责就是杀死日本人而不是拯救日本人……倘若军队将其设施用于安置日侨或者当作日侨的福利，那么要完成其主要任务，即在战争中获胜，将难上加难。”

* * *

司法部部长比德尔反对大规模迁移，此事公之于众后，他成为军方和西海岸新闻界的众矢之的。2月5日，赫斯特报系的专栏作者亨利·麦克勒莫尔在《旧金山考察报》和全国其他报纸上撰文称：“比德尔先生甚至不配当捕狗员的第三助手，去负责抓捕长满黑斑的艾尔谷犬。这就是人们对‘贵族’比德尔先生的感觉……
49 如果不加警告就从防御中心及其周边迁走日本人就太遗憾了，不是吗？而且这样会侵犯公民自由，甚至会打乱他们的破坏大计。”

2月7日，华盛顿。身陷重围的司法部部长与总统共进午餐，据他的记录：“大规模迁移绝无必要，我认为，应该责成军方制订详细的撤离计划，以备西海岸突遭空袭或遭敌登陆。”翌日，他致函陆军部部长史汀生，重申立场。史汀生对司法部部长的一些担忧表示赞同，强迫美国公民迁移不符合宪法。2月4日，他曾对部分幕僚和几名军官说：“我们不能以种族为由歧视我们的公民。”但是，他的助手们，尤其是麦克洛伊和格里恩，日日催逼，声称日本侵略西海岸的可能性的确存在。

陆军部部长在当天晚上的日记中写道：“二代日裔只能作为整个迁移的一部分，只有获得允许，方可进入某些区域，或者索性找借口赶走他们，鉴于他们的种族特征，即使是日裔公民，我们也无法理解或信任。这虽是事实，但实施起来恐怕会存在巨大的法律漏洞。”

与此同时，华府要人则横穿美国，会晤德威特将军和沃伦部长。在那些疯狂的日子里，造访加州的包括沃尔特·李普曼，他是首都最受尊敬的专栏作家。2月8日，他抵达后即与沃伦和珀西·赫肯多尔夫（Percy Heckendorf）共进晚餐，珀西是圣芭芭拉的地方检察官，他后来说，这位专栏作家几乎写出了沃伦所说的每一个词。此即沃尔特于1942年2月13日发表于《华盛顿邮报》和《纽约先驱论坛报》（*New York Herald Tribune*）以及另外250 50
余家其他报纸的专栏“今天和明天”：

> 太平洋沿岸濒临内外夹击……事实上……太平洋沿岸目前尚无重大破坏活动。根据夏威夷的局势和欧洲第五纵队的情形来看，这并非像某些人一厢情愿所想的那样，表明没什么可怕的。这恰恰表明，这场打击组织有序，它不

来则已，一旦发生，则威力无比。

李普曼还说道：“人们认为公民权在一处遭到剥夺，则会处处遭到剥夺。”他总结道：“任何人的宪法权利都不包括战地居住权和经商权。”

该专栏惹恼了比德尔，他致函总统，称李普曼以及其他评论员都是“纸上谈兵，且乳臭未干……简直像是在剧院里咆哮着‘开火’”。

司法部部长晚了一步，专栏文章在华盛顿和全国各地影响巨大。其他人纷纷效仿，值得注意的有纽约专栏作家戴蒙·鲁尼恩（Damon Runyon），也有赫斯特报系的专栏作家韦斯特布鲁克·佩格勒（Westbrook Pegler），后者著文称，如果李普曼预测会发生破坏活动和渗透，一定错不了，“你明白他说的吗？他可是个高级别的家伙，责任感极强……我们竟然如此沉默，如此体谅政治感情和对人们的影响……德国人早将他们驱赶到一处，关起来了。”

质言之，李普曼是专门写给一个人看的，那个人就是富兰克林·罗斯福。结果可想而知，专栏发表翌日，加州、俄勒冈州
51 和华盛顿州的所有国会议员都签名致函总统：“我们建议立即迁移所有日裔人员，无论入籍与否，从任何战略意义上讲，他们的存在对美国国防都是危险和有害的。”

* * *

史汀生部长求见总统，却被告知很多事情都比“西海岸问题”更为紧迫。于是，两人电话沟通。史汀生是老资格的政治家，

74 岁，共和党人，在共和党政府内曾任国务卿。他个人与总统过从甚密，属于“总统的人”，即使对现状不满，也守旧而忠诚。在电话中，史汀生问罗斯福是否准备将日裔公民和侨民均迁离西海岸。当天有消息称，日军正在入侵新加坡及其他亚洲国家。总统自然受到此消息的影响，于是告诉陆军部部长，关于如何处理国内日本公民，请其酌办。“不过，”总统补充说，“要尽量理性。”

史汀生召来同属共和党的副手麦克洛伊，将总统的话悉数转告。麦克洛伊的理解是，罗斯福是在——用麦克洛伊的话说——“全权委托”他们酌情处理西海岸问题。随后，麦克洛伊致电本德森和德威特，说：“我们与总统谈过了，总统实质上是说，只要你们认为有必要就放手去干……如果牵涉到公民，我们也同样处理。他说，或许会有影响，但这事必须服从军事需要。”

陆军部部长和他咄咄逼人的副手认为，总统想尽量置身事 52
外，而军方——史汀生、格里恩、德威特，以及本德森——将负责迁移。本德森和德威特宣布，整个西海岸属于“战区”，除此之外，他们对这项复杂的任务并无任何实际的准备。最初，尽管对于美国的日本人不得离家超过 5 英里，而且晚上 8 点至凌晨 6 点还需实行宵禁，但是，德威特也宣称，日本人可以“自愿”搬离西海岸新设的“战区”，前往该区以东各州。可是，去哪里呢？西海岸的日本人都是家族式的，很少有人在其他地方还有家人或熟人。而且，他们知道全国到处敌意肆虐，所以害怕搬家。军方为罗斯福本人所称的“集中营”提出的一个理由是，为了保护日本人免受美国同胞的伤害。李普曼和麦克洛伊代表了这群人，他们后来坚持认为，他们主要的关切就是保护日本人免受白人邻里治安会潜在的暴力。

2 月 17 日，罗斯福正式告诉史汀生和麦克洛伊起草行政令，授权迁移，这件事没有知会比德尔。此事已决，只是方式待定。罗斯福的举动清清楚楚表明，这件事情他听就够了。史汀生开始起草行政令，宣布这场迁移是“军事需要”。行政令的终稿并未提及“日本人”“美籍日裔”或“公民”等字眼。内部公函都将日裔美国公民称作“非外籍人员”（non-aliens）。

是夜，本德森上校与头天晚上即飞赴华盛顿的司法部副部
53 长克拉克同往司法部部长比德尔家中，会见部长、麦克洛伊和格里恩。比德尔的两位助理恩尼斯和罗首先陈述案例反对拘禁，随后，格里恩拿出了陆军部和司法部业已同意的行政令草案。两位助理大为吃惊，恩尼斯泪光闪闪，部长本人一言不发。同日早些时候，他曾致函总统：“西海岸很多人不信任日本人，众多特殊利益群体都乐于将他们逐出良田，根除竞争……陆军部最新消息称，没有证据显示有立刻攻击出现，联邦调查局最新消息称，没有证据显示会有蓄谋已久的破坏活动。”

总统没有复函。次日，比德尔说，他和司法部都将与迁移毫无干系。格里恩恼羞成怒，他告诉马克·克拉克将军，他曾致电比德尔：“‘比德尔先生，您听好了，尊意莫非是陆军，也就是地面部队，认为迁移公民，日裔公民，是军事需要，而阁下不会帮我？’他没有直接回答，他说如果我们干涉公民的人身保护权，司法部就完了。”

比德尔还接到加州议员利兰·福特（Leland Ford）的电话，福特当初反对迁移，还攻击南部一些主张迁移的种族主义者。如

今，他改变了立场，他对员工说：

> 我给司法部部长办公室打电话了，让他们别再浪费时
> 间了。我给他们 24 小时准备时间，除非他们发布大规模迁
> 移的公报，否则，我将在参众两院爆出此事，让这些混蛋
> 吃不了兜着走。我告诉他们，他们敷衍我们太久了……如 54
> 果还不立即行动，我们就要把他的办公室一举端掉。我骂
> 了司法部部长……他很清楚，我可不是说着玩儿的。

于是，军方开始着手迁移之事，所有日本人，无论入籍与否，都要迁离太平洋沿岸。

* * *

2 月 19 日，总统直接签发了第 9066 号行政令，部分内容如下：

授权陆军部划定军事区域

> 我谨授权并指示陆军部及其军事指挥官，在相关指挥官认为必要时采取措施，确保经授权划定的各军事区域的限制令得以实施，包括使用联邦军队和其他联邦机构，且有权接受州和地方机构的协助。

加州圣芭芭拉的地方检察官珀西·赫肯多尔夫曾与沃伦和李普曼共进晚餐，他向加州司法部部长恭喜道：“我敢肯定，行政

令源于李普曼与阁下访谈之后所写的那篇文章。”

总统签署第 9066 号行政令翌日，陆军部部长史汀生授权德威特将军落实此令。两周之内，德威特即划定加州西半部、俄勒
55 冈州、华盛顿州以及亚利桑那州南部为西部防务司令部的一号军事区域。与此同时，加州司法部部长沃伦召集该州地方检察官和治安官开会，沃伦的讲话几乎每字每句都是他与德威特将军私下里向陆军部和新闻界灌输的内容：目前尚无破坏活动，这恰恰证明将来一定会有。沃伦告诉他们，他认为“第五纵队的活动”是“加州极大的问题”，而且，加州还没有报告类似破坏活动。其“意义绝不一般”，他又说：“在我看来，在正式进攻之前，不露声色似乎是刻意为之……珍珠港就是这样。这让我不免认为，针对加州也存在同样的阴谋。”沃伦最后说：“每个日本侨民都可能成为第五纵队成员。”

随后，面对国会委员会作证时，沃伦公开重申了他与德威特将军密晤时的那套说辞：“灾难未临加州的唯一原因就是时机未到，抱有其他幻想都是不现实的。”他将该州形势与德军在欧洲占领的那些国家进行了对比。

沃伦滔滔不绝：“很显然，加州的日本民众对战略要地了如指掌，总体而言，他们实施大规模破坏活动具有得天独厚的优势。”他警告说：“我相信我们被忽悠了，有种虚假的安全感。总有一天我们会认识到……最后期限在悄然迫近。”

随后，沃伦列举了该州一些危险区域，其中包括“毗邻日本人的”和“靠近日本人的”如下地点：利佛莫尔机场，供海军
56 紧急降落所用的一条砾石跑道；南太平洋和西太平洋铁路；霍尔

特凯特皮勒拖拉机公司（Holt Caterpillar Tractor Company）；以及为圣迭戈周边供水的所有大坝。

来自加州的国会某委员会主席约翰·托兰（John Tolan）议员打断沃伦的发言，他问道："我们的委员会就此事进行听证时，太平洋沿岸尚未报告过任何一起破坏活动，破坏活动会与进攻同时发生，是吗？"

"正是。"沃伦答道。

第三章

行李从简

一号公告：1942 年 3 月 2 日

57 1 月底，行政令颁布之前，海军司令弗兰克·诺克斯宣布所有日本人，不分男女、不分国籍，都要迁离特米诺岛。该岛位于洛杉矶南端圣佩德罗港外，归美国海军所有，这里建有一个军事基地、一个简易的里夫斯机场和两个由海军管理的造船厂。珍珠港事件后不到 24 小时，第一代日本人的很多领袖、拥有渔船和收音机的渔民，以及联邦调查局黑名单上的外侨均遭抓捕，这些人被关押于司法部遍布全美的 27 座监狱或营地里。家人不知道他们的下落，也不知道他们的生死。渔民头头们被抓后，这个一英里宽五英里长的小岛上就只剩下妇女、儿童和老人了，那些妇女在罐头厂做工。他们被告知，有几个星期的时间，可以为迁移做些准备。

58 西部沿岸传言四起，群情激昂。在众多传言中，有一条属实，吓坏了很多加州人：一艘潜艇轰炸了圣芭芭拉附近一座储油库。西部沿岸发生过其他潜艇攻击事件，但是，真相全被封锁了。而 2 月 23 日的这件事在当地有数百名目击者，他们在海滨看到了潜艇，仿佛那是一场烟花表演。当时共发射了 15 枚炮弹，击中一个油罐。受到攻击的班克兰炼油厂位于戈利塔，估计损失 500 美元，但报纸头条却将其与珍珠港事件相提并论。这是自 1812 年英国攻击华盛顿特区以来，美国本土首次遭到攻击。本来微不足道，但报纸却称，次日，即 2 月 24 日，爆发了“洛杉矶大战”，陆军的防空大炮向空中连发了数百发炮弹，持续近一小时。在洛杉矶人纷纷逃命之际，共有五人死亡，两人死于心脏病，三人死于车祸。防空大炮最终未能击落“敌人”——美国海军的气象探测气球。《洛杉矶时报》头条报道：“洛城遭袭：日机危及圣莫尼卡、埃尔塞贡多和长滩。”

太平洋战区不断传来关于战争的坏消息，将日本人从西海岸迁离的呼声也越来越高。2 月 25 日，特米诺的岛民被告知，他们必须在 48 小时内搬离，行李从简。

1942 年 2 月 26 日，黎明时分，联邦政府和当地政府在岛上联合行动，装甲车和吉普车在狭窄的街道穿行，机枪瞄准了罐头厂租给员工的小屋。紧随军车的便是平民、旧货商、二手家具商以及家电商等驾驶的空卡车，他们出价低廉，让人颇感屈辱。这些捡便宜的人大言不惭道：“你们去了以后，根本不需要这些东西。”岛民们则称他们为“趁火打劫者”或“贪婪的犹太人”。59
这些讨厌的人谎称是联邦调查局的特工，警告居民，他们数小时之内将被强行迁离。一小时后，其他白人——其实是同伙——接踵而至，企图觅下所有遗留物品。

百余艘渔船停泊在港口，轻轻摇荡，很多船舱上都挂着“出售”的牌子。卖不出去的，大多被海岸警卫队或者海军征用，改装成巡逻艇，游弋于巴拿马运河上。大量渔网价格不菲，却晾在海滩上。若月高（Ko Wakatsuki）住在圣莫尼卡，拥有两艘渔船，大的那艘叫“海神之女”号，价值25 000美元。他失踪后，家人一直不知其下落。直到有一天，家人在圣莫尼卡报纸上才看到，他被指控为日军潜艇运油。原来，海岸警卫队发现他甲板上有油桶，便将其逮捕了，其实，油桶里盛满了鱼头和鱼饵。他被关进了北达科他州的俾斯麦监狱。他的妻子利库（Riku）打包离开时，遭到那些旧货商人的骚扰，他们企图强买她最好的餐盘，价值200美元左右。她从他们的天鹅绒夹克里扯出一件件餐盘，摔在他们的脚下。

岛民们都在惊慌失措地打包。毕业于伯克利和克莱顿大学医学院的弗雷德·藤川（Fred Fujikawa）医生在岛上待了两夜，拆卸他的X光机和其他设备。毕业于南加州大学药学院的重川美佐子（Misako Shigekawa）夫人是岛上唯一一家药店的店主，她锁了门，把药品和设备留在了那里，自此，她再也没有见过这些物品。藤川医生的太太喜代（Kiyo）有两位暂住家中的客人，他们是来自萨克拉门托的两个朋友，由于士兵封锁了通往大陆的唯一桥梁，关闭了轮渡，他们无法离岛。于是，藤川医
60 生前往特米诺岛移民处询问，那两位朋友可否回家。他被推搡进一间屋子，强按了手印，然后胸前举着编号拍了照片。次日，《洛杉矶时报》刊文：“特米诺岛驱除日倭——港区抓捕336名

外侨。”

*　*　*

珍珠港事件后，特米诺岛的强行迁移是首次对日裔的大规模抓捕。第9066号行政令签署之后，联邦探员奉司法部之命，在西海岸上上下下开始一轮轮地“搜捕”：逮捕外籍渔民、船家，以及社区领袖，几乎从无控罪。被关押的人大多是日本移民，但有些——尤其在旧金山地区——则是意大利侨民。大多数日本人被拘留或关押，同时，没收船只；而几乎所有的意大利人仅是不许出海，年轻些的美籍意裔甚至可以在政府指定区域内捕鱼。2月9日，圣克鲁兹有12名意大利人和20名日本人遭到拘留，意大利人很快获释。圣迭戈和蒙特雷也在抓捕，意大利人称之为“悲伤之夜”。《圣克鲁兹守望报》（*Santa Cruz Sentinel*）一直在呼吁克制，并为意大利人以及在蒙特雷湾和旧金山工作的几名德国人辩护。该报头版通栏标题称《渔民众子从军，渔船闲置，海鲜短缺》。该报社论写道：“在外国出生的人中，第五纵队与良民难以区分，而司法部又无暇一边制订国土安全方案，一边允许圣克鲁兹的渔民养家糊口，保障全国的渔产供给。” 61

其实，美国的意大利人很少受到宵禁和搬迁的影响。1942年2月22日，国务院的一封函件中在述及本德森时概括道：“在陆军看来，这些人没有当初想的那么危险……这一点上，本德森提到了迪马乔一家。”但德威特将军不依不饶，要求迪马乔未入美国国籍的父母搬离军事区域。“不能破例！”他说。直到同年5月20日，他还坚持迁移德国人和意大利人。

麦克洛伊忍无可忍了，他回复道：“我要当面向你解释，总统和陆军部同意此计划，以期迁移人员的数量不致太大……如果可能的话，我们希望避免建造更多的定居点。”言外之意，如果德裔和意大利裔的美国人都要监禁起来，集中营就必须能容纳数百万人。

最终，从未申请入籍的迪马乔一家幸免于监，不过，他们不得使用自家的渔船，也不得前往渔人码头那个自家开的餐厅。经过一番搜捕，共有 787 名渔民被禁止出海。其中一人便是圣克鲁兹的斯蒂芬诺·吉奥（Stefano Ghio），他有三个孩子在军队服役。儿子维克多·吉奥（Victor Ghio）告诉当地的《守望报》（*Sentinel*）：

> 我在海军，我还有一位兄弟也在海军，另一位兄弟在陆军。真是一群混账！很多混账！我给上司讲了，可是，妈的，他们也无能为力。他们让我安守本分，仅此而已。
> 62 太糟糕了，就这样。老实说，我爸爸和周围一些人错过了很好的打鱼季节。

驻扎在旧金山的一位意大利裔美国海员前往普雷西迪奥，直面德威特将军。“他根本不听任何解释，什么也不听。”水手长马里奥·斯塔格纳若说，“在他看来，只要不是美国公民，都是敌人。”他告诉德威特将军：“这些人是世界上最了不起的人。”德威特却说：“好吧，那他们为什么没有成为美国公民呢？”斯塔格纳若说：“将军，他们从来没有这样的机会，从来没有机会学习，他们要养一大家子，他们只能待在家里。”然而，德威特无动于衷，斯塔格纳若最后说：“我觉得，他是个大傻瓜，十足的蠢蛋！”

傻瓜也好，蠢蛋也罢，德威特当时却是西海岸最有权力的家伙。

* * *

显然，大规模迁移势在必行，且刻不容缓。陆军部的约翰·麦克洛伊赶赴旧金山，要求日裔美国公民协会的领袖支持政府，协助搬迁：“我们知道，绝大多数日本人，无论入籍与否，都很忠诚。我们欣赏这一点，所以才急于看到你们免受不必要的财产之外的损失。我们要尽力创造人性化的、舒适的条件……总之，我们要给你们提供保护。”

蒙特雷有位第一代日本人叫村田英雄（Hideo Murata），他是位参加过第一次世界大战的老兵。他去找老朋友、当地的治安官亚历克斯·博德斯，问他这一切是不是真的，日本人是不是要被关进集中营。他给治安官出示自己的“荣誉公民”证书，那是蒙特雷县议会颁发给他的，上书：“在我们的旗帜受到攻击时，你奋起保卫，鉴于你在大战期间效忠国家，功勋卓越，特发此证，以申谢忱，彰殊荣，表敬意。” 63

“不是玩笑，是真的。”博德斯说。

之后，村田前往匹斯莫比奇的一家旅馆，付完房费，瞄准头部，开枪自杀了，左手还抓着县里颁发的那份证书。

美籍日裔中的自杀现象非以此始，也非以此终，不幸事件时有发生。另一位参加过第一次世界大战的老兵约瑟夫·栗原（Joseph Kurihara）入伍遭拒后，愤而宣布：“我要做一个百分之百的日本人。”于是，他开始组建反美组织“黑龙会”。

* * *

2 月 28 日，《纽约时报》报道：“日本人即将搬迁：西海岸力主迁离所有日裔。”

劳伦斯·戴维斯（Lawrence Davies）写道：“加州司法部部长厄尔·沃伦的调查显示，有机场完全被日本人的土地所包围。有个空军基地附近全是不毛之地，‘连只野兔都找不到’，但日本人竟然在那里种起田来。”

数度引用沃伦之后，戴维斯写道：“诸如此类的事态发展改变了公众的心态，导致某些区域，尤其是加州的日本人担心起自身安全来了。”

文章最后表达了他的困惑：“联邦官员认为，尽管陆军可以命令美国出生的日本人迁出军事区域，但却无法告知他们迁往何处，因为这样的命令——甚至建议——都会剥夺他们作为美国公民的权利。”

的确如此，西海岸的日本人遭受旅行限制，而德威特和本德
64 森继续炮制形形色色的迁离计划。3 月 2 日，德威特将军发布一号公告，宣布加州、俄勒冈州、华盛顿州以及亚利桑那诸州部分地区为一号军事区域，上述各州其他一些地区为二号军事区域。

3 月 11 日，德威特将军宣布成立西部战区及第四军战时民管局（WCCA），由本德森上校牵头。一周后，罗斯福总统在华府成立战时安置署（WRA）。民管局奉命寻找“集散中心”（assembly center），临时收容西海岸和亚利桑那州南部十余万日本人数月，而安置署则奉命在加州内华达山脉以东、俄勒冈州的喀斯喀特以

及华盛顿州建造永久性集中营。陆军宣布，首批迁离人员是日本人，无论入籍与否，第二批是德国人和意大利人。第二批后来没有成行，那些德意特工嫌疑人均羁押于司法部的监狱或者营地里。尽管德威特将军百般恳求，但关于集体迁移从未提上议事日程。

3月18日，总统致电农业部部长克劳德·威卡德（Claude Wickard）43岁的助理弥尔顿·艾森豪威尔（Milton Eisenhower）：“弥尔顿，你的战时任务即刻开始：建立战时安置署，负责将美国的日本人迁离西海岸……而且，弥尔顿，必须尽快。”陆军再次如愿以偿，集体迁离其实已经付诸实施。然而，陆军部仅愿负责安置17个临时集散中心的日本人，然后将他们迁往内华达山脉以东正在建立的集中营。集中营运行转交艾森豪威尔手下的官员负责，他是德怀特·艾森豪威尔（Dwight Eisenhower）最小的
弟弟，德怀特时任陆军准将，在部队以外鲜有人知，但却是陆军 65
参谋长乔治·马歇尔（George Marshall）的红人。

3月27日，德威特撤销了允许美籍日裔“自愿”前往各地的命令。事实上，对特米诺岛和更小的日本人聚居地的突击搜查结束了陆军广为宣传的“自愿迁离”计划。根据该计划，无论入籍与否，日本人均可选择迁往内华达和喀斯喀特山以东。日裔美国公民协会支持此计划，它告诉会员：“诸位未曾获罪，搬迁仅是为了保护各位，因为你们中或许有人会危害美国。这是诸位对战争的贡献，作此牺牲，以表忠心，何乐而不为？”这份声明很大程度上界定了该协会的战时立场，须知这是美国最大的日本人组织。战争结束时，人们对这份声明毁誉参半。

事实上，美籍日裔很少有人自愿东迁。有位叫菊池麻里子（Mariko Kikuchi）的女孩倒是搬了，她从在伯克利读研究生的哥

哥那里借来 55 美元，买了张火车票，奔赴芝加哥。在那里，她举目无亲。但她还算幸运的，更多的日本人十有八九会被充满敌意的白人——经常还有武装人员——赶回去。饭店、商店和加油站均拒绝为他们提供食物、水和汽油。有些“自愿”迁移的日本人惨遭痛打。穿越内华达山脉的不足 9 000 人，很多人最终被困于二号“战区”，它位于内华达和喀斯喀特以东，是德威特将军未经提前通知即在太平洋沿岸诸州东部划设的。像一号军事区域里的日本居民一样，大山以东的这些人也立即遭到限制，他们不得走出所在地五英里以外，晚 8 点至早 6 点实行宵禁。“自愿迁移人员”
66 中，只有 4 000 左右的人在战区以外找到了居所，其中 1 963 人迁往科罗拉多州，1 519 人迁往犹他州，余往他州。

1942 年 3 月 24 日，加州最大的几个城市洛杉矶、旧金山、奥克兰和圣迭戈均出现布告，公布日本人当在何时到达何地，然后由公交车和火车将其运往集散中心。用当时的话讲，他们必须“行李从简”，通常只能带两个箱子。那些士兵刺刀上枪，命令迁移人员在指定街角排队时，几无反抗。在西奥克兰，一位名叫罗恩·德勒姆斯（Ron Dellums）的男孩在其好友罗兰（Rolland）要被伍德街上的一辆卡车带走时，紧追不舍，但他被士兵推开了。他呼喊道：“别抓我的朋友！别抓我的朋友！”在伯克利，一群日本人在一个教堂集合排队，一位白人妇女走到队伍边上问道：“这里有信教的中国人吗？我的日本仆人不得不走了，我想你们也许能帮我找个中国人。我真的是没有办法了。”

本德森的民管局负责将日本人送往集散中心，临时关押，直至加州、阿肯色等州在偏远地区的 10 个安置中心落成。这些集中营均位于政府未开发的地区和印第安人居留地，有沙漠，有沼泽，也有蛮荒之地。17个集散中心则建于西海岸一带，占用的基本上都是公共空间，比如：赛马场、游乐场、牲畜拍卖场和民保队的营地。

战区之内，村子、镇子和社区则进一步划区，3月24日以后，每隔几天，所有日本人和具有日本血统的人都奉命前往汽车站和火车站。在武装士兵的包围下，这些迁移人员被赶上公共汽车、67
卡车和火车，运往集散中心。加州集散中心散布各地：弗雷斯诺周边、独立城、马里斯维尔、默塞德、派恩代尔、波莫纳、萨克拉门托、萨利纳斯、洛杉矶圣阿尼塔赛马场、斯托克顿、旧金山附近的坦佛兰赛马场、图莱里和特洛克。亚利桑那州的居民被带往梅耶。俄勒冈人被带往波特兰的太平洋国际牲畜展览场。华盛顿州的人则被分遣至皮阿拉普和加州的曼萨纳，后者是唯一兼作集散中心和安置营的场所。

即便如此，由于日本家庭逆来顺受，所以陆军或者说民管局的工作仍然成效显著，他们仅用六个月就将10余万人迁往集散中心，然后又转往偏远荒凉的地方。此番运作获得多人赞赏，其中包括凯里·麦克威廉斯。他是一位自由甚至有些激进的作家，也是加州移民与住房局局长。

“集中”日本人这项工作贯穿春夏。洛杉矶市中心曾经居住着3万日裔，5月8日也完成了迁移。《洛杉矶时报》报道市中心最后一家日本餐厅关闭时用了如下标题：《日本人将获羁押，八点起最后一餐。2 200日侨今日将迁往圣阿尼塔集散中心》。

文章开篇写道：“从今天开始，市政厅东侧日裔小区行将完结……随着他们的离去，小东京将人去城空。”商店空空如也，店铺关闭且布满灰尘，通常可见窗上写有提示，比如一家杂货店就写道：“感谢光顾，希望将来继续为你服务！上帝保佑，将来再会。凯泽里（Kiseri）夫妇谨识！”

68 在旧金山，日本人发现自家门下塞进的纸条上写着各种不同的内容，比如玉木（Tamaki）家：“这是警告，滚出美国。我们不想让你们待在我们美丽的国家。你们祖上从哪儿来就滚回哪儿去！日本人永远是日本人，滚！”

同日，西雅图。隆义悌和特蕾莎·隆义（Yoshi and Theresa Takayoshi）的白人邻居出乎意料地为他们举办了送别派对，而他们则出售了自家颇有人气的冰淇淋店。连续数周，他们在当地报纸刊登分类广告：“冰淇淋店，提供简单午餐，位于居住区域，因迁离忍痛抛售！”该店的机器和库存估价为1.8万美元。见到广告后，应者云集。那些人欲趸购，出价仅为100至200美元。隆义后来以1000美元与一个白人买家成交。他们家一款1940年产的名车只卖了25美元。

特蕾莎的父亲是日本人，母亲来自纽约，是爱尔兰裔美国人。特蕾莎有两个儿子，到皮阿拉普集散中心以后，他们的遭遇颇为悲惨。小儿子托马斯喉咙肿胀，被诊断为腮腺炎。病情持续六周，不断肿胀，逐渐发红。特蕾莎的表妹是位护士，最后，她过来才说服一位医生前往他们的住地。他很快诊断孩子是淋巴肿大。紧接着，大儿子开始呕吐，属于营地里常见的食物中毒。医生命令将孩子迅速送往塔科马一家医院。一辆军用车在卫兵的押送下带着母子二人去了医院。迎接他们时，护士为孩子准备了一个轮椅。但当她要随孩子一起进去时，护士长说：“你不能进，你应该待在狱营。”

若论不幸，则莫过于萨克拉门托的柏木浩（Hiroshi Kashiwagi）所述的经历。他40岁的母亲一直受牙病的困扰，阻生齿特别疼。
69 但由于宵禁，她无法就医。而当她找到牙医时，医生却说她将要迁往的地方没有牙科。于是，他一颗一颗地拔光了她的牙齿。

*　*　*

3 月 24 日，身着制服的士兵出现在西部沿岸，他们将“平民隔离一号令”张贴在普吉特海湾班布里奇岛的树上、墙上和电话线杆上。

> **布告**
>
> 西部防区和第四军总司令部
>
> 1. 根据分别于 1942 年 3 月 2 日和 16 日颁布之一号、二号公告，特命全体日裔，无论入籍与否，最晚于 1942 年 3 月 30 日中午 12 时（西部时间）迁离华盛顿州之“班布里奇岛”一号军事区域。
>
> 2. 上述迁离必须以如下方式完成：
>
> （1）此类人员务必最晚于 1942 年 3 月 29 日迁往一号军事区域以外的自选但被正式许可之地……1942 年 3 月 30 日，未按首段规定迁离班布里奇岛的此类人员，必须根据西北区总司令的指示，向班布里奇岛民管局呈报，将其以指定方式迁往指定区域。
>
> ……
>
> 美国中将 J. L. 德威特

70 丢在门口的小册子上，列明了迁离人员必须携带的物品：“家人使用的毯子、亚麻布；卫生用品；衣物；刀、叉、勺、盘、碗、杯……所携物品必须牢固包装捆扎，并根据民管局指示清楚标识。”

像特米诺岛遭到海军清理时一样，班布里奇岛上到处是士兵，一片混乱。那些拾荒者也赶了过来。比尔·细川（Bill Hosokawa）当时刚从西雅图的华盛顿大学毕业，他描述了卡车从社区驶过、司机呼叫的情形：“嗨，小日本！你们明天就要滚出这里了，冰箱 10 美元卖给我，钢琴 15 美元卖给我，洗衣机 2.5 美元卖给我。”神谷弘（Hiroshi Kamiya）有辆皮卡，电池是新的，四个轮胎也是新的，单是轮胎就花了 125 美元，但却被迫以 25 美元卖掉了。

“要卖吗？”一个男子指着镶金瓷器问玛丽·竹内（Mary Takeuchi），那些瓷器是她家最宝贵的财产。他整套瓷器仅出价 17.5 美元。竹内夫人的泪水止不住地流淌，像特米诺岛上的若月夫人一样，一件一件地，她将那些盘子扒拉到地上，摔碎在那个男子的脚下。

班布里奇岛有 271 名日本人，其中 91 名外籍，180 名美籍，他们多为农人，每年出产 300 万磅草莓。就这样，他们穿上自己最好的衣服，走向“克罗肯”（*Kehloken*）号轮渡，前往西雅图或者更远的地方，前途未卜。

《西雅图时报》（*Seattle Times*）以相当浪漫的方式报道了岛民的离去，社论写道：“美国诸州系民族熔炉，最能彰显此美名者莫
71 过于日本居民，无论入籍与否，他们均迁出班布里奇岛那美丽的乡

村……日本人离家时兴高采烈，大多数人十分清楚，这些措施旨在保护不同种族间珍贵的友谊，此等情谊乃美国对人类之巨大贡献。”

走向轮渡的人中有 13 名是班布里奇高中毕业班的学生，由于每晚 8 点对所有日本人实行宵禁，他们此前一晚未能参加毕业舞会。岛上很多白人居民站在通往渡船的路边，有些人边哭边喊着行进队伍中朋友的名字，有些人则抱着离人留下的狗或猫。因为岛民离开时不得携带宠物，很多狗在离开主人后便不再进食，一两周后就死掉了。

列车拉着窗帘，十分破旧，这些岛民坐了两天火车才到达曼萨纳。曼萨纳位于洛杉矶东北 230 英里处，坐落于内华达山脉东麓。那里狂风呼啸，漫无人烟。前有独立城，后有孤松镇。这是第一个开放的营地，也是第一个由新设立的联邦机构战时安置署管辖的营地。

班布里奇岛上的那些家庭在抵达曼萨纳时，没有音乐，也没有白人居民挥手欢呼，只有建筑工人，有些还是日本志愿者，在叮叮咚咚地搭建毡房。每个毡房又划分为六个 16 英尺宽 20 英尺长的单元。整座营地外面围着铁丝网和瞭望塔，瞭望塔里的机枪瞄向 36 个营区。

迁离人员中有《班布里奇周报》(*Bainbridge Island Review*) 72
的一名记者，叫保罗·大多喜（Paul Ohtaki），该杂志曾经强烈反对迁离，保罗提交了一份乐观的报道，讲述那趟始于西雅图的一千英里的旅程。

加州曼萨纳营地　4 月 1 日——今天午后 12:30，班布

> 里奇岛迁出的日裔兴致高昂，安抵营地。
>
> 周一晨，本次旅程从西雅图开启。今天一早，岛民们在莫哈维由列车换乘公共汽车，随后结束全部行程。迎接他们的是温暖的阳光，欧文斯谷群山环绕，一马平川。
>
> 尽管旅途愉快，但大家都很想念岛上的朋友。列车上，有人合唱，有人玩牌，也有人与同行的士兵“聊天”。陆军“善待”岛民……所有官兵均对日本人友好襄助，有些士兵在这次守卫行动中流泪了。

4 月 6 日出版的《生活》杂志用相同的语调对此事进行了长达六页的报道。惠特尼山遥立于 15 英里之外，这本流行杂志着力描绘了从那座山俯瞰地面之壮美。报道称，其他“自愿”迁移人员从洛杉矶到曼萨纳自驾 240 英里，车队长达 4 英里，每 10 辆车中便有一辆军用吉普。文章引用一位迁移人员的话说：“我们来这里无怨无悔，我们要用行动和言语证明我们的忠诚。”杂志随后补充道：“尽管充满希望硬件齐全，曼萨纳却绝非田园风光式的俱乐部。曼萨纳是集中营，终究要羁押至少 1 万名美国潜在的敌人。”

73 很多人对曼萨纳的第一印象都远比大多喜消极。在 16 区度过第一个夜晚之后，珍妮·若月说：“我们早早地就醒来了，打着寒战，满身灰尘，那些灰尘是从地板节孔和门下缝隙吹进来的。”

早期到达者中还有一位名叫立石百合（Yuri Tateishi）的妇女，她遇到的麻烦更多。在她和孩子们离开圣阿尼塔集散中心前往曼萨纳时，1 岁的幼子得了麻疹，当时的集散中心流行此病。

孩子被人从她身边带走了，在洛杉矶一家医院留观三周。“到曼萨纳后，”她说：

> 我们去做弥撒。我依然记得盛在锡盘和杯子里的第一顿饭：罐头香肠、罐头菠菜……一片漆黑，到处沟壑。人们难免掉进去，再爬起来，直到最终到达营地。地板是木头的，但木板与木板之间缝隙很大，第二天早上，你可以看到下面的地面。最难受的是那些干草床垫，因为我们习惯了正常的家庭氛围……太让人沮丧了，一种蛮荒的感觉油然而生。

袋子里装上稻草，权当床垫。一觉醒来，依然一身平时的衣服，他们发现整个营地里唯一的水龙头被冻住了。直到中午，沙漠暖和了，水龙头里才出现了涓涓细流。

曼萨纳这地方在远古和近代都颇有故事。欧文斯谷的初民是美洲几个部落尤其是派尤特族人，他们都是做苦力的，但在19世纪60年代中期却被逐出家园。取而代之的是白人定居者、矿工和农场主。肥沃的土地、欧文斯湖和欧文斯河丰沛的水资源吸引了很多农场主。据我所知，它是内华达山麓一个美丽的 74
地方，常被比作瑞士。山上的积雪融化后注入欧文斯河。20世纪初，缺水而又急于扩张的洛杉矶开始秘密收购沿河的农场和牧场。1905年，欧文斯河里的水就已经通过渡槽引流灌溉着圣费尔南多谷地了。1913年，洛杉矶市的官员希望得到更多的水，于是，又建了一条200多英里长的渡槽，引水入市。渐渐地，洛杉矶所有的用水都取自欧文斯湖和欧文斯河。1929 年，这里仅剩古老湖底的干涸遗迹，欧文斯谷遂成荒漠，沙尘肆虐，曼萨纳镇遭弃。日本人在 1945 年和 1946 年离开以后，那里像很多安置地一样，再也无人居住。

* * *

5 月 8 日，迁出公告贴到了班布里奇南边的瓦雄岛。松田家种了两英亩的草莓，他们将农场和农舍转交给了菲律宾工人麦克·加西亚。他们知道加西亚无力操心农场的事务，便与当地代理治安官霍普金斯达成协议：由后者管账，偿还抵押贷款，购置所需物资，收入的一半作为报酬归其所有。玛丽和米一均生于华盛顿州，是美国公民，但他们的标牌“19788 号家庭”却显示他们是“非外籍人员”。

瓦雄的轮船抵达西雅图时，一群穿着连体工装的男子气哼哼地端着霰弹猎枪严阵以待。“滚开，妈的小日本！”其中一个喊道，“真该用枪掀翻你们的脑壳！”说罢，他向玛丽啐了一口唾沫。

随着迁出公告贴遍西部各州，恐怖在美国的日本人中间持续蔓延，他们越来越提心吊胆。那些平均年龄 59 岁的第一代日
75 本人认为，毁掉的不单是他们的生活，政府甚至有可能将他们集体处决。二代日裔均是美国公民，他们大多为年轻人，平均 19 岁，满怀美国式的憧憬和梦想，结果却发现他们的生活像纸片一样被撕得粉碎。一旦被指定迁出，往往只有一天时间料理事务，出售或者出租房屋、农场和汽车，售价通常微不足道。很多人失

去了其所拥有的土地和工作，当地官员和居民则明火执仗，公开掠夺，依据便是加州关于充公的法律：州和银行可以没收“遗弃”的财产。迁离人员的家具——其实，几乎他们的一切——都被搬到了教会、仓库和废弃的建筑物中。到了这些地方，或偷或毁，皆易如反掌。

俄勒冈州克拉马斯福尔斯的小林一家，卖掉了房屋、谷仓、土地、庄稼、拖拉机以及马匹，共得 75 美元。洛杉矶的日本人面对的则是趁火打劫者，那些人横扫了小东京的生意。由于父亲在一次车祸中严重受伤，弗兰克·埃米（Frank Emi）放弃其在加州大学伯克利分校的药学研究，接管了家族位于洛杉矶 11 大道和阿尔瓦多大街的食品市场，生意兴隆。这位 29 岁的年轻人成了家，已为人父，做事认真。他倾其家产，甚至举债，耗资 2.5 万美元添置现代化的冷冻货柜和货架，终于建成了一个小型的现代化超市。而此时却得知他要迁出。无奈之下，他将超市以及里面的一切作价 1 500 美元卖掉了。

有些家庭采取颇有创意的措施保护财产。例如加州佩塔卢马的名岛一家。名岛的父亲当时已经进入蒙大拿州司法部的营地，5 月，他们收到迁移通知。家里两个十多岁的男孩子刚刚凑钱买 76
了部 35 毫米的照相机。他们决意不让政府、拾荒者或者其他破坏分子捡便宜。“他们把相机紧紧包好，”姐姐艾琳说，“我家有个户外厕所，相机包好后，他们用大鱼钩钩住，沉入了厕所。”

另一些人由于损失财物而完全陷入绝望。约翰·木本（John Kimoto）决定在迁离当日焚毁住所：“我到储物棚搞了箱汽油，然后把汽油泼洒到房屋上，但我妻子说，别这样，或许有人用得着这房子。我们是文明人，不是野蛮人。”

有些白人答应帮忙照看房屋和农场，有些人信守承诺，有些则没有做到。萨克拉门托的农业巡视员鲍勃·弗莱彻答应负责维护三个日本农场共90英亩的葡萄园。他协助还款纳税，利润中的50%归其所有。战争结束时，日东（Nitto）、冈本（Okamoto）和冢本（Tsukamoto）三家归来，等待他们的是土地和收益。弗雷斯诺也有这样的事情。绰号为“荷兰人”的休伯特·伦纳德是一位退役的棒球投手，参加过1913年至1925年的联赛。他答应一位日本农场主代管农场，战后产生了两万美元的收益。不过，这种事情并不多见。

* * *

年轻人通常最难理解自己和家人所经历的这一切。萨莉·恒一（Sally Tsuneishi）乘坐的列车驶出洛杉矶，不知开往何处，
她依然记得：“路过高中时，看到美国国旗迎风飘扬，我思绪凌
77 乱。我想起自己高中英文课上写的那篇获奖作文，题目是《为什么我很自豪我是一个美国人》，泪水顺着面颊流淌。我突然难过地意识到：我是一个忠诚的美国人，但却长了一副敌人的面孔。”

圣何塞有名11岁的男孩，名叫诺曼·峰田（Norman Mineta），穿着童子军制服，颇为神气。但是，在集合的地方，他的棒球棒被一名士兵夺走了。那时，儿童可以携带手套和球，但不可以携带球棒。“我做了什么吓着了政府？”他问父亲。

圣迭戈的本·立石（Ben Tateish）也是11岁，他回忆自己走向集合点：“我记得看见邻居们在窗帘后偷偷地往外看，他们都

是先前一起上学的朋友，那时却不愿意出来……他们担心被叫作‘亲日派’。我简直觉得像弃儿走在街上，有一种强烈的耻辱感。”

奉命前往集合地点报到时，年轻情侣便左右为难了。美国的日本人大多不清楚他们将被运往何处，显然，没人清楚他们能否或者何时回归原有的生活。即使有些政策明显网开一面，旨在保障家庭团聚，但事实上却拆散了家庭和个人的生活，撕碎了他们的梦想。年轻的恋人不得不决定是否结婚，他们应当去父母迁往之地还是留下来建立新家。只剩下 48 小时的“自由”，受限于家庭五英里范围之内，领结婚证还需等候三天，这种状况下如何成婚？阿瑟·石语（Arthur Ishigo）是一位颇有抱负的演员，他的妻子埃斯特尔·石语（Estelle Ishigo）在学艺术。两人不同种族，他是日本人，她则是白人。由于加州当时禁止异族通婚，他们便在墨西哥成了婚。她会被逼迁出吗？不会。但是，像其他白人配偶一样，她选择追随夫君。

有些年轻人则陷于当地法律与执法的旋涡中难以自拔。首 78
先，圣诞假期，日裔美国学生不得离校返家。爱情、婚姻和正常的生活均化为泡影。

松浦佳美（Yoshimi Mastsura）正要进入加州理工学院读书，而且计划于 1942 年迎娶其美籍日裔女友。他说：“因为我们不知道她的家庭会迁到哪里，所以决定结婚。”但是，他们需要到 30 英里之外的弗雷斯诺市政厅领证。最终，他们设法赶到图莱里县的维塞利亚领了证，三天后返回成亲。“我们在亚利桑那州希拉河的油毡营房里度蜜月，政府为我们买单。”他说，“‘公寓’之间有隔墙，但墙未达屋顶。任何响动，营房里所有的人都听得一清二楚。”

星田秀夫（Hideo Hoshida）与女友边走边聊，商讨何去何从，费时良久。她住在西雅图，他则住在华盛顿州东部的塔科马，后者不属于德威特将军的一号军事区域。最后，他送她回了西雅图的家。他坐在那里，伤心地凝望着她的家，足有半个小时，这是无声的告别。突然，她出现在门口，带着行李箱，向他的汽车奔来。他惊呆了！

“我要跟你走。”她说。直到 30 年后，她才告诉他，她父亲当年说：“你属于塔科马的他。”

* * *

《圣迭戈联合报》（*San Diego Union*）两个月内刊发了 14 篇社论呼吁清除日本居民。圣迭戈有 1 500 余名日本人被押往圣阿尼塔，那里有个全国最为奢华的赛马场。此地随后很快被戏称为“圣日尼塔。”包括来自圣迭戈的日本人在内，这个著名的赛
79 马场拘禁了 18 500 余名南加州的人。很多人信誓旦旦，声称自己住在冠军赛马“奔腾”的栏里。这个集散中心有个下士叫伦纳德·艾布拉姆斯，他是如此描述首日情形的：“我们……配发了一袋一袋的弹药……士兵站成一排围成警戒线，公共汽车陆续抵达，很多人跟着走……不少人默默流泪，或茫然，或困惑。”

绰号“宝贝”的理查德·唐泽（Richard “Babe” Karasawa）时年 14 岁，他的父亲当时被关押于新墨西哥州的圣菲。他也描述了弥漫于集散中心的悲苦。马厩肮脏不堪，“宝贝”唐泽的母亲眼含泪水说道：“咱们别进去。”他们很幸运，邻居借给他们桶和扫帚。后来，尽管他们竭力清除沥青地面缝隙里的秽物，但却

无法清除那股臭气。“那里有马粪，旁边插着稻草，墙壁也溅污了。”他说，“我们不断往沥青地面上泼水，用扫帚扫，直到把地面搞干净了，母亲才说可以进了。”

集散中心的条件几乎难以忍受，唐泽继续写道：“马尿味很冲，那股味道无法消除。去看朋友时，马尿味让人没法待。我不知道他们如何能忍受……你们知道，我出身农家，以前也老围着马转。”

圣阿尼塔“住着”很多初来乍到的人，他们力图重新开始正常生活，但起初却只有一间洗衣房。“我从来没想过我的孩子会生活在铁丝网里。”木村利夫（Toshio Kimura）说，“这里太可怕了……我们又不是牛，却早中晚一天三次听到‘当当当’的铃声。看到男男女女、老老少少从马厩里出来，其情其景，令人心痛。” 80

特米诺岛上的医生弗雷德·藤川主动要求到圣阿尼塔工作。他记得当初他们的人员配备和资源都捉襟见肘，他们只好勉力为之：“一个给马备鞍的长形棚屋改成了医院，连我在内只有六个医学博士和两名医学学生照看着 18 000 人……我们竭力善待他们。”他们给每个人接种伤寒、白喉、破伤风、痢疾和天花疫苗，然而，不幸的是，数以百计的人反应严重……高烧、臂疼、严重痢疾……卫生间不够用，有些人昏昏沉沉的，甚至在排队等候厕位时就开始腹泻了。

具有讽刺意味的是，圣阿尼塔或许是当时最好的集散中心。玛丽·冢本住在萨克拉门托，她被遣送到弗雷斯诺附近的派恩代尔集散中心。她给朋友写信说：“从围栏向外看，我发现太可怕了，尘土飞扬，寸草不生，满目都是营房和人群……”有位女士从默塞德写信：“这里不太卫生，很多人便秘。一块木板每隔一英尺掏个洞，便成了长排厕位，连隔挡都没有……起初，年轻女孩如果不是实在憋不住了才不会用呢！”

玛丽·冢本坐了三天封闭的列车，当她看到派恩代尔的铁丝网和岗楼时颇为震惊。她还记得刚到时有天晚上的情形：凌晨 4 点，她不得不去厕所。她后来写道：“刚一出去，一束巨光扑面而来……附近岗楼上的探照灯聚拢过来。黑暗之中，这光芒夺走了我的隐私，让我完全暴露于哨兵的眼皮之下。”她逃回营房，
81 但是“那束光尾随着我。当我藏了起来，身体紧贴着起居间的内墙时，灯光还照在房门口，似乎在等候着我的出现。终于，探照灯恢复为自动巡回状态。漆黑之中，我战栗着，我意识到，17 岁的我在我自己的国家里成了战俘”。

话题回到圣阿尼塔，乔治·武井（George Takei）却很喜欢探照灯。他当年 5 岁，后来成了著名演员。他觉得那些灯是帮他照明，方便如厕，而非防止逃跑。

对那些迁移人员而言，日日夜夜，羞辱未断。从第一天开始，监禁便开始瓦解日本家庭，让父母在孩子面前颜面尽失——如果父亲也被关在那里的话。至少 2 000 户第一代日本家庭遭受羁押，有些人与妻儿相距千里。但也有很多孩子找到了他们前所未闻的自由。楠木千代（Chiyo Kusumoto）这样描述自己及其朋友津曲福生（Fusa Tsumagari）：“以前我们受到呵护，我们没法出去约会，所以，到了圣阿尼塔，简直像做梦一样——人很多，我们跑到看台上，那里放着唱片，有男孩子，还能跳舞。”

太棒了！因为他们以前从没参加过高中舞会和毕业典礼。1942 年，加州大学伯克利分校毕业典礼那天，预先安排的演讲

人哈维·板野（Harvey Itano）却身陷萨克拉门托集散中心。“哈维今天不能和我们在一起了，”校长罗伯特·戈登·斯普劳尔说，“他的祖国召唤他去了别处。”

他已身陷囹圄。

* * *

当班布里奇岛上的迁移工作大张旗鼓地展开时，西海岸所有的日本人入狱时都非常配合。无论是在汽车站、停车场，还是 82
在街角，他们都平静地集合，带着一两个行李箱、行李袋或者用桌布包起的财物。他们最大的民间组织日裔美国公民协会，鼓吹与官方全力配合，与军方以及所有政府人员积极合作，协助这次将人们驱离家园的行动。华盛顿州一位种植草莓的农场主桥口睦夫（Mutsuo Hashiguchi）给当地一家报纸写了封公开信：“亲爱的挚友、兄弟、伙计们，非常遗憾，我们要离开一段时间，我们内心非常清楚，当我们归来再做邻居时会受到欢迎的……我们无怨无悔地服从军令。特此致信，感谢这个社区过去对我们的帮助，感谢你们展示给我们的风范，感谢你们给予我们的良好陪伴。”

1942年4月21日，伯克利。内田淑子写道，读到《奥克兰论坛报》头版标题《日裔迁移令发布》时，她感到木然。那篇报道称：“今日，西部防区司令部未经提前通知即命令1 319名左右的日本人，无论入籍与否，于5月1日中午以前迁往坦佛兰集散中心。所有迁离人员务必于下周六和周日早8点至晚5点向设于第一公理教会礼拜堂的民管站报告。”

伯克利的公告是第19号驱逐令，将日本人举家遣往圣布鲁诺的赛马场。内田一家距离搬迁只有九天的时间，但淑子的父亲，一位富有的商人，却早已被羁押于某处，多亏有两个邻居襄助，一家是瑞士人，一家是挪威人。“我们是和两个挪威金发女孩一起长大的，”淑子写道，“她们与我们姐妹的年龄相仿，我们
83 曾经一起玩各种游戏，比如过家家、警察与小偷。在炎炎夏日的午后，我们经常一起快乐地品尝她们的父亲自酿的根汁汽水。”

现如今，内田一家沦为“13453号家庭”，编号挂在外衣上。尽管生活被毁，前途未卜，种族主义甚嚣尘上，恐怖弥漫，但这些饱受其害的人中却很少有人质疑政府。只有几个二代日裔抗议政府利用威权关押其家人。威廉·河内山（William Kochiyama）在描述其初入坦佛兰时气愤难平：“门口站着两队军人，他们的刺刀冲着迁移人员，我们穿过卫兵，走向监区。我搜索枯肠，向那些武装卫兵咆哮着一切污言秽语，激他们向我开枪。”

这些家庭进入这里后，仿佛进入了另一个世界：封闭、恐怖。官方报道称，政府是在保护日本人免受白人的暴力侵袭，然而，在集散中心以及后来的集中营里，美国的这些日本人首先看到的是岗楼里的机枪枪口冲内，而非冲外。坦佛兰集散中心里，内田一家被分派到16营40号房。内田淑子如此描述对于新“家”的第一印象：

> 到40号畜栏后，我们推开那道狭窄的门，忐忑不安地向那团空荡荡的黑暗里张望。那个畜栏10英尺宽20英尺长。地板上除了三张折叠起来的行军床外，一无所有。木板上马粪遍布，覆盖其上的油布也布满了尘垢和木屑。空气中弥漫着马身上的臭味，很多飞虫的尸体粘在匆匆粉刷

> 了的墙壁上，很扎眼。
>
> 入口两边各有一扇小窗，这是我们唯一的光源。畜栏被一扇门一分为二，门上齿痕累累。马厩里的每个畜栏与相邻的畜栏都有道隔挡，距离斜坡屋顶一英尺……步入幽 84
> 暗的食堂，但见木质的野餐桌边数百人在用餐，那些用完餐的人拖着脚步，在湿漉漉的水泥地板上漫无目的地游走。到了领餐处，我递过盘子，一名厨师伸手到盛满火腿罐头的盆里拎起两罐丢进我的盘里，另一个家伙给了我一个蒸马铃薯和一片没有黄油的面包。

要让集散中心像个住家样，天天都得收拾。查尔斯·菊池（Charles Kikuchi）在给朋友的信中写道：“在坦佛兰，我们全家动手，共建新家。我们‘洗劫’了俱乐部会所，撕下吧台上的油布，盖在我们的地板上，这才看起来有了家的样子……我们才在这里待了三天，但已经像是过了三个星期。”

集散中心的设施很糟糕，但对住在这里的很多人——尤其是年轻人——来说，生活如常。四周布满围墙、岗楼和枪炮的生活仿佛没有什么不寻常。大多数营地里，都有男孩子天天打棒球，周周开舞会。那里的男孩子身穿阻特装，上衣肩宽、裤口狭窄的阻特装，坦佛兰还有个女子俱乐部，勒令其成员统一着红色上衣，上绣“坦女”（Tanforettes）标识。

然而，正如菊池日记所述，家庭生活不可避免地开始变化：

> 妈妈渐渐地管起事来……之前的28年，她抚养子女，

> 料理家务，都没出过瓦列雷……现如今，她发现身边有这
> 么多日本人，能够与这些人结交，颇感荣幸。相反，爸爸
> 85 则很少出门，而且依然瞧不上大多数日本居住者。看到母
> 亲渐行渐远，他的态度更为强硬。我猜妈妈很享受这一切，
> 她染了发，爸爸评论说，她不该那么扮年轻。

其实，菊池与卫兵在一起更舒服些。“有点儿可怜这些士兵，”他在日记中写道，“他们不该和我们说话，但他们说了。他们大多是好孩子……却无所事事……有个士兵建议我们组个排球队，隔着护栏打球，但政府才不会这么考虑呢！”他继续写道，“这个世界很滑稽！他们可怜我们的状况，我们却可怜他们，因为他们眼下的生活很单调。”

* * *

尽管陆军在大规模迁移方面效率甚高，但那些军官却在恢复百姓生活方面毫无经验。士兵们在以一套通用体系建设营房和监区，但却在学校、店铺或其他民用机构的建设上无所作为。倒是那些迁移人员自己开始将这些赛马场和牲口棚改造成美式小镇，虽然破败而拥挤，却附设有学校、教堂和报社，迁移人员中的医护人员还组建了普通医院，而且出现了酒吧。集散中心和后来的安置营都禁酒，但是小酒厂随处可见，它们酿制日本的清酒，也用葡萄干、土豆和红薯酿制更烈的玩意儿。

有些男人和孩子捡拾废弃的木料，给马厩里添置家具，给小
86 孩子建游乐场。短短数周，甚至数天，他们就建起了棒球场；单是

在圣阿尼塔，就组建了80余个机构，其中有家长教师协会、园艺爱好者协会、男童子军、女童子军，以及一个由参加过第一次世界大战的日本人组成的美国退伍军人协会。女士则给卫生间和淋浴房添置了窗帘。在弗雷斯诺集散中心，迁移人员组建合唱团，集体背诵葛底斯堡演说，庆祝美国国庆。集散中心和集中营到处飘扬着美国国旗，不久，还出现了几面红白蓝色的三角旗，插在窗口，表示有儿子在部队服役。也有几面旗子的中心已经出现了一颗金星，表示儿子或丈夫阵亡。迁移人员还在所有营区创办了报刊。4月，《圣阿尼塔导报》(*Santa Anita Pacemaker*)曾有如下标题:《高尔夫球场启用》《航模比赛出结果了》《相扑比赛：小川战胜田中》。

在斯坦福、伯克利、加州大学洛杉矶分校，以及其他高校就读的二代日裔，在赛马场和市场的看台或摊位上办起了小学和高中班。“我们有讨论课，当然，这不容易。”一位志愿教师说，“很多人都向树丛外边张望，看到汽车呼啸而过时，真希望我们也在外边。”

“高中第一次集中上课时，”另一名志愿者川上东洋（Toyo Kawakami）说，“上午的课结束后，当同学们起立回家时……他们唱起了《上帝保佑美国》。这些年轻人相信这片生于斯的土地，而我们这些老师只能面面相觑，有些人流下了眼泪。”

* * *

查尔斯·菊池一直与父亲不和，8岁时他被送进了孤儿院，当时是那里唯一的日本孩子。当其家人受囚于坦佛兰时，他与他 87
们重聚了。这是他首次也是唯一与美国的其他日本人一起生活，那时他26岁。在1942年5月7日的日记里，他详细描述了坦佛兰的狱友们以及他们支离破碎的家庭：

> 七连的日本人形形色色。年轻的第二代日本人已经相当美国化了，性格很好。他们经常微笑，无所顾忌。他们坦然面对一切，唯一关心的就是遇见异性，跳吉特巴舞，找份工作，赚钱买可卡因。很多人趁集体迁移之际，摆脱了家长的严厉控制。
>
> 而另一些二代们考虑更多的则是未来……他们希望在某种“职业”领域继续求学，并学有所成。他们的背景有目共睹：父母均受过更好的教育，有自己的生意。我问一个女孩，她父亲战后有何打算，她说，父母或许会被逐出这个国家，而她自己则想留下来结婚。

菊池有着同样的感受，他写道：“我不由自主地认为我和美国是一体的，我深感自己是它的一部分，我不会被抛弃的。”

有一次，当菊池论及美国的日本人“无法摆脱美国生活方式的影响，这种环境影响根深蒂固”时，他还不无希望地说：“集体迁移之无道终有一天会大白于天下，这是我们国家生活中的一个污渍，犹如黑人问题、虐待劳工、财富不均、农民困窘、大城市中的贫民窟，以及很多事情一样。”

* * *

88 在集散中心，很多孩子平生第一次无拘无束。在圣阿尼塔，大家轮流用餐，3 000 人一拨，像军队那样，一个长桌旁至少坐 32 人。不像在家里，这里的日本青年更愿意坐到餐厅远端，与朋友一起用餐。内田淑子月薪16美元，这是坦佛兰志愿教师的标准薪酬。她注意到，临时学校二年级的女生在玩过家家时，就在小餐厅里把她们的玩偶摆成一排。

当父母的管不住孩子，在大庭广众之下有失尊严。他们担心滥交、强奸，甚至卖淫。伯克利的研究生查尔斯·菊池有篇日记，忠实地记录下了他与友人的“闲聊”：

> JY[1]说很多光棍给当局写匿名信，要求许可卖淫，因为他们“都快疯了”。
>
> J认为唯一的办法就是由当局在此地安置几个职业妇女，根据其专业性与技术性进行收费，以保护年轻的女孩……他声称，仅仅过了三个月，滥交即不断增多，尤其是年轻人，逐渐产生一种“无所谓”的态度。B更为夸张地声称，圣阿尼塔有300名女孩未婚先孕。S说，他住的那里有位父亲，由于多疑，女儿每次出去他都要大声盘问。他说，很多第一代日本人因为听闻了年轻女孩遭到强奸的流言，所以根本不允许自家女儿外出。
>
> J说，很多第二代日本人不结婚，就是因为他们坚信 89
> 一年后即可出营。他说：“不管战争谁胜谁负，我们日本人都会一直留在这个国家。”

* * *

① 在这篇日记中，菊池使用姓名的首字母指称友人。——译者

当年还在圣迭戈家里时，很多年轻的日本人都以市图书馆儿童部的图书管理员克拉拉·布里德为良师益友。数十名二代日裔放学后来这幢建筑里学习和读书。集体监禁让布里德小姐大为震惊，当火车和汽车离开时，她给“她的”孩子们送来了小礼物，更重要的是送来了她的地址、明信片、信封以及邮票。2006年，乔安妮·奥本海姆将他们的信结集成书。那些信为集体迁移、集散中心以及营区生活提供了一个独特的视角。整个战争期间，该城有数十名孩子与克拉拉·布里德保持通信，时年10岁的凯瑟琳·田崎（Katherine Tasaki）便是其中之一。从她自圣阿尼塔发出的第一张明信片中，可以看出她的懵懂无知和快乐的心情：“我玩得很高兴，很多亲戚住在这里。我们从这里可以看见威尔逊山。大看台被改成了餐厅，还有个儿童游乐场。”

的确有个游乐场，但整个中心粗鄙不堪。卫生间和洗衣房尚未完工，正如玛格丽特·石野给布里德小姐的信中所写，她负责照看仅两个半月大的妹妹，婴儿唯一可以睡觉的地方是个马槽。石野家倾其家财，按照西尔斯罗巴克公司和蒙哥马利-沃德公司的货品目录邮购用品，他们给婴儿订购了一辆童车。

很多人长期不间断地与布里德小姐通信，时年17岁的路易
90 丝·小川（Louise Ogawa）就是其中一位，她就读于圣迭戈高中。她当侍者或者做其他杂务可以赚来一笔一笔的小钱，她月入12美元；其他专业人士，比如医生和老师，月入16美元或19美元。像很多人一样，她把这些小钱寄给布里德小姐，由后者在圣迭戈替她购物。最初的几封信中，有一封注明日期为1942年1月6日：

亲爱的布里德小姐：

我收到了毛衣和弟弟的短裤，非常感谢您不厌其烦地帮助我……很高兴知道您喜欢那些花，真后悔当初没寄给您 10 打美丽的（红色）玫瑰表达我的谢意！上封信中，我说那些围栏被拆掉了——如今又建了起来，这次又向外延伸了几英尺。他们说，之所以建这些围栏，是要防止牛群靠近我们的家。也就是说，牛群要在围栏以外吃草。可是，我们到现在也没见牛的影子。是的，我觉得围栏会让人们丧失精气神儿。

4 月 23 日，路易丝写道：

刚刚收到您有心寄来的两本书，非常有趣……收到书后，我做的第一件事就是奔向爸妈……然后，我又跑去找玛格丽特·石野，给她看这两本书。我太高兴了……

我在圣阿尼塔三周了，这里很美。我看了赛马“奔腾”的雕塑，绕着赛马场转了好几圈了……大家老挂在嘴边的一句话是：“我睡在‘奔腾’曾经睡觉的地方。”听说，很快会有图书馆，这是我听到的最好的消息。

每天吃饭排队都有好几个街区那么长，在餐厅往往 91
要等一两个小时……爸爸、弟弟、妹妹和我每天都要去废料堆里，找些木头，制作家具……我的内心从来不觉得苦……如果待在这里对政府有用，那我就满足了，我非常希望能给政府帮点忙。

布里德小姐把所有来信都留存了，她就集体监禁撰文，发表在全国性杂志《图书馆》（*Library Journal*）上。文中提到，在访问圣阿尼塔集散中心后，她不经意间听到一个小女孩对她妈妈说：“我讨厌日本，妈妈！咱们回美国吧！”

* * *

俄勒冈州的胡德里弗有位商人名叫安井益男（Masuo Yasui），他是当地扶轮社（Rotary Club）的成员，也是日本社区颇有影响的一名领袖。珍珠港事件后，他被抓了起来，关在蒙大拿州米苏拉堡的一座陆军监狱里。他的儿子安井实（Minoru）是名律师，且是预备役人员中一名中尉，所以，他获准旁听父亲的收监听证会。对老人不利的证据包括：他曾于1925年赴日度假，且曾因促进日美友谊而接受日本政府颁授的奖章。

米苏拉的军方检察官突然举起一幅稚气十足的巴拿马运河图问道：“你拥有这些地图和图画，是不是企图指挥炸毁运河的闸口？”

孩子们的名字写在画作上。益男说：“这不过是我家孩子的作业而已。”

“不，”检察官说，“我们认为，你狡猾地掩盖了你的邪恶意图，孩子只是掩护罢了。”

92 “不，不，不。”

“证明给我们看你无意炸毁巴拿马运河。”

安井的孩子们几乎要笑了，他们根本无法威胁巴拿马运河。然而，美国的官老爷们从法律角度着魔于这条连通大西洋与太平洋的通道的安全。在拉美国家的热情协助下，美国决定花些本钱武力监禁2 000余名拉美日裔，军事安全只是原因之一。事实上，强迫迁移——实系绑架——以及对日本移民及其后裔的监禁遍及美洲，从拉丁美洲到加拿大皆有发生。

在司法部的配合下，美国国务院与中美洲和南美洲的10个国家达成协议，抓捕日裔居民，他们大多数被移交给美国军方，然后由陆军航空队运往美国的集中营或监狱。美国监狱关押这些拉美日裔，用于交换日本国内或日军占领区关押的美国人。国务院关于此事的一份内部函件写道："中美洲及加勒比海诸国一般均愿将这些危险的外国人移交给我们，且对我们如何处置不设限制。换言之，我们可以遣返他们，可以监禁他们，或者以他们为筹码，（与日本政府）讨价还价。"

1942年和1943年初，陆军航空队紧急派遣数十架飞机、轮船以及战备部队，前往拉美的机场和海港，接载散居于10个国家的日本移民。他们大多居住在秘鲁，该国总统伊格纳西奥·普拉多（Ignacio Prado）希望清除所有日本人，包括归化了的秘鲁公民。这些人中的大多数被司法部监押于得克萨斯州的克里斯特 93
尔城或者巴拿马运河区的美军基地。此外，墨西哥同意将居于美国边界附近的日本人投入一连串的小型集中营，哥斯达黎加欲将日本人羁押在一个岛上。巴拉圭仅有的两名日本人也在该国遭囚。战争结束时，共有800名日本人被遣返日本，换取日本于1941年12月7日关押的美国外交官和公民。战后，秘鲁拒绝其公民和以前的外国居民回国。美国则宣布他们为非法居留者，因为他们没有有效护照即进入了美国，于是，开始将他们逐往日本，那个他们大多数人从未见过的国度。

1939 年，加拿大与英国一同参加了第二次世界大战，抵抗德国。对日宣战后，加拿大迁移了 23 000 名日裔。他们被迁往集中营或者内陆地区那些被废弃了的矿区，这些收押的人员中，三分之二是加拿大公民。早在 1942 年 1 月中旬，16 岁以上的男性即被勒令收押于集散中心。2 月 27 日，加拿大政府命令西部各省所有的日本人内迁。迁移人员的财产均被没收、拍卖，用于支付迁移和监禁的费用。1949 年以前，原住于不列颠哥伦比亚省的居民均不可返回加拿大西海岸。阿拉斯加时属美国一区，美国将 151 名日裔移押于爱达荷州的米尼多卡。

* * *

美洲大地上，成千上万的迁移人员默默地进入集散中心和集中营，但也有人对迁移有所抵触。安井益男的儿子安井实即是
94 一例。他是美国公民，以优异的成绩毕业于俄勒冈大学法学院，是名预备役军官。为了加入正规军，他身着军装九次投军，九次遭拒。因为孩子的巴拿马运河画作遭到审讯之后，父亲安井益男被押回监狱；安井实则回到了俄勒冈。在波特兰，针对日本人的宵禁从晚上 8 点开始，他决定故意违反此规定，以便起诉。他在街上一直溜达到 11 点，但那些巡警却拒绝抓他，最后，他索性前往第二大道的警局自首。《日本间谍被捕》遂成《波特兰俄勒冈人报》（*Portland Oregonian*）头版标题。

安井实先是被关进了波特兰北部的牲畜市场，那里已经关有 3 000 余人，他们住在为牛、羊和猪修建的围栏里。移押至爱

达荷州米尼多卡集中营后，他又被带回波特兰。在那里，他被控有罪，罪名为效忠日本而非美国；证据是他在俄勒冈州遭到十几家律师事务所拒绝后，曾在芝加哥的日本领事馆当过职员；判决结果是他在摩特诺玛县监狱被单独监禁九个月。而实际上，他在1941年12月8日就辞去了芝加哥领事馆的那份工作。

安井实在判决后一路上诉到了美国最高法院。包括他的案件在内，美国当时有四位日本人挑战宵禁和集体监禁，均诉至最高法院。另外几案的当事人分别是平林浩（Gordon K. Hirabayashi）、是松丰三郎（Fred Korematsu）和远藤光世（Mitsuye Endo）。

平林浩是华盛顿大学四年级学生，公谊会信徒，其父母早在日本时即皈依基督。战前他就宣称拒服兵役。他决意违抗集体监禁和宵禁令，于是，前往联邦调查局，报称自己蓄意犯法，随即被捕。在1942年5月12日的一封信中，他写道：

> 让日裔人员集体迁移的这道命令剥夺了日本人的生存 95
> 权，它迫使成千上万充满活力的守法公民生活在悲惨的心理环境和恐怖的物质环境里……它扼杀了对美好生活的渴望，泯灭了对未来的希望……我必须保守基督的原则，我认为我有责任坚守这个国家为之奋斗的民主标准。

旧金山的美国公民自由联盟答应向其提供法律援助，但是，该联盟纽约总部及其会长罗杰·鲍德温对他的案件唯恐避之不及。1942年6月，身为罗斯福总统友人的鲍德温致函美国公民自由联盟各地分部，表示他和美国公民自由联盟全国委员会都希望保持该机构的清誉，避免被个别律师败坏。他说：“除非质疑迁移令涉嫌对美籍日裔实行种族歧视，否则，我们不要染指……如果案件立场是美国政府从宪法上讲无权将公民迁出军事区域，各地联盟委员会万勿支持。”西雅图联邦地区法院判定平林有罪，随后他上诉至最高法院。

是松丰三郎生长于奥克兰，父母都是移民，经营苗圃。高中毕业后，他在船厂当电焊工。珍珠港事件后，他失业了。像很多二代日本移民一样，他想从军，但先后遭到国民警卫队和海岸警卫队的拒绝。5 月 9 日，他的父母和三个兄弟均赴坦佛兰集散中心报到，但他却拒绝前往狱营，而是转入地下。他做了一个小
96 小的整形手术，改变了眼部外观，打算与其意大利裔美国女友艾达·博伊塔诺同赴中西部。然而，他打错了算盘。他的整形手术没能让他看起来更像欧洲人，反倒是与女友分道扬镳了。于是，他在一张伪造的征兵卡上更名为克莱德·萨拉，自称祖上是西班牙和夏威夷人，曾受雇于旧金山附近的一家海军船厂当电焊工，步步高升，当了领班。

5 月 30 日，丰三郎在加州圣莱安德罗的一个街角被捕，羁押于旧金山监狱。北加州美国公民自由联盟会会长欧内斯特·贝西格前去探监，问他是否愿意作为当事人挑战集体迁移的合法性。获其同意后，贝西格和联盟另一名律师韦恩·柯林斯在旧金山的联邦法庭上为丰三郎辩护，这一点有违联盟总部那些头脑人物的意愿。贝西格辩称，丰三郎身为美国公民，未经法定诉讼程序，但阿道弗斯·圣·休尔法官却未予采纳。休尔在收取了 2 500

美元的保释金后释放了丰三郎，等候上诉。但是，丰三郎离开法庭时，一名持枪军警拘留了他，将其押抵坦佛兰集散中心。后来，丰三郎在联邦法庭上被判违反第 9066 号行政令。柯林斯在离开美国公民自由联盟后代理了此案。丰三郎将官司打到了底，他也向联邦最高法院提起了上诉。

远藤光世来自萨克拉门托，一直在加州打工，直至被移押于坦佛兰集散中心和图利湖安置中心。民权律师詹姆斯·珀赛尔找到她，主张反对迁移。这个案子似乎稳赢，她在美国政府工作，其弟在美国陆军服役，而她与日本政府毫无瓜葛。珀赛尔代表她申请人身保护，遭拒后即提起上诉，最终诉至美国最高法院。

1943 年，在一份一致通过的判决中，法庭对四起案件中的 97
两起进行了宣判，平林浩和安井败诉。判决称，宵禁符合宪法，系政府战时权属。丰三郎和远藤的案件虽然也诉至最高法院，但却被故意拖延至 1944 年总统大选之后才进行宣判。

第四章

“保持白人国度”

设置集中营：1942 年 3 月 22 日至 10 月 6 日

98 1942 年 4 月 7 日，犹他州盐湖城。西部十个州的州长与战时安置署的弥尔顿·艾森豪威尔以及战时民管局的本德森上校开会，商议如何将西海岸的日本人从集散中心转往各州荒地上的集中营去。“怀俄明州的人民不喜欢任何东方人，自然不会做加州的垃圾场。”内尔斯·史密斯州长握着艾森豪威尔的手说，“如果你把日本人遣送到我们州，我一定要将他们一个个在树上吊死。”

亚利桑那州州长悉尼·奥斯本（Sidney Osborn）同样提到了
“垃圾场”这个词，犹他州的赫伯特·莫（Herbert Maw）说，他
认为宪法权利被过分强调了。他站起来大声说道：“宪法是可以
99 改变的……这些人如果在太平洋沿岸是危险的，那么他们在这里
也就是危险的！”爱达荷州州长蔡斯·克拉克说：“日本人生活
如鼠，繁衍如鼠，行事如鼠。我不想让他们进入爱达荷。”后来，

他妥协了，他说，“只有将美国的这些日本人关入集中营，由军警看守”，他才会接受他们。该州司法部部长伯特·米勒（Bert Miller）帮腔道：“战争没有结束前，所有日本人必须关入集中营……我们要保持白人国度。”

只有科罗拉多州州长拉尔夫·卡尔（Ralph Carl）说，他的州愿意接收美国日裔：“伤害他们就是伤害我。在我成长的那个小镇，我对种族仇恨带来的羞愧和耻辱感同身受。我越来越鄙视它，因为它威胁着你我的幸福。”

联邦官员很快意识到，迁移日本人比当初设想的更为复杂。找出日本人和美籍日裔并不难。1940年的人口统计刚刚结束，人口普查局（Census Bureau）就将调查资料转交给了旧金山的普雷西迪奥，以便陆军和联邦调查局掌握地图，了解几乎每户日裔的住处。该局有40余年否认这一点，直到2007年才坦承此事。但是问题在于，将他们迁往何处以及如何迁移。另外，谁来负责这些安置营，也存在一些问题。

对迁移持谨慎态度或者索性感到恐惧的不仅仅是官员和官僚，在整个西部，群情躁动。1942年5—6月间，公众得知美国在菲律宾仅存的几个军事基地之一的科雷希多岛（Corregidor）沦陷后，躁动情绪达到了顶点。1942年4月和5月，在巴丹半 100
岛（Bataan Peninsula）和马尼拉湾的科雷希多岛上，7.5万余名菲律宾人和美军士兵饥肠辘辘，很多人因病而行走不便。他们投降了，随即在丛林中被驱赶80英里，关入日本战俘营，数千名菲律宾人和数百名美国军人死于这次长途跋涉。尽管对于科雷希多岛的沦陷是1942年报道的，但美国公众直到1944年才知道

“巴丹死亡行军”（Bataan Death March）。

菲律宾沦陷后，似乎日本将胜。这一切导致第一代日本人和第二代日本人相互抵牾。查尔斯·菊池在坦佛兰穿过看台时，突然看到一个年老的第一代日本移民微笑着跟朋友谈菲律宾人：“是时候了，不是吗？”

“这让我异常愤怒。”菊池说。他质疑那个老家伙，而那个人却反问道，在这场战争里他支持谁。“美国。”他答。“那个家伙说，”菊池写道，“我和朋友都是傻瓜，他们永远不可能成为美国人。‘只有那些长毛子能成为美国人。’”

在科雷希多岛被日军俘虏的队伍中，有一支第200海岸炮兵队，最初，它由800名新墨西哥州国民警卫队队员组成，其中三分之一是西班牙裔和印第安人。至少有200人死于那次长途跋涉，他们都是在走不动时，要么被射杀，要么遭刺死。圣菲的家家户户不甚了解菲律宾的具体情况，但电报持续传来，宣告年轻人在科雷希多和巴丹阵亡。附近有座狱营，关押着数百名第一代日本人，他们被视作危险分子。当地人操起猎枪和斧头冲向此地，决意将那些日本人杀个痛快。官员们阻止了他们，理由是，大屠杀必然招致日本人对羁押在菲律宾的美国士兵的报复。

101 犯人和迁移人员搬来后，各地的反应很矛盾，也很纠结。农场小镇孤松镇人口为1 071，北距曼萨纳集散中心和安置营6英里。当地的22名商人联名致信军方，要求仅允许少量在押人员前来购物。镇里另外500人联名请求将迁移人员用铁丝网关押起来。镇里的理发师说：“我们应该把那些日本鬼子直接带到太平洋岸边，说：‘伙计们，对面就是东京，齐步走！’”因约县人口为 7 625，该县一位议员说：“鬼子终究是鬼子，向上帝保证，只要我活着就不会相信他们。”飞机跑道上一个飞行教练补充道：“这明显就是适者生存，要么我们，要么那些黄肚皮们！我们还等什么？陆军应该拿那些狗娘养的练靶子。”

从曼萨纳向北 9 英里有座独立城，比孤松镇稍大，是因约县政府所在地。当地一位老板娘说：“独立城有些人着实给吓坏了，他们以为日本人会从曼萨纳逃出来，我们所有人都会在睡梦中被杀死。”曼萨纳一位前官员又说：“我不记得名字了，但独立城有个男子组建了自己的民兵，而且操练他们……他们要拯救独立城的妇女和儿童。”

* * *

1942 年春，政府纠结于权力、物流和统计，而美国西海岸三州的日本家庭和个人则经历着苦恼和不安。在民营承包商 102
（civilian contractors）的帮助下，陆军依然在寻找安置场所，通常是些联邦政府已经拥有的闲置土地。军方则在设计并建造罗斯福总统所说的“集中营”，有时还会得到美籍日裔志愿者的帮助。在加州北端干涸的湖床和熔岩原上，在亚利桑那州的沙漠里，在阿肯色州的沼泽以及印第安人保留地里，最终选定了 10 个营址。截至 1942 年夏，大多数日本人已经或正在从集散中心、圣阿尼塔以及另外 16 处地方迁离，大多数集中营已经或者即将建成。从 3 月 22 日起，陆军开始将日本人从集散中心迁往内地。171 列长长的火车，缓慢，肮脏，时冷时热，且从始至终一片黑暗。列车车窗紧闭，迁移人员无法判断他们的去向。

埃斯特尔·石语是名白人妇女，她选择与丈夫阿瑟·石语——一名二代日裔美国公民——同往狱营，她在回忆自己对第一所安置营曼萨纳的印象时写道："汽车缓缓驶入大门，看到铁丝围栏和站岗的武装士兵时，我们大为震惊……这里一片棚屋，四周竖着高高的铁丝网，布有岗楼，士兵端着机枪。"

3 月 22 日，曼萨纳开始成为安置营，归战时安置署管辖，计划容纳分别来自加州的班布里奇岛、洛杉矶市和圣华金县的 1 万名迁移人员或囚犯。另外九座狱营于 5 月 8 日至 10 月 6 日间陆续启用。

亚利桑那州的波斯顿建于邻近加州边界的印第安人居留地上，5 月 8 日启用，是最早的营地之一，这里实际上有三个营：一号营、二号营和三号营。该营在押人员最多时达 17 814 名，所有人均来自加州和亚利桑那州南部，他们戏称这些营狱为"烧烤号""烘烤号"和"除尘号"。

103 加州的图利湖原先是民保队的营地，建于熔岩原上，靠近俄勒冈州界。该营不久也于 5 月 27 日启用了，最多时押有 18 785 人，分别来自萨克拉门托市、俄勒冈州和华盛顿州。矢部富美子（Fumiko Yabe）是萨克拉门托地区一位颇有名气的歌剧演员。在前往图利湖时，她还购买了一套泳装，她根本不知道这个湖在 500 年前就已经消失了，成了一片荒原。

夏初，10 个安置营中的 7 个尚未启用时，战时安置署的弥尔顿·艾森豪威尔便挂职而去。他讨厌这份差事，早先曾对自己的老板农业部部长克劳德·威卡德说，他本来希望将这些营地作为平台，将迁移人员派往全美各地干些有用的工作，然而，他的意向到头来却不了了之。6 月 17 日，战时新闻处（Office of War Information）主任埃尔默·戴维斯（Elmer Davis）邀他担任副主任，他欣然接受。

急于挂职而去的艾森豪威尔早就选好了继任者——狄龙·迈尔（Dillon Myer），后者做了一辈子的公务员，时任农业部水土保持局副局长。他俩是好朋友。有天晚饭时，迈尔最后一次问艾森豪威尔他该不该接这份差事。“可以接，如果你做了这事晚上还能睡得着的话。我是不行。”

由于美籍日裔密码破译员提供了关键性的（和秘密的）帮助，美国海军在中途岛战役中击溃了日本海军。仅仅 11 天后，艾森豪威尔即获新职。中途岛之役是太平洋战争的转折点，此后，日军再无机会接近美国西海岸，更不用说入侵加州、俄勒冈州或者华盛顿州了。

因此，当迈尔接手时，集中营的“军事需要”其实已不复存在了。同样是 1942 年 6 月 17 日这天，美国公谊服务委员会（American Friends Service Committee）主席里德·凯里（C. Reid Carey）在一次教会会议上说：“我们的所作所为与德国人 104
如出一辙。”

营地依然在建，并陆续启用，迈尔上任后主持启用的营地如下：

亚利桑那州希拉河，6 月 20 日开营。营地原为希拉河印第安人部落的居留地，最多时关押有 13 348 人，分别来自弗雷斯诺、萨克拉门托和洛杉矶。

爱达荷州米尼多卡，距亨特镇不远，8 月 10 日开营，最多时关押 9 397 人，分别来自西雅图、波特兰和俄勒冈州西北部。莫尼卡·曾祢（Monica Sone）是最早进驻那里的人之一，她写道："我们仿佛站在一个巨型混砂机里，时速 60 英里的飓风将灰土扬至空中，吞噬了一切。飞沙充满了我们的口鼻，也击打着我们的手和脸，犹如万千针刺。"

怀俄明州哈特山，监押着来自加州洛杉矶和圣克拉拉的囚犯，8 月 12 日开营，最多时关押 10 767 人。

科罗拉多州阿玛彻（又称格拉纳达），地处光秃秃的大草原地区，囚犯来自加州，8 月 24 日启用，最多时关押 7 318 人。

犹他州托珀兹，最多时关押有 8 130 名迁移人员，他们来自旧金山湾区，9 月 11 日启用。

阿肯色州麦格希的罗沃尔，9 月 18 日启用，关押来自加州洛杉矶、圣华金的囚犯。"简直是现实中的梦魇，"罗沃尔的一位迁移人员说，"门口台阶上的积水散发着恶臭，蚊虫肆虐……当局也不能为病人提供足够的奎宁。"

阿肯色州杰罗姆是最后启用的一个营地，1942 年 10 月 6 日
105 开营。最多时关押有 8 497 人，分别来自圣华金河谷和圣佩德罗湾区。后来，罗沃尔的迁移人员又转至杰罗姆，罗沃尔改为战俘营，羁押德国俘虏。这些营狱和形形色色的联邦监狱最多时曾押有 120 313 名日本人，有的是外国公民，有的是美国公民，其中 92 786 人来自加州。国家公园管理局的《加州园址勘察》（*The California Site Survey*）是如此描述这些新"家"的：

> 营区内部陈设类似战俘营或者海外军营，完全不宜家居。营区划分为片，每片设中心食堂、卫生间、浴室、洗脸盆和洗衣盆。卫生间、浴室和卧室均无隔挡，居住区无水管设施。任何人夜晚如厕，常常需蹚过雪泥，探照灯如影随形。八口之家被安置在20×20英尺的房间，六口之家是12×20英尺的房间，四口之家是8×20英尺的房间，更小些的家庭以及单身人士则必须与陌生人同居一室。每个在押人员只分得一张草垫和一块军毯，别无所有。无隐私可言，一切都是群体行为，吃饭、清洗和个人需要均须排长队。

拒服兵役者唐·埃尔伯森奉命迎接抵达图利湖的一列又一列的迁移人员，他回忆道：

> 有时候，我们每天接待500多人……你不得不找些肮
> 脏的借口让他们接受这样的房间，最大的也就20×25英
> 尺，但一切都无济于事。这些人抛弃了一切，甚至包括漂 106
> 亮的房子。一天下来，我就意识到不能随他们进屋，而应
> 待在外面。身处这样一个有辱人格的场所，他们颜面何
> 存？目睹人们脸上的痛苦神情，我们情何以堪？

他在图利湖期间，女儿玛尔妮出生了，这是第一个诞生在那里的白人小孩。在战后的岁月里，这个家庭辗转各地，玛尔妮也不断转学，老师总要问她的出生地，而她就回答：“加州图利湖美籍日裔安置营。”有些老师说没这么个地方，小女孩吃一堑

长一智，后来索性说：“加州。”

1942 年 5 月 29 日，战时民管局开始将圣阿尼塔集散中心的 1 万名人员迁往曼萨纳安置中心或者亚利桑那州波斯顿的三个安置中心，那里押有 1.7 万人。政府估计，即使很多营区尚未建完，但在两三个月内，所有日本人都会关入这 10 座安置营。当圣阿尼塔集散中心关闭时，有人致函美国公谊服务委员会：“我真的希望妇女可以有更好的卫生间和浴室。她们无法忍受没有隔挡的卫生间，她们必须（与陌生人）肩并肩或背靠背地蹲着。”

到达曼萨纳之后，珍妮·若月的母亲利库像其他一些妇女一样，带着很多箱洗涤剂，并将其藏在女卫生间一排一排坐便器的后面。很多女人只在深夜如厕，以获得些许隐私，同时避免外面等候的长队。

加州的国会议员利兰·福特，一向对营区人员不待见，从一
107 开始就说：“所有日本人，无论入籍与否，必须投入内地的集中营中。”然而，就是这么个人看到曼萨纳时甚至也说：“在尘土飞扬的日子里，在曼萨纳，待在里面与待在外面没有区别。”

珍妮·若月后来写道，福特与其他官员看到的迁移人员是“一群困于加州沙漠的喜剧小丑”。日本人未被告知他们的去向，穿着加州南部的夏装来到了高原沙漠里的营区，结果发现夜晚的气温低于零度，秋天和冬天更低。陆军一车一车地运来了冬天的装备，包括棉衣、帽子、靴子、手套以及羊毛便帽，这些都是第一次世界大战剩下的。对迁移人员来说，尺码都大好多。松松垮垮的外衣和裤子的确让他们看起来有些像一群马戏团的小丑。陆军最终答应了人们对缝纫机的要求，营地的妇女们花了好几周的

时间修改那些过于宽大的衣服。“它们松松垮垮、摇摇晃晃地披挂在身。”若月说，直到这些衣服被曼萨纳的妇女改小，成为更有型的便裤、外衣和披肩。

“白天暖和一些时，就是户外生活。”她继续写道，“晚上迫不得已时才回‘家’。长长的铁丝网围起了我们的城，一万人在这块方形场地上不停地游走。”

波斯顿那些迁移人员最终抵达亚利桑那州的帕克镇，这是加州边界附近的一个印第安人居留地。德重静子（Shizuko Tokushige）是位新妈妈，到达营地时，气温是102华氏度[①]。她对火车换乘营地大巴的最后一段艰苦旅程有如下描述：

> 一名士兵说：“我来帮你，把胳膊伸过来。”接着，他把一大堆东西放我胳膊上，让我惊骇的是，他把我两个月 108
> 大的婴儿放在这摞东西的最上面。他明明知道，我一下车，孩子就会被摔到地上，还用枪托推推搡搡的，催我下车。我拒绝后，他反复捅我，命令我挪动。谢天谢地，这时有名检查车厢的中尉路过，碰见了我们。他把孩子抱下来，交给我，然后命令那名士兵将我们所有的行李送上汽车，看我坐下，再向他复命。

波斯顿那些初来乍到的人与曼萨纳那些刚下汽车的人一样震

① 华氏温标换算成摄氏温标的公式为：摄氏度 =（华氏度 −32）÷ 1.8，所以，102华氏度约等于37.9摄氏度。——译者

惊。“营地周围要建围栏，”绰号“特德”的枚闻铁三（Tetsuzo “Ted” Hirasaki）在亚利桑那州的印第安人居留地写道，“五股铁丝网！他们说这是防止有人进来……防止谁？红皮肤[①]吗？”他还听过一种说法，这些围栏是防止牛群的。“养牛的乡村哪里用过五股铁丝网？如果他们不小心提防，会有麻烦的。拿我们当什么了，傻瓜吗？”

来自圣迭戈的 Kiyuji Alzumi[②] 如此描写他的第一印象：“炙热几能化铁，无树，无花，没有啁啾鸟鸣，甚至连昆虫的声息都没有。沙尘在空中飞舞，遮天蔽日。”

喜欢写日记的查尔斯·菊池了解到他要被遣往犹他州的托珀兹。他在坦佛兰写的最后几篇日记里说道：“今天碰到了一件趣事，马厩一侧有个旧厕所挺逗的，一边写着‘男士’，另一边写着‘有色男士’……加州竟然有这等事，的确让人惊讶！”

坦佛兰的内田一家也在迁往托珀兹的名单里，他们在伯克利的邻居是一家瑞士人，这家人带着几篮食物和鲜花，驱车来到
109 坦佛兰与他们再度告别，但邻居的两个孩子因为年龄不足 16 岁，不得进入集散中心。听到这情况，内田家的两个女孩子奔向营区大门，去见朋友。

“泰迪！博比！”淑子一边跑向围栏一边喊。四个孩子隔着铁丝网够着了对方，欢叫着。这时，一名士兵用枪指着她们说：“嘿，离开围栏，你们俩！”

数十年后，内田家的孩子们还记得这件事，她们说，当时

---

① 指印第安人。——译者

② 原文如此。按此拼写未查到与之相对应的日文姓名，故保留原文。——译者

以为自己会被射杀。

内田家的女眷被关押在托珀兹安置营，位于塞维尔沙漠，地处犹他州西南部一片多风的高原上。至少可以这么说，这让一个来自成功的美国家庭的女儿感到震惊，她可是毕业于伯克利，准备当老师的。

到了托珀兹，内田一家和其他迁移人员都收到一份营区的规章制度，在“限制行为”那部分有如下条款：

1. 待在限定区域标志以内

2. 不可采摘

3. 未经许可，不得钓鱼

4. 不可挖移花树

5. 不可穿越农耕区域

6. 协助防火

7. 不可挖毁树木

8. 不可涉水或以其他方式污染溪水

9. 不可惊扰鸟兽

内田淑子决定谨慎行事，免触天条。“有时候，我们在走路时可以听到宪兵在驻地唱歌。这时，他们似乎不仅仅是在营区周
边巡逻的哨兵，我们意识到他们也是年少孤独、远离家乡的男孩 110
子。不过，他们在围栏的另一边，他们代表我们害怕而且不信任的陆军。尽管他们有时想与我们说话，但我们可从来没有想与他们成为朋友。”

这些年轻的士兵孤独、无聊，或许同样地迷茫，他们看守着这片荒凉之地上的营地。内田小姐如此描述自己的新“家”：

> 营地一英里见方，后来竟住有8 000人，成了犹他州第五大城市。穿越细沙地面前往7区时，我渐渐明白为什么人人都像是敷了面粉的面团了：陆军建这个营地时极为仓促，他们清除了所有植物。于是，曾经平静的一片湖床如今被翻腾成了一片松散的细沙。每走一步，我们都要下陷两三英寸，同时，尘土纷飞，潜入我们的眼睛、口腔、鼻子和肺里。

很多人长期生病，不是痢疾就是风寒，尤其在冬天。“疾病很烦人，”她写道，“特别是上班后，要请病假必须有医生证明。我们不知道什么时候才会有水，供水毫无规律……有时候，人们涂了肥皂正在淋浴，水却停了，简直让人抓狂。”

她继续写道：“母亲时常病歪歪的，她最大的问题是没法走着上厕所。找个临时便盆倒不难，但是她觉得用起来很尴尬，因为她知道，即使是最轻微的叹息，左邻右舍也听得一清二楚。”
111 后来，他们通过订阅《纽约时报》解决了这个问题。他们存了一堆一堆的报纸，任何时候需要使用便盆，淑子便负责“哗啦哗啦”地翻动报纸，掩盖那令人难堪的声响。

像内田家这样坚持并不总是那么容易。堀内静子（Shizuko Horiuchi）当时在爱达荷州的米尼多卡实习，那里遇风则尘暴肆虐，遇雨则泥坑满地。她给一位白人朋友写信说：“这里的生活难以言表。有时，我们无可奈何，但看到铁丝网和岗楼上的探照灯，总感觉我们是‘集中营’里的囚犯。”她继续写道，“尽管我们尽量保持开心，但时不时地也会黯然神伤。看到‘我是美国人’的社评和其他吹捧文章，以及‘种族平等’等文字，似乎对我们是极大的讽刺。”

* * *

8月末，二十世纪福克斯公司（Twentieth Century Fox）发行了一部故事片《小东京》（*Little Tokyo, U.S.A.*）。故事讲述洛杉矶一名侦探发现日本间谍、破坏分子以及凶手准备入侵美国。《纽约时报》的影评称该片为“63分钟关于日本间谍备战活动的推演”。

由于使用了关于集体监禁加州日本人的真实新闻片段，因此这部电影做得像纪录片似的，呼吁以国家安全之名迁离所有日本人，无论其忠诚与否。电影结尾时，小东京沦为鬼城，无人、无灯。战时新闻处回应称，此片是在“呼吁政治迫害”。从此，开始要求好莱坞剧本拍摄前必须送政府审查。

在宣传较量中，《圣安娜要闻》不是好莱坞的对手，但是， 112
其出版人霍伊尔斯继续孤军作战，吁请政府收回第9066号行政令。1942年10月14日，他写道：

> 相信撤离日本人符合宪法的人即使有也寥寥无几。与其说这符合宪法和美国公民的固有权利，不如说这是惊恐之下的感情用事。我们应该考虑的问题是，长远来看，迁移到底是否会帮助我们赢得战争？如果不会，我们就当竭力尽快纠正我们的错误。没有具体证据即判定人们对国家不忠，似乎与我们的生活方式格格不入，反倒是与敌对政

> 府的做法如出一辙。
>
> 人力对我们来说多多益善，日本人原本可以就地帮忙，提供食物和有用的服务，但迁离他们却会在很大程度上削弱我们的防御……如果我们不愿冒险，不相信人性，不做无罪推定，那么我们就走在了丧失民主的道路上。我们坚信，如果在有理由怀疑任何个人对美国犯有不忠之罪之前，撤回行政令，让日本人复工，我们就将缩短战争，减少人员和财产损失。

两周后，《圣安娜要闻》转载了全国性刊物《基督教会报》（*Christian Advocate*）上的一篇长文。该报的克拉伦斯·霍尔报道，在整个被占领的欧洲，美国对美籍日裔的政策被比作纳粹对犹太
113 人的待遇。他继续写道，有纳粹撑腰的法国傀儡政权维希政府总理皮埃尔·拉瓦尔（Pierre Laval），“为自己从法国驱逐 70 000 名犹太人辩解时，据说曾援引加州的情势……在新德里，贾瓦哈拉尔·尼赫鲁（Jawaharlal Nehru）致函美国友人，表示（美国）此举关乎印度与联合国之间的关系，个中意味令他惊异和担忧”。

* * *

很多在押人员，尤其是第一代日本人，都是默默忍受的，非日裔人员将此视作无抵抗。相反，很多美籍日裔却认为他们是“隐忍”，日语意为“面对困境，保持尊严，忍让坚持”，或者“抑制怒火，不因困难而采取报复行为”。珍妮·若月评论说，“无可奈何”是营地里另一个广泛流行的词语。

尽管绝大多数美籍日裔几无怨言地接受命运，尤其是在一开始的时候，但后来，日本人还是渐渐地觉得紧张，而且越来越觉得不公正。有几个人在法庭上抗拒，另一些人则以暴力抗拒。1942 年 8 月初，圣阿尼塔怒火爆发，这是早期事件中的一例。当时，撤离人员正在迁往波斯顿。津曲福生按计划五天后将要迁移，她给布里德小姐写信讲述了事情的经过：

> 星期三，陆军命令搜查我们的营舍……之前有类似命令时，（我们）都会收到通知，这一次却无缘无故地突击搜查。他们封闭了大门，未经搜查，不得通过。最糟糕的 114
> 是，他们开始没收剪刀和织针……有些警察还厚颜无耻地偷拿人们的钱财，没收屋内物品也不让主人看见拿走了什么。特别是有个警察激起了极大的民愤，于是，他们开始围攻他……很不幸，这些愤怒的群众火气忒大，用椅子追打他……陆军花了三天才控制住了局面。

她的弟弟幸男（Yukio）则如此描述：“调查在营区引起暴怒，一大群愤怒的人们聚集起来，要求对这种做法给出解释。调查员被这么一大群人给吓住了，也被那些抛向他的尖锐问题激怒了，他拔出枪威胁说，如果有人妨碍他，他就要开枪了。”

查尔斯·菊池知道，有些官员就是企图用夸张的奚落和彻头彻尾的谎言激怒迁移人员。在担任坦佛兰《统计报》（*The Totalizer*）的主编后，他时常在美籍日裔中可以最先得知事态发展。8 月的最后一周，他被召至政务办公室，他听到了：“卡萨格兰德。”

“那是什么？”他问。

“亚利桑那。”

“我问了很多问题，”菊池写道，“我们将于下周六晨 6:45 离开。火车将于 3:15 离开旧金山。我问我们有没有时间在城里短暂停留。（他们）给我讲日光公司[1]如何不喜欢日本人，他们会在列车上毙了我们，如此这般一番骇人的说辞。”

115 无论如何，菊池得到的信息都是错误的，他后来到了犹他州的托珀兹安置营。

圣阿尼塔发生的抗议只是个开头，此后，大多数集散中心和安置营陆续出现了怨声和零星暴力。很多行政官员都曾经在印第安居留地工作过，他们希望建立社区委员会，模仿外面的生活。官方喜欢用“拓荒社区”这个称呼，指代那些被铁丝网和端着刺刀的士兵包围着的人们。那个想法本来是要迁移人员自己民主选举“社区委员会”，应对营区的行政官员。但从一开始，就搞错了。政府人士当即规定，只有出生在美国的日裔美国公民可以担任营长或营区其他微小官职。这个愚蠢的错误将迁移人员中那些更年长、更成熟也更有经验的第一代日本人与他们自己的子女对立起来，破坏了传统日本社会中的等级结构。军队模式的食堂本已分化了家庭，这个错误则愈发加剧了家庭冲突。珍妮·若月写道：“食堂吃了三年，我自己的家分崩离析了，不复完整。”图利湖圣公会牧师北川大好（Daisuki Kitagawa）补充道：“失去

---

① 一家铁路运营商。——译者

家庭餐桌和家庭厨房，不仅失去了一个给成长中的孩子教授礼仪的机会，而且也失去了一个人类机构的有力象征，那个机构一代一代地传播着价值观。”

如果说加州曾经有过团结一心的美籍日裔社区，那么它在很多层面上正在支离破碎。尽管德威特将军和其他人均有自己的看法，但是，营区人员像其他任何一个超过10万人的群体一样，复杂多样。城里人不喜欢乡下人，说英语的人对只会日语的人也 116
一样，佛教徒与基督徒经常互不信任，而加州人则总体上不受俄勒冈人和华盛顿人的待见。

第一代日本人和那些归米中，只有少数人希望日本赢得战争，但这部分人的数量却在不断增长。有些人不相信从美国报刊和电台读到听到的内容，即使盟军扭转了局势，他们依然认为日本会获胜。绝大多数人因为战争而感到痛苦，很多人虽然在日本仍有亲戚，却支持美国，并配合营狱当局。很快，这些人被那些亲日派视作通敌分子，被称作狗。

《生活》杂志和其他出版物刊发战时安置署提供的图片，将在押人员描绘成民主公民的模范，过着休闲生活。但事实上，早在1942年8月，很多营区的行政官员就已经在提醒他们在华盛顿的“老板”，营地可能会造就仇美的美籍日裔。战时安置署主任狄龙·迈尔私下里曾说要停止整个安置营的运营。他制定了一种宽容的“休假”政策，以启动这一进程。看病或者处理个人事务可以休一周左右的“短假”；中西部农场在收获季节劳动力紧缺，营地在押人员若愿前往，可休“工作假”；若有学生被中西部或东部大学录取，可休“无限假”，后来，这种休假扩展至那些欲外出凭运

气打工的在押人员。在校长罗伯特·斯普劳尔的率领下，加州大学各校区的校长，说服奥尔森州长致函罗斯福："再不采取特殊措施
117 的话，那些生于美国且有望成为颇具影响的领袖的日本人就会突然终止接受教育。此等结果非但伤害他们，而且伤害国家，因为目前这场战争之后这些人需要受过良好教育的领袖。"

总统或许同意此观点，但是，很多美国高校，包括一些最有名望的学校，比如普林斯顿大学和麻省理工学院，拒收美籍日裔学生。哈佛大学虽然允许陆军在其校园培训日语专家，但是，要求收取两倍于芝加哥大学的费用。政府对美籍日裔学生也有限制：很多大学因为校园里设有"秘密"的军事训练和研究机构，禁止招收美籍日裔学生，其实，通常仅仅意味着他们有预备役军官训练团。不过，到战争结束时，依然有 4 300 名第二代日本人注册进入了西海岸诸州以东的大学。

留在营地里的人生活依旧艰难，悲剧时有发生，出现了许多自杀或自杀未遂事件，还有十多个日本人在安置中心和司法部的营狱里被卫兵所杀或所伤。1942 年 5 月 12 日，一名叫大岛兼三郎（Kanesaburo Oshima）的男子在俄克拉何马州的锡尔堡被卫兵所杀，那是一个临时羁押所谓外国危险分子的场所。次日，来自洛杉矶的 45 岁的花匠下田一路（Ichiro Shimoda）在锡尔堡遭到另一名卫兵的攻击，严重受伤。他年轻时曾在日军服役，珍珠港事件发生当天被捕。大家都知道他精神不稳定，曾经两度企图咬舌自尽。联邦调查局 1942 年 5 月 18 日的一份报告称，他在企图
118 翻越营区围栏时身中两枪。1942 年 5 月 16 日，竹内方广（Hikoji Takeuchi）在曼萨纳遭到宪兵列兵爱德华·菲利普斯的枪击。战

时安置署调查报告援引该列兵上司巴克纳中尉的话说，站岗太单调乏味了，宪兵们喜欢搞点“小刺激，比如射杀日本人”。

沮丧和恐惧在营狱围栏的里里外外蔓延。1942 年 7 月 27 日，来自圣佩德罗的渔民广田矶村（Hirota Isomura）和来自加州布劳利的农场主小畑利夫（Toshio Kobata）被一名卫兵射杀，那名卫兵叫克拉伦斯·伯利森，是名一等列兵。两名男子都以“危险的外敌”之名被押，他们当时正与另外 150 人从内布拉斯加州林肯堡的一座监狱向新墨西哥州的洛兹堡转移。他们两个人又病又乏，无法从洛兹堡火车站步行一英里前往临时营地。1942 年 11 月 18 日凌晨两点半，当他们到达波斯顿一号营的一辆营车时，遭到枪击。

入营仅仅数月之后，反抗行政官员的人员和反美主义分子逐渐增多，年轻人，尤其是归米们拉帮结派。他们认为谁是间谍或者与行政官员狼狈为奸，就恫吓谁。他们白天结伴而行，通常在晚上骚扰并殴打他们不喜欢的营狱人员。

社区委员会成员弗雷德·田山（Fred Tayama）因为与营区的行政官员合作几遭殴亡。联邦调查局入营调查，逮捕了两名人气颇旺的二代日裔。数百名在押人员认为他俩是无辜的，社区委员会全体辞职，日本人包围了小小的营区中心，决意阻止两名人犯被带往外面的民事或军事监狱。一周后，行政当局同意释放其中一人，并允许“迁移法庭”[1]审判另一名，僵局方得以打破。

曼萨纳的小混混开始头戴饰带，横书日文“曼萨纳黑龙 119
会”。起初，管理人员未予理会，称日本人的事情由日本人自行

① 指由迁移人员自己组成的法庭。——译者

处理。那年夏天，妇女开始了一项工程，给陆军编织伪装网。这时，那些小混混引起了管理人员的注意，因为在黑龙会的怂恿下，小孩子们开始向那些妇女投掷石块。

约瑟夫·栗原是黑龙会的一个头目，他参加过第一次世界大战，满腹怨恨。他大学毕业，战前是个成功的商人。传言称，有个亲美人员的“死亡名单”，当过记者和工会组织者的米田刚三（Karl Yoneda）名列其中，因为他曾与为太平洋战争招聘译员的陆军情报部官员会面。11 月 28 日，招聘人员抵达时，黑龙会挨家挨户地威胁，警告人们不要与陆军来人交谈。米田讲，栗原威胁说，如果他与招聘人员见面就要杀了他。但他是 50 名应聘者之一，其中 14 名通过了语言测试，即刻宣誓成为美国陆军列兵，这其中包括米田、一名归米和一名共产党员。在宪兵的保护下，这 14 名译员离开曼萨纳，前往明尼苏达州的萨维奇营接受陆军情报部的培训。米田的妻子伊莱恩·布莱克·米田和他们四岁的儿子汤米从铁丝围栏后向他挥手告别。“爸爸，别撇下我，”孩子哭喊道，“我要跟你去，一起痛打纳粹。”

米田夫人是个白人，出于安全考虑，她与年幼的儿子以及那些新兵的其他 60 位亲属一同被安排搬进了行政大楼。随后，他们被遣往死亡谷的民保队营地。两周后，他们获准回家，甚至
120 可以回旧金山，米田夫人父母生活的地方。丈夫离开的三周里，她乌发成雪。在旧金山，她必须每月亲自向德威特将军报告行踪，同时还要汇报小汤米是否做过有损国家安全之事。

与此同时，1942 年 11 月末，营地里日裔美国公民协会的工作人员获准外出一周，前往盐湖城开会。该组织宣扬与营地管理

人员合作，有其官方赞美诗为证：

有个梦是父亲为我而梦
有个国众生自由——
沙漠里的营地岗楼高耸
生活静谧，天忧沙寂
战场上，兄弟牺牲
他们柔弱的声音，伴我哭泣——
我们梦想众生自由
我们信奉生命忠诚
天佑我土消除盲从
你我皆享尊严和平

正冈优住在犹他州，没进过集中营。在盐湖城，日裔美国公民协会的领导人所讨论的一项主要议题即是他的决定：请求陆军部再次允许二代日裔在武装部队公开服役。回到营地后，该协会的这些工作人员成了反美主义恶棍的攻击目标。会长木户三郎因曾支持正冈的努力而在波斯顿营区遭到八名蒙面男子的攻击，住院月余。后来发现，那几个人年龄介于 18 至 30 岁之间，均是归米。罗沃尔营的汤姆·矢田部（Tom Yatabe）医生和曼萨纳营的詹姆斯·小田（James Oda）也有同样的遭遇。

日裔美国公民协会的领导人弗兰克·益田（Frank Masuda）曾在小东京拥有一家餐厅，1942 年 12 月 5 日，他在曼萨纳遭到好几名
迁移人员的重殴。他指认迪克·三轮（Dick Miwa）为肇事者之一，121

后者是归米，是一名厨师。厨房工作人员中，他因一直张罗成立工会而名声在外，并曾公开指责营地里的白人管事私扣配给，再到外面的黑市倒卖。栗原立即组织游行，要求独立城监狱释放三轮。

他们纷纷宣讲，并攻击美国人的“走狗”，直呼其名，威胁要他们的命。有人说：“因为我们的兄弟为了正义、永久和平以及亚洲新秩序而牺牲生命，所以我们为了这个事业不惧牺牲。”两天后，1942 年 12 月 7 日，一些黑龙会成员离开庆祝珍珠港事件的游行队伍冲向营地医院，寻找益田，准备干掉他，益田藏身床下才躲过一劫。营狱关押着三轮和其他囚犯，营区主任拉尔夫·梅里特（Ralph Merritt）召来 135 名宪兵阻挡抗议者，随后宣布戒严，并召来了更多的士兵。

由于抗议人群不断壮大，怒气冲天，一名军官喊道：“坚守岗位，牢记珍珠港！”士兵们戴上防毒面具，投掷催泪弹。有人先开了一枪，其他人便纷纷开枪了。迁移人员中有 10 人受伤，其中 8 人需要做大手术。两人死亡：詹姆斯·伊藤（James Ito），18 岁；吉姆·神奈川（Jim Kanagawa），21 岁。尸检表明，两人均背部或肋部中弹。

来自夏威夷的哈里·上野（Harry Ueno）时年 37 岁，20 世纪 20 年代曾在日本待过八年。后来，他在洛杉矶和贝弗利山经营数家水果市场，客户包括柴纳克（Darryl F. Zanuck）、范朋克（Douglas Fairbanks）以及汤姆·米克斯（Tom Mix）。他也是这次厨房抗议的主要组织者。显然，曼萨纳反对日裔美国公民协会的情绪不断高涨。上野是曼萨纳人气最高者之一，他出示手工账簿证据证明白人主管偷窃配给迁移人员的白糖，在黑市出售。此

122

后，他名声大噪。12 月 5 日，他因被控攻击弗雷德·田山而被捕，他被戴上手铐，押往独立城监狱。关押一夜后，押返营地，关入营区用作临时监狱的一间屋子里。他从那里旁观了这次行动：

> 催泪弹消散后，我看到 10 到 15 米开外有一个男子面朝下卧倒在地。三个人想将他拖进警局，可是，人死了，很难搬挪。我打开窗户跳了出去，帮他们将尸体搬进监狱，放在一张桌子上。他血流不止，肯定是近距离背后中弹。我们搬进来的是詹姆斯·伊藤，我认识，18 岁。协会的一个壮汉坐在桌后，看到死人后，敲着桌子说道：“我错了！我无法相信美国会做出这等事来！”他不是针对我或者别人，他在对自己咆哮。

位列黑龙会“索命单”上的益田和其他 20 名日裔美国公民协会成员迅即被转移到死亡谷民保队的老营里，他们后来获得了自由，自择居所。三轮、上野和栗原与另外 10 人被列为“累犯”，移押至另一民保队老营，地处 1 000 英里以外的犹他州的摩押（Moab，Utha），该营周围数百英里之内没有像样的镇子。这是一座真正的监狱，连淋浴、如厕都有武装人员看守。那里约有
40 名囚犯，全部与家人隔离。有人给妻子写信说：“我很高兴以日 123
裔身份死去，就算是因为拒舔白人屁股而被枪毙，我也心甘情愿。”

那些从未被控任何罪名的“麻烦制造者”则被移往亚利桑那州洛伊普地区纳瓦霍居留地的一个“隔离中心”。这里的关押人数不足百人，甚至在官方文书中，这里的官员也要求关闭这个

中心。“我希望重新考虑继续开办洛伊普中心是否可取，”政府的一位律师说，“我认为保持这个机构很不像美国所为，反倒是符合盖世太保的做法。个人不明就里即被送进隔离中心，这种做法我不喜欢。”中心主任保罗·罗伯逊（Paul Robertson）告诉安置署主任迈尔：“洛伊普安置中心有67人，审核他们的诉讼记录时，缺乏证据的情况让我非常惊讶。”

* * *

还是回到安置营，大多数人都在竭力忍受。9月，路易丝·小川给布里德小姐写信说：“如果没有沙尘、酷暑、大风和飞虫，波斯顿简直就是天堂……周遭乱飞的不仅有虫子，而且还有中国飞行员，他们在亚利桑那州的陆军航空队基地接受培训，佯装扫射营地。他们飞得很低，营房都晃动了。”

她又写道：“生活逐渐安稳下来，中规中矩，单调乏味，真让人沮丧……根本没有什么社交，下午天也太热，不适合。再说，谁想在脚踝深的尘土里走动啊？”

但是，路易丝·小川可不愿总是垂头丧气，她给布里德小姐的助手海伦·麦克纳里写信说：

124

> 我也许对新环境有所抱怨，但是，我知道要立刻适应它也会非常困难。我相信，一切很快会好起来，我也会像爱圣迭戈的家一样爱上这里。每每驻足，想到美国早期移民如何开始与我们一样地生活，我便感到很豪迈，让我觉得自己是血统纯正的美国人。

第五章

荒漠圣诞

1942年12月25日

托珀兹被戏称为“沙漠明珠”，居住者都是从湾区抓来的。125
该营地处犹他州的一个高原上，海拔6 400英尺。那里从来都无人居住，内田淑子描述了肆虐营地的可怕风暴：

> 刹那间，几英尺之外的营房即被沙尘完全吞没，我很害怕风会把我吹倒。每走几码，我都要靠在营房上缓口气，然后，低下头，继续艰难前行。到校后，我发现很多孩子不顾风暴在到处是灰的教室里等待着我。
>
> 我试图上课，但是大量灰尘从教室四周和屋顶窟窿飞 126
> 入教室，很快，课就没法上了。我决定趁风暴加剧前送孩子们回家。“一定要小心，跑步回家，越快越好！”
>
> 母亲、妹妹和我在我们的房间里等待风暴结束，风很

大，营房根基不牢，感觉像要拔地而起的样子。乱石雨点般击打着墙壁，我们用来堵塞缝隙的报纸飞回了屋子。空气中弥漫着沙尘，像浓烟似的。我满嘴沙子，似乎连肺里都进了沙子。狂风呼啸良久，营房摇摇欲坠。看到母亲跪在床上祈祷，我才意识到她是多么地担惊受怕。我从没见过她那样做过。

狂风几乎摧毁了我们的营地……尽管我家的营房挺过来了，但我后来得知很多营房被吹到沙漠里去了。

白人士兵罗杰·沃克像内田一样感到震惊，他在家书里写道："护墙木板间的缝隙足有 0.25 英寸那么宽，没有绝缘材料，都是光秃秃的灯泡，每 120 英尺有 8 个灯泡……营房没有混凝土地基。"他还说，"很难想象他们（迁移人员）是怎么过来的。"

内田的父亲从蒙大拿州监狱获释，回家团聚。内田家得到这个好消息后开心地笑了。内田江诗以前是三井公司的一名高管，他被迫离开伯克利舒适的家，成了一名营区主任，定期与营区行政官员会面。偶尔，他会获准前往周边的镇子或者营地，有时还会带回一些稀罕玩意儿、黄油、鸡蛋、熏肉，或者奇闻趣
127 事。最好玩的是他坐辆军车回托珀兹的事情。当时，他们的车在门口被拦住了。"连白人在内我们一共六人。"司机说。卫兵把头伸进车窗问道："哪位是白人先生？"

* * *

"我是第一个敲波斯顿营门的日本人。"加州埃尔森特罗的

中岛志贺（Shig Nakashima）说。他带三辆车回加州，共 11 人，由 3 名白人开车。找到波斯顿三个营地颇费了一番周折。当地人本身就不多，指起道来也是瞎指。沙漠里的人好歹会慷慨指道，而咖啡店里的人连指都不肯，他们甚至拒绝给迁移人员提供餐饮。

1942 年 5 月 8 日，他们终于抵达波斯顿，当地战时安置署的工作人员完全措手不及，他们四处忙碌，寻找相关文书。数小时后，中岛和另外 10 名迁移人员被安排进一栋空营房。随后，进来 4 名手持冲锋枪的看守。迁移人员和卫兵围坐一起，开始数小时的长聊，谈加州的棒球和生活。这些迁移人员因为一整天都没吃东西了，晚饭时便被邀与工作人员一起用餐。晚餐不错：蔬菜色拉、蜜饯山药配火腿、豌豆胡萝卜、苹果派和很多牛奶，谈话也更为友好。迁移人员马瓦·前田（Marva Maeda）以为营地会像度假一样。

然而，第二天傍晚，又来了 75 名迁移人员。其中一位在日记中写道：“简直连地狱都不如！”气温超过了 100 华氏度。这时，食堂开饭了，新来的人吃的是部队厨师做的糊糊，他们都尚未出师。

“波斯顿周边的土壤简直无异于干面粉，风一起便到处都尘 128
土飞扬了。”高中毕业班学生劳伦斯·谷津（Lawrence Yatsu）写道。安置营地处亚利桑那州的沙漠地区，环境恶劣，四周围着铁丝网。夏天，温度可能飞升至 115 至 130 华氏度。大巴士如前往波斯顿的话，要在沙漠里行走 25 英里。另一位圣迭戈人本田正巳（Masami Honda）如此描述这段行程：“天太热了，110 华氏度以上，人们，尤其是老人和孩子，纷纷晕车。我们打开窗户，但大家立刻都满身灰尘了……我知道你不会相信，但这是真的，朋友互相都认不出来了。”

小田坂口（Mary Sakaguchi Oda）离开营区后行医四十六载，她后来描写了这件事对她家所产生的影响：“我姐姐在营区患了支气管哮喘，这是强沙尘暴引起的。哮喘成了顽疾，她 26 岁就死了。”山下汉诗（Kanshi Yamashita）被遣送到波斯顿时是高中毕业班的一名学生，她写道：“我们领教了炎炎夏日和那里的一切！我们都自封为避暑专家，我们用水浇在地板上，脱掉所有的衣服，把所有的浴巾扔进水桶，然后像甘地那样将其披挂在身上，但到头来还是很热。”

* * *

中岛志贺到达波斯顿一个营地四天后，野口勇（Isamu Noguchi）也到达了另一个营地。当时，那里除了帮建营房的日裔美国公民协会的志愿者之外，没有其他日本人。野口是纽约一名雕塑家，也是一名孤独的志愿者，他是美国最有名的日裔之一。其作品名扬天下，最新的一件便是位于洛克菲勒中心
129 美联社大楼门前的那座巨型钢雕。野口勇是名私生子，父亲野口米次郎（Yonejirō Noguchi）是一位日本著名诗人；母亲利奥妮·吉尔摩则是一位美国年轻女子，毕业于博懋大学，在纽约出版界打拼。野口勇年轻时曾师从罗马的康斯坦丁·布朗库西（Constantin Brancusi），他结交了巴黎的亚历山大·考尔德（Alexander Calder）和曼·雷（Man Ray），并与墨西哥的弗里

达·卡娄（Frida Kahlo）暗通款曲。野口勇1904年生于洛杉矶，1941年12月7日回到加州。当天，他驾车南行，前往圣迭戈考察石头原料时，从收音机里听到了珍珠港事件。

野口为他的所作所为吃尽了苦头。他是二代日裔，是名归米，入了美国籍，住在纽约。他自认为是美国人，但令他气愤的是，其在东京的父亲成了大日本帝国一名重要的鼓吹者。他跑遍华盛顿和纽约的政府及军队部门，请求在战争中为美国效力。但依惯例，他屡次遭拒。最终，担任印第安事务局（Bureau of Indian Affairs）局长的朋友约翰·科利尔（John Collier）向他建议：前往新建的安置营，为那里的日本人教授艺术课程。

于是，他来了，自愿进入波斯顿营。身为纽约人，他不必接受任何迁移令。其新址是波斯顿安置中心5区7号A室。他致信同父异母的妹妹艾尔斯，解释其所作所为。妹妹复信说："我收到了你非常优美感人的信……我只能催你尽快离开。天那么热，又没有果蔬牛奶，你的身体会吃不消。"

直至仲夏，野口勇才认识到他进安置营是个错误。他在波斯顿办了一个艺术手工中心，但实际上却无人问津。他与营里的其他日本人沟通起来也极为困难。"我没有同伴，极为沮丧。"他致信约翰·科利尔，"这里的第二代日本人与我年龄不同，背景、兴趣也完全不同。"

他致信另一朋友："这里的大多数人是农场主，没有知识。 130
除了共同命运之外，他们对政策或民主政治显然没有多少兴趣。"

7月28日，野口要求离开，可是没那么容易。第四军的德威特将军和本德森认为他是“嫌疑人员”。年初，他曾在加州四处活动，试图建立一个名为“二代日裔作家、艺术家民主促进会”的组织，情报部门的密函质疑其动机。他遭到跟踪，陆军情报官员报称，他去圣芭芭拉和卡梅尔访友时曾接近过军事设施。

11 月 2 日，陆军终于同意放行。这时，野口勇已在营地待了 184 天。驱车返回纽约途中，他在威斯康星逗留，拜访其建筑师朋友弗兰克·劳埃德·赖特（Frank Lloyd Wright）。在那里，他致信艾尔斯：“请告诉我所有朋友，我在回家途中，感觉恍如隔世！”

* * *

热浪肆虐，尘土飞扬。父亲们在营房下面挖些坑，中午，孩子们便可在那里躺上几个小时。很多营里，地下空间就是避难所。而实际上在怀俄明州的哈特山，专业摄影师乔治·平原（George Hirahara）则在居所的下面建了一个秘密暗室，并从西尔斯罗巴克公司订购了设备，装设其中。他拍摄并洗出了 200 余张照片。

即使夏天，沙漠营地的夜晚也很寒冷，冬天更是极其可怕。查尔斯·滨崎（Charles Hamasaki）来自旧金山，住在爱达荷州
131 米尼多卡营，他写道：“伙计，零下 25 华氏度，我可是南加州人。只穿着软帮皮鞋，软帮的，不是真正意义的鞋子，另外，只带了件 T 恤和外衣。下火车后，有一堆雪，10 英尺高……冰天雪地里，他们竟然让我们排成一队，清点人数，防止有人逃跑。”

弗兰克·埃米时年 29 岁，他关了洛杉矶的小超市。他是这样描述怀俄明州哈特山安置营的：

> 它地处尘土飞扬的草原中央，能见度仅有 10 到 25 英尺……后来证明，最让我们担心的倒不是沙尘暴，因为那是怀俄明历史上最寒冷的一个冬天，零下 30 华氏度。如果你上户外的厕所，洗了手，或者洗完澡，你的头就会挂上冰溜；手如果是湿的，就会冻到金属门把手上……刚到时，我们连长大衣都没有。我们可都是加州小伙子啊！

11 月初，枚闻铁三从波斯顿给圣迭戈的布里德小姐写信时也提及那里的天气，详述了沙漠里戏剧性的气温变化："哦，早上必须起床。早上大约是 38 华氏度，午后三四点大约是 80 华氏度以上。早上很冷，直到中午才会暖和点儿。"

枚闻的二头肌结节损伤，但在给布里德小姐的信中他却说，营区医疗机构没多大用处，幸亏他的手臂没事。"这里的医疗很差，"他报告说，"唯一像样的医院设在一号营，在 15 英里以外。我们三号营有个急诊室，只有一名年轻的医生和一名实习医生，没什么设备，却要服务 5 000 人。"

他调侃道："他们（大人物）纳闷我们何以愤愤不平……如 132
果他们不提防的话会出事的。"他说他的一个知己"开始思考，结果他却发疯了，企图割腕自杀。室友发现他在流血，立即救治。他活了下来，但脸色就像是一头初入囚笼的野生猩猩"。他继续抱怨说，岗楼里的机枪冲着里面，"陆军厚颜无耻地告诉我们，这些岗楼是要防止白人围攻日本人……哈哈哈，可是我却在笑……受够了，我要出去自杀，然后嫁祸一个白人。求上帝原谅我们这种邪恶的念头，我们头脑里那些狂乱的念头！"

他接着写道："感谢您为我、我妹妹和其他人所做的一切。我给您寄了些东西，那些胸针是给您的……感恩节用餐愉快！"

路易丝·小川甚至是兴高采烈地给圣迭戈复信说，波斯顿感恩节的晚餐很棒。几周后，波斯顿的生活渐趋平静，路易丝给海伦·麦克纳里写信："营地校园生活六周后，一切都和圣迭戈一样了。"

但也不完全一样，她如此描述他们的工作：

> 我与同学一起去拾棉花，准备筹款办份校园报纸。早上 8:30，我们乘一辆运牛的卡车从家里出发。沿途狭窄的土路颠簸不堪。突然，卡车停了，四周全是棉田。我们把包跨上左肩，开始摘棉花。我常常匍匐在地，捡拾掉落在地上的棉花。幸亏我穿了长裤和长袖上衣，不然，准会被
> 133 划得遍体鳞伤……活儿当然很枯燥，难怪黑人培养出那么好的歌唱才能。我只拾了 14 磅，但我尽力了……我看到有男子背着背包要么去东边的高原寻找硅化木，要么去西边的科罗拉多河钓鱼。这似乎是那些年长者的主要活动。

* * *

1942 年 12 月 8 日，距离陆军拒绝他已经过去了一年，本·黑木终于出国了。第 93 轰炸队离开美国时，这个内布拉斯加的小伙子按照原计划要留在后方，继续削土豆皮，继续打扫厕所。他找到副队长查尔斯·布兰南中尉，泪流满面地为自己申辩，请求参战。最后，布兰南唤来秘书吩咐道："我要走了，黑木也去。"

当第 93 轰炸队及其 40 架 B-24 轰炸机抵达距离伦敦 60 英里的亨廷顿后，黑木做起了地勤，搞通信。他请求长官允许其飞行。负责军火的埃里克·拉森中尉又听了一遍黑木的申述：“先生，我要证明我的忠诚，在地面我没法证明。”

“你确信自己清楚自己的所作所为吗？”拉森问。他告诉黑木，B-24 机组成员平均寿命是 10 次任务。黑木确认后，便被派往伦敦附近的射击学校：5 天的课程，学习发现敌机，在地面使用 0.5 口径的勃朗宁 M2 重机枪发射 10 发子弹。他成了机枪手，如今该找个愿意接受他的机组了。

对一个机枪手而言，各种可能并存：可能死于事故，可能因为德机像杀人蜂一样在周遭轰鸣而原地不动，可能受防空炮火攻击而阵亡，或因战斗疲劳而崩溃。黑木回到拉森那里，拉森叫
来杰克·艾普汀中尉。杰克来自密西西比，负责一架外号“红屁 134
股”的 B-24 轰炸机，其符号是一头蹬踢希特勒的驴子。他将机组人员召集起来说：“这里如果有人反对与黑木一起执飞，现在就告诉我。”无人反对。第二天，“红屁股”奉命飞往北非，临时执勤，黑木担任机枪手。

* * *

营地里的第一个圣诞节即将来临，路易丝·小川给圣迭戈的布里德小姐寄去了一张手工明信片，文字和图画均颇为欢乐：“携响尾蛇、小狼、蝎子等朋友，特从亚利桑那的绿洲波斯顿给您送上节日的问候！”

与此同时，津曲福生发自波斯顿某营的信件则更发人深省：

> 我猜您已经从收音机上听说了一号营的暴乱。我从收音机里听到的与我在营里听到的完全不同……我来讲讲我的版本。第一次暴乱发生于两周前一个周六的晚上。那些密探到处偷听私人谈话，给别人找麻烦，这种情况让一群人很烦，于是，这群人找上那些密探的门，把他们狠揍了一顿。随后，有两名男子以“蓄意击杀”之名被揪了出来，他们将被联邦调查局押往凤凰城（Phoenix）举行听证。一号营的人们听说后便进行阻挠。他们不想让这两个人被带到凤凰城审讯，原因有二：首先，他们不相信这两人犯有被控之罪；其次，如果被带往凤凰城，这两人可能遭到不公正的审判。他们在警局附近点燃大型篝火，将车整夜停放在那里，防止
> 135 警察趁大家熟睡时押走这两名男子。

一周后，校闻铁三致信布里德小姐，讲述波斯顿事件的结果：“因为日本人不愿意到亚利桑那州的法庭去打一场没有胜算的官司，所以，一号营的人不想让囚犯被带走，于是便罢工了。五天后，达成妥协：这名男子[①]将在波斯顿二号营由日本法官和陪审团进行审判。”他还报告说：“麻烦主要还是因为日本人和警察局长之间的误解所造成的，这位局长反日，很蛮横，喜欢拣软柿子捏。”

营地里很多麻烦都是因日裔美国公民协会而起的，很多在押人员都鄙视该协会，视其为政府和营区管理人员的工具，公开

① 前文称有两名男子，此处称有一名男子，疑为原文作者笔误。——译者

指责协会领导和成员是间谍和线人。

但日裔美国公民协会依然在竭力鼓舞住在简陋营区里的人们的士气。弯曲的钉子用旧报纸一裹即可作为礼物，且很珍贵，因为这里的人是用废木料打制家具，废木料都是当时仓促建造营房时剩下来的。1942 年秋，该协会号召人们和机构给营区孩子再送些让他们开心的礼物，成千上万的人响应，尤其是经由当地的教会。但也遇到强烈的反对，全国各地的报纸均遭到恐吓信的狂轰滥炸——

> 我们送给日本人最好的圣诞礼物当然是踹屁股[1]，尤其是在大片水域旁边时……　　——梅·E. 柯林斯
>
> 如果我给日本人送上圣诞问候，我将永远无法直面任 136
> 何军人……　　——一位水手的母亲
>
> 说到给日本人送 4 万份圣诞礼物，我觉得愿意送的人都该与这些狡猾的鬼子住在一起……　　——一位母亲

不过，还是有成千上万的美国人持不同的想法，因为每天都有邮件寄来。在这些邮件被进一步分发前，卫兵都要拆除盒子外面的信封、包裹和丝带。他们看一看，摇一摇，搜寻密函或者禁运品。巧克力和其他糖果不得不用男帽捧着，贺卡则像所有其他进出邮件一样，经过纽约市一个邮箱时，由 100 余名检查员打

[1] 原文为“a kick in the pants”，意为“斥责”，但作者在此一语双关，照应下文的“在大片水域旁边”，暗示将这些人踹进水里，故此译为“踹屁股”。——译者

开，逐件审读。检查员使用剪刀开封，所以信函就像蜂窝乳酪或者纸娃娃一样，带着更多的羞辱。

即使没有了包装纸或者丝带，营地里的人收到礼物时也是很高兴的。“昨晚，我收到了一位素不相识的人寄来的圣诞礼物。”哈特山 17 岁的速水国雄（Stanley Hayami）在一篇日记里写道，“这是一位署名为‘埃文斯夫人’的人寄来的，她住在密歇根州的梅诺米尼。这份礼物经由主日学校到了我的手中。”速水说，寄到这个营地的所有礼物都是长老会教会联盟寄来的。“我要尽快给那位女士写信。”

几天后，他写道：

> 远在新墨西哥州一个封闭的地方，有几名非常贫穷的墨西哥人，他们参加了一次布道。牧师说，哈特山的孩子
> 137 过不好圣诞，因为他们没有收入，因为他们背井离乡进了安置营。尽管这些人自己也很穷，但是他们却愿意帮助我们。他们找到牧师说，他们的钱不多，而且最近的商店也在 50 英里之外，他们能做些什么呢？牧师去商店买回来一些礼物。他用这些礼物交换鸡、蔬菜等节余的东西，再把那些东西拿到商店换取礼物。我要永远记住这件事。

1942 年 11 月 29 日，速水开始写日记。一年前，他就读于圣加布里埃尔的阿罕布拉高中，西距洛杉矶闹市区 10 英里。从那里，他被迁往波莫纳集散中心，最后，连同母亲、两个兄弟和一个姐姐一起被送到怀俄明州。

“这不是什么特殊的日子，但我总得从某刻开始。”他在日记首页上写道。他写了自己的家庭：13 岁的弟弟沃尔特；19 岁的姐姐格蕾丝，她的绰号叫“塞奇”。他说塞奇试图说服父母，让她离开营地去学服装设计。“真是见鬼了，他们最后竟然决定让塞奇去上大学，是密苏里州圣路易的华盛顿大学。”他也提及 21 岁的哥哥弗兰克，在伯克利大学修工程学。随后，他结束了这篇日记：“先写这些，明天要早起，准备迎接坏消息——成绩单。”

他很看重成绩，美籍日裔学生都是这样。在家时，他一直
全 A，现在却得到一些 B。哈特山的竞争更激烈，营地里聪明的 138
孩子很多。他等待的成绩单有三科 A，两科 B。

两周后，他写了自己所听到的有关曼萨纳事件的风声：

> 12 月 7 日，上周一，第一代移民和归米们在曼萨纳举行暴动。他们庆祝日本在珍珠港获胜，有些忠于美国的二代日裔试图阻止他们，但骚乱人群杀死一人，伤数人。有些受伤的人不得不被带往安全的地方，塔德·上野（Tad Uyeno）就是其中一个。在圣加布里埃尔，塔德就住在我们对面的街上，是我们的竞争对手。营地里的警察派不上用场，所以，宪兵进驻营地。骚乱人群向宪兵投掷石块，宪兵则回以催泪弹。但这招并不管用，于是，他们向骚乱人群射击，伤了数人。如今，曼萨纳实行戒严，骚乱人群约有 4 000 人，有一小撮人企图扯下星条旗，但没有成功，因为有 14 名童子军手执石块守卫着旗帜。最终，击退了暴民。

有一次，数百人集会，行政部门的一名线人报告称，一名归米说：“如果你们认为自己是公民，试试走出营区，越过警戒线。如果卫兵不开枪，我就相信你们是公民。”距圣诞节两周时，哈特山营的埃米·今井（Amy Imai）领着五岁的弟弟沿着围栏行走，弟弟不停地念叨，今年圣诞老人会给他带来什么。埃米无法接话，指着一座岗楼和探照灯说：“这里没有圣诞老人！”

其实，哈特山有圣诞老人。他就是主礼堂里颂唱赞美诗庆祝圣诞的歌星。速水写道，小孩子们走上去与圣诞老人握手，领
139 到一些糖果和坚果，“他们像做梦一样”。回来时，捧着自己的礼包，目不转睛地盯着。

虽然怀俄明当时还未下雪，但《白色圣诞》却是迁移人员最喜爱的一首歌曲。11 点，人们开始各自回营。终于下雪了。

有些唱圣歌的人玩笑似的决定前往岗楼，继续歌唱。卡罗·剑道（Karo Kendo）回忆那晚说：“我依然记得，我很冷，铁丝网上灯光闪烁。唱完后，我们听到一个可怜巴巴的声音几乎哽咽着说‘谢谢你们！’真是高处不胜寒啊！”

* * *

“1942 年 12 月 25 日，”速水写道，“圣诞快乐！”他送给母亲五团毛线用于编织，但是，“我给塞奇和沃尔特的礼物他们还没有收到。”

> 今天早上，我先去教堂，然后与沃尔特、智（Tomo）、乔治等一群人去了西冈（Nishioka）家。我们玩牌，西冈

> 的妈妈用可乐、蛋糕、糖果和汤招待我们。约2点钟离开时，我们都饱得几乎没法走路了。沃尔特和我回家取了外衣，因为天有点冷了。随后，我们去看了一场橄榄球比赛，一方是波莫纳，一方是圣阿尼塔，双方以6∶6战平。
>
> 比赛结束后，我们回家。4点，吃了顿火鸡大餐，很香，很香！大约7点，我去餐厅参加圣诞聚会，很好玩！我们玩游戏，其中一个是让我吃饼干。沃尔特、弗兰克和迪克·留村（Dick Tomemura）唱歌，而且播放了一些夏威夷风情的歌曲……

因为很多人在战前都曾经是经营家禽饲养场的，所以圣诞节 140
用的火鸡都是营区的人自己养的，配菜也是自己种的。这些日本人使西部沙漠兴旺了起来，他们排掉了阿肯色州一些沼泽的水。很多日裔，尤其是第一代移民，不喜欢美国的主食，比如通心粉、奶酪，其他食物没有蔬菜也不成。很多人是农场主，极为能干，所以，种起了蔬菜和大豆，并制作豆腐。他们在阿肯色州开垦出稻田，男子则在西部河里捕鱼。见此情形，战时安置署便鼓励营地交换其最成功的农产品。不久，很多当地农场主纷纷造访营地，一探究竟：日本人如何能够种植这个区域前所未见的庄稼？

然而，火鸡晚餐的消息经全国报纸报道后，读者的反应可想而知。愤怒的美国人纷纷致信西海岸的主编，他们觉得，安置营里的日本人比饱受配给之苦的美国公民和靠C类配给勉强糊口的战士吃得还要好。因此，当几个机灵的二代日裔在营地池塘捕到野鸭时，营区行政部门没收了它们。那些日本人想出的捕鸭法是：将小型货车的挡风玻璃拆掉，驱车驶入鸭群，这样竟然捕捉到了近 100 只野鸭。

圣诞节过去的两天后，速水已经开始更多地关注二代日裔所面临的更严肃的问题了，他描述一位二代日裔在战争伊始即参军服役：

> 他被派往澳大利亚，在麦克阿瑟（MacArthur）将军
> 141 手下担任翻译。不久，他即厌倦了文职，于是，要求持枪上阵。起初，他们拒绝了他的要求，因为他面临双重危险：日本人会朝他开枪；因为长相，自己人也可能朝他开枪。然而，由于他一再坚持，他们派他上了战场。他们安排了一名随身卫兵，以减少危险，但他依然面临巨大的危险。所以，今晚，在某处丛林，他冒着生命的危险要给其父辈那个民族一个教训，惩罚他们的所作所为。我并不认识这个日裔士兵，但是，我为他及其行为感到骄傲！他在证明二代日裔忠于美国。

* * *

1942 年末，本德森上校因为其法律工作而获授杰出服务勋章。本德森同意推行“异族通婚豁免政策”，据此，整整 500 名西海岸迁移人员获释，重返家园。上校担心，异族婚姻里的孩子住在全是日本人的营地会“受到感染力极强的日本思想的影响”。释放他们后，他报告说：“在面貌和思想上都酷似美国人的

混血成年人恢复了他们的家庭、社区和工作。”

与此同时，俄勒冈州州长查尔斯·斯普拉格邀请《胡德里弗日报》（*Hood River Daily News*）主编休·鲍尔（Hugh Ball）访问图利湖，告知其营地实情。鲍尔待了几天，然后致函州长，他起笔即道：

> 由于几乎完全没有目标，没有稳定的工作，很多年轻的美籍日裔迅速沦为愤世嫉俗者，我觉得，他们的想法均基于对前途的完全无望。有些人我认识多年，从前，所有认识他们的美国白人都认为这些公民是忠于美国的良民。142
> 如今，我认识的好几个人却对我的说辞嗤之以鼻。我的说辞是：如果他们对这次监禁抱持“既来之则安之”的态度，利用这个机会实践迁移前公开做出的承诺，一切将完全符合他们的利益。
>
> 我建议他们集体配合，出去收割甜菜，遂遭反驳：“我是美国人，却因为父母是日本人就遭人憎恨。为什么我还要给那些憎恨我们的人干活？”“我们是一摊烂泥，没法被接纳为美国公民。既然这样，我们何必要帮美国人？”“他们视我们为叛徒——好吧，如果他们执意这样看我们，悉听尊便。”

一位年轻人告诉他：“在这个营里只消待上一年，我们就都成流浪汉了。”

第六章

山姆大叔终于需要你了

日裔从军：1943 年 1 月 29 日

143 年轻的二代日裔被囚于一个封闭的世界里，但到 1943 年初，这一切彻底改变了。1 月 29 日，陆军部部长史汀生在华盛顿发布新闻稿，起首即说：“每位公民，无论出身，拿起武器，为国而战，乃其固有之权利。如若设障，妨碍此权利之自由表达，当尽力并尽快清除。”

四天后，罗斯福总统正式致函史汀生，宣布：“这个国家赖以立国且一直以来赖以治理之原则乃是美国精神，它关乎思想，关乎人心；美国精神在过去和现在都无关种族，也无关血统。”

难得斯言！所有这些意味着营地里的二代日裔可以加入陆军（而非海军）。不过，他们首先必须按要求填写“美国日裔公
144 民声明”。这实际上是种效忠承诺，表格中的关键问题有：

27. 你是否愿意在美国的武装部队服役，或服从命令随时随地执行作战任务？

28. 你是否愿意宣誓绝对效忠美国，在美国遭受国内外力量攻击时，忠诚卫国，同时，收回对日本天皇或其他外国政府及组织的所有效忠誓言？

战时安置署的狄龙·迈尔决意加快关闭安置营。他很快意识到，申报表略加改动即可用于加速释放因为年龄过大或不足而不能入伍之人。安置署开始印刷自己的表格——《休假许可申请表》，要求所有在押人员宣誓效忠。其实，他欲借此确立“忠”与“不忠”的标准，然后将他们区分开来，允许“忠诚”者离开营地，只要他们不去西海岸即可。

在华盛顿的争论中，陆军部副部长麦克洛伊正在改变立场。在他的推动下，陆军部早在 1942 年年中时即认识到集体监禁是个错误。征募营地里的美籍日裔入伍一事，在陆军部内部曾被秘密讨论过数月，而旧金山的德威特将军一再主张将西海岸的迁移人员关在铁丝围栏里。然而，麦克洛伊的新立场逐渐得到其他官员的支持，包括战时新闻处的埃尔默·戴维斯，此人告诉罗斯福：“经过单独测试，忠诚的美籍日裔应该获准加入陆军和海军。”戴维斯的论据之一是，日本人其实正在利用美国集中营，
通过东京的广播，向亚洲其他各国大肆宣传，声称太平洋战争本 145
质上是场“种族战争”：白人针对所有的亚洲人。

* * *

美国民众并不知情，其实，军队里已经有了成百上千的美

籍日裔。尽管2 000余名美籍日裔于1942年1月被不事声张地要求退伍，但当地的指挥官却要么故作无知，要么明知故犯，罔顾来自华盛顿的命令，让一些美籍日裔继续服役。夏威夷的一个纯白人连队报称，连里无日本人，可事实上，该连垒球明星就是一个二代日裔。史汀生发布声明时，一个由夏威夷现役士兵和国民警卫队所组成的战斗队已经在密西西比的麦考伊堡接受训练，准备组建美国陆军第100营。1941年初，大战爆发前，军方即在组建一个秘密部门——陆军情报部，在加州和夏威夷悄无声息地征募精通双语的美籍日裔，如果对日开战，即可将其作为口笔译人员。此项任务艰巨：军方估计，二代日裔中略通日语的人不足3%，或许流利使用祖上语言的仅有100人。二代日裔比尔·细川在战前是名记者，他如此描述自己在陆军情报部的面试："我认为自己日语表述能力尚可，但是考官很快证明我能力不足……他先要我读高中课文，100个字中我也许只认识两三个。"

146 首名教官招聘于1941年9月，相矶藤雄（John Aiso）下士，31岁，来自洛杉矶，于战前入伍，负责修理军车。相矶毕业于布朗大学和哈佛大学法学院，应该是现役人员中大材小用的典范。在布朗求学时，他和一位舍友均享受日本政府资助的奖学金，那位舍友后来在东京当了裕仁天皇的翻译。相矶曾在洛杉矶当律师；在日本和满洲里时，他供职于英美烟草公司。他日语流利，这一点让他在二代日裔中显得凤毛麟角。相矶想去洛杉矶干老本行，所以一开始拒绝了约翰·韦克林（John Weckerling）将军提供的陆军情报部的职位。但是，韦克林站起身来，从办公桌后绕过来，把手搭在相矶下士的肩上说："约翰[①]，你的国家需要你。"

相矶后来说："从来没有任何美国人告诉我，美国是我的国家。"他颇为生动地回忆道，1941 年 12 月 8 日，他与同事乘坐电车去普雷西迪奥上班，遇到一名情绪激动的女子。她挥手指着车上其他白人男子大喊："有个日本鬼子，杀了他！杀了他！你们怎么啦？"

战争结束以前，相矶和韦克林的工作鲜为人知。最后，6 000 余名美籍日裔在太平洋战争中秘密担任译员，几乎人人杰出，个个勇敢。他们隶属于英国、澳大利亚和美国陆军。

海军和海军陆战队中有数百名译员，他们基本上是独立工作。陆军情报部对他们的工作严格保密。陆军情报部的培训始于旧金山的普雷西迪奥，但是，德威特将军要求他们迁出加州，于 147
是，语言学校先迁往萨维奇营，后迁至明尼苏达州的斯内灵堡。那里的人与加州不同，住在萨维奇营附近的明尼苏达人常常在周五晚上等候在大门口，邀请二代日裔到家吃饭或共度周末。

培训结束后，他们从事的是军中最危险的工作之一。这些语言专家不仅担心被友军误伤，而且他们很清楚，如果被日军俘虏，他们将以叛国罪被处死。身穿美军制服的二代日裔通常会安排有白人卫兵，以防美国大兵将他们误作日本的潜伏人员。那些大兵接受过训练，可以先斩后奏；而日本的潜伏人员则可能从美军尸体上扒下军装，乔装美军。二代日裔田中东乡（Fred Tanaka）是名中士，在一艘驶往所罗门群岛的军舰上，他走到一个一个白人士兵面前，对

---

① "John"（约翰）是相矶藤雄的英文名。——译者

他们说："好好看看，记住我，我跟你们是一伙的。"

当然，对这些语言专家，敌意与困惑是并存的，尤其是一开始的时候。海军司令威廉·哈尔西（William Halsey）上将碰到过两名二代日裔，这两人当时在审问六名日军飞行员。他们被海军飞机击落，严重烧伤。语言专家一无所获，尚能说话的两名飞行员反复说："杀了我，拜托杀了我！"

"你们这些杂种！"哈尔西怒吼道，不是对飞行员，而是对审问人员，"政府送你们上学到底有什么用？"不过，这位司令员稍后会改变看法的，因为二代日裔截获日本情报，帮助海军取得了一些历史性的胜利。日本皇军的头头们自认为他们的语言无法破解，而陆军情报部的译员们却恰恰得益于此。日军经常使用相当简单的编码方式，无怪乎在太平洋战争中美军情报取得了两次关键性的成就。1943 年 4 月 4 日，二代日裔哈罗德
148（Harold Fudenna）[1] 截获一则密电，详述日军太平洋战区司令山本五十六（Isoroku Yamamoto）的飞行计划，山本五十六正是珍珠港事件的主谋。山本乘坐一架轰炸机，在六架 A6M 零式舰载战斗机的护卫下，巡视日军基地。其座机在布干维尔上空被美军 18 架 P-38 战机击落。几乎仅过一年后，其继任者副司令福留繁[2]（Shigeru Fukudome）毙命，其座机遭遇热带风暴，在菲律宾

① 原文如此。未查到与"Fudenna"相对应的日文姓氏，故在此只译出其名。——译者

② 此处作者将古贺峰一（Mineichi Koga）误作福留繁（Shigeru Fukudome）。山本五十六死后，接任联合舰队司令长官一职者是古贺峰一，1944 年因飞机失事毙命。福留繁时任参谋长，飞机失事受伤，被菲律宾游击队俘获，后交还日本，1971 年去世。——译者

附近坠毁。当地渔民在事故现场附近的水域中发现一防水盒子，并将其交给了美国人。盒内装有“Z”计划，这是日军策划的最后一场主要行动。此计划经由潜艇送往澳大利亚，再由两名二代日裔破解并翻译。山田嘉一（Yoshikazu Yamada）和乔治·山城（George“Sankey”Yamashiro，绰号“桑基”）均是归米，他们供职于布里斯班盟军译员部。两月后，两人译出的“Z”计划为美军所用，美国舰艇和飞机在菲律宾海战中摧毁业已日薄西山的日本海军和空军主力。战斗中，摧毁三艘日本潜艇；并在后来被戏称为“马里亚纳火鸡大屠杀”的空战中，消灭600架日机。而美国海军仅损失23架“悍妇”海军歼击机。

在各个岛上，盟军浴血奋战，向日本逼近。与此同时，陆军情报部的人员处理业务的技巧也更加成熟。首先，他们需要战俘，而日本士兵通常宁死不降。不过，当二代日裔用扬声器，操着他们自己的语言，承诺公平对待战俘时，逐渐发生了些许变化。显然，被俘的日本人应该活着而非死去。有传闻说，美国人不再像战争初期那样经常枪杀战俘。审问人员也从美籍日裔家庭那里了解到，与敌周旋的关键在于“荣”与“辱”。一个有效的策略就是 149
用最友好的方式告诉战俘，美国人将请国际红十字会转告其日本家人，他们被俘了，但很安全。有些战俘最不希望发生这样的事情，他们害怕家人蒙羞，于是，开始供述己方部队的作战计划。

陆军情报部执行的最有价值也最危险的任务是“清剿岩洞”。美国人在进军日本途中占领一个又一个岛屿时，成千上万的日军士兵和平民深藏熔岩洞穴之中。二代日裔主动请缨，爬入岩洞，试图说服日本人弃暗投明。塞班岛上的清剿人员鲍勃·久保（Bob

Kubo）下士藏了把手枪后即缘绳入洞。经过数小时的攀谈，他说服122名平民和9名日本士兵与他一起爬出了岩洞，那几个士兵都是经过训练准备宁死不降的。此情此景，令大多数美国人感到不可思议。像很多伙伴一样，久保与那些日本兵同吃米饭，共话亲情，直到他们放下武器，走出岩洞。因为大多数清剿人员是中士或下士，所以他们进入岩洞时，日本列兵都向其或其军衔躬身行礼。

不管是那里还是其他地方，美国人另一个做法就是要么索性封闭洞口，要么使用火焰喷射器，消灭洞里包括平民在内的所有人。

具有讽刺意味的是，陆军情报部最喜欢招收归米，这些美国青年在日本接受教育，日语很棒，谙熟他们审讯的皇军士兵的思维和文化。战时安置署主任狄龙·迈尔后来曾写道，他偷听到营里两个年轻人说："只有他妈的归米才进得了这个家伙的军队。"

150 曾在东京上学的肯尼·安井（Kenny Yasui）也是一名归米，他乔装成一名日军上校，命令16名日本士兵投降，他们遵命而行。在冲绳受过教育的归米比嘉武次郎（Takejiro Higa）在审讯日军俘虏时一抬头，突然看到两名他在7年级时的同学。"他妈的，你们认不出老同学了？"比嘉说。他一下子恸哭起来，那两名日本士兵也哭了。

此非个案，陆军情报部很多日裔曾邂逅师友，最多的是亲戚。那里的译员经常请求探访关押日本士兵的狱营，寻找家人。

上士罗伊·松本（Roy Matsumoto）的父母被关押在阿肯色州的杰罗姆，他在缅甸服役。晚上，他常匍匐穿过美日两军中间的无人地带，偷听日军制订次日计划，并由此闻名。有一次，他返回美方阵地，在探听到的敌军计划进攻地点部署架设机枪，准备伏击。凌晨3点，敌军一来，立即遭到机枪火力阻挡。松本假扮成一名日军中尉，跳起来用日语喊道："前进！"日军领命，正好撞上美军火力。

在极小的密支那岛上，军士平林次郎（Jiro Hirabayashi）有天早上致电陆军参谋部二部："上尉，你恐怕不会相信，我抓到了大概20名妇女，我猜是朝鲜人，我需要帮助。"原来，她们是被迫为日军提供性服务的"慰安妇"。这些人获释了，乘飞机前往印度。离开前，还举行了一场告别会，她们给来自夏威夷的几个日本人唱朝鲜民谣。

战后，麦克阿瑟将军的情报处长查尔斯·威洛比（Charles Willoughby）少将在评价美军中的日裔语言专家时说："历史上，从来没有一支军队像太平洋战役中的美军那样，在实际战斗前对敌情了如指掌。那些口笔译人员让我们少牺牲了100余万生命，151
也为我们节省了两年的时间。"

* * *

本·黑木赴北非参战。在那里，英国陆军元帅伯纳德·蒙哥马利（Bernard Montgomery）与德军元帅埃尔温·隆美尔（Erwin Rommel）在沙漠中展开了较量，"红屁股"与其他数百架美国战机一同提供空中支援。这时，内布拉斯加州那个农场男孩已经成长为一名前舱枪手[①]（top gunner），人送外号"荣耀之子"。机组

---

① 英文中重型轰炸机的"gunner"可称炮手，也可称枪手，主要取决于所配武器的口径，通常口径20毫米以内称机枪，20毫米以上则称机炮。B-24轰炸机上安装的是12.7毫米口径机枪，故译"枪手"。——译者

驻扎在阿尔及利亚的奥兰附近。1942 年 12 月 13 日，黑木首次执行战斗任务，飞临突尼斯比塞大港，轰炸经意大利穿越地中海的德军及其装备。

在比塞大上空，防空高射炮射出的致命炮弹如乌云般阵阵袭来，包围了 B-24 战机群。“红屁股”中弹了，从后面袭来的炮火几乎削掉了 19 岁的尾舱枪手罗伊·道利的脑袋。该机组又飞了九次，轰炸德军地中海两岸的设施。黑木接任尾舱枪手，每次飞行，他都悄悄地呕吐。他们飞过的地方包括：突尼斯、比塞大、西西里的巴勒莫、墨西拿和那不勒斯。第一次轰炸意大利前，黑木对中舱枪手乔·弗里说：“看来我们要把意面从你们祖宗的身体里打出来了。”

弗里是名意大利裔美国人，他说：“是吗？等我们到太平洋时，就把米饭从你们那些无耻的祖宗身体里打出来。”

按计划，最后一次在意大利执行任务之后，这架 B-24 要飞回英国基地，但它却没有回来。“红屁股”在云中迷航了，领航员无法辨清飞机的位置，飞机燃油耗尽。驾驶员杰克·艾普汀中
152 尉看到云中一个空隙便俯冲而下，降落在沙漠某处。所幸无人受伤，全体人员跳着，笑着，直到他们看到阿拉伯部落的人。那些人骑着骆驼，翻过沙丘，挥着枪矛，包围了机组人员。表面上看他们很不友好。但接下来，这些骑手却绕过沙丘来救助美国人。他们是西班牙骑兵，这些美国人降落在了西班牙控制的摩洛哥地区。西班牙是中立国，根据国际法，战争期间，它将拘留这些美国人。

机组被押到一个西班牙的空军基地，关入营房，由武装人

员看守。几天后，黑木告诉艾普汀，他想试着逃跑。他的想法如下：如果身上裹条毯子，头上缠件白色衬衣，貌似头巾，他就会被当作阿拉伯人。弗里问他，为何如此急于逃跑。黑木说，在加州，日本人被关在集中营里，而他的工作就是要证明日裔对美国的忠诚。他顺利出了营，冒着大雨跌跌撞撞地行走，不时掉入沟壕。他仅仅自由了大约 36 小时，当地阿拉伯人和西班牙士兵便发现了他。他被抓入监狱，同室关有十余人，都是当地的恶棍。经过一夜蹲监和数小时三种语言的审问，他被押回西班牙空军基地。

第二天，他和“红屁股”机组人员搭载一架德国容克斯 Ju52 运输机，飞往西班牙阿拉马附近的一个简易机场。阿拉马镇很小，有家小而整洁的旅馆。转瞬之间，他们被奉为上宾。床单干净整洁，饭食热乎乎的，洗澡水也热乎乎的。两名侍者是对姊妹，姓托马斯，名字分别是卡门和罗莎。她们被黑木迷住了，她们从未见过他这样的人。旅馆里另有 21 名“战俘”，大多是飞行员，有美国的，有英国的，还有两名来自新西兰。城里一位
裁缝路过此地，给这些新来乍到的美国客人制作了西装，他们以 153
前在家里也没穿过那么好的衣服。新结交的朋友告诉他们，英美的外交官每隔几周就会给西班牙人送些钱和烟过来，然后便可以带几个人经直布罗陀前往伦敦。

陆军航空队一直决心让被拘留的空军人员重返岗位，这些机组人员的培训成本甚巨，而阵亡或被俘的却月复一月数以百计。三个月后，美国驻马德里大使馆通过谈判解救了“红屁股”机组。

据传，每营救一个人就要给马德里的西班牙官员送一辆崭新的别克车。不论此消息是真是假，艾普汀机组，包括黑木在内，在英格兰有了架崭新的 B-24 轰炸机。他们知道家乡的报纸不愿意使用“红屁股”这样的字眼，所以，他们以艾普汀中尉的家乡密西西比州的图珀洛为新战机命名，称其为“图珀洛少女”。

“图珀洛少女”与第 93 轰炸队一道从英国返回北非。他们只知道将在那里接受训练执行秘密任务，此外，别无所知。轰炸队日复一日地编队低飞，投掷虚拟炸弹，轰炸虚拟目标。在距离沙漠 10 英尺的空中全速呼啸而过，容不得半点差错。不止一架轰炸机的弹舱门被剐掉，挂在了棕榈树上。

* * *

1942 年 12 月，曼萨纳和其他营地在珍珠港事件一周年那天遇到的麻烦，使集体迁移和安置营重受关注。而且，不出所料，政客们反应迅速。在华盛顿，外号“快乐的”参议员钱德勒（A. B. “Happy” Chandler）组成特别调查委员会，在国会举行听证。
154 然后，他匆匆开启了“考察”之旅，携夫人赴六个安置营，每处停留数小时。在曼萨纳，营区主任拉尔夫·梅里特陪同钱德勒夫妇参观，在给狄龙·迈尔的书面报告中，他说：“钱德勒夫人借机表达了其对所有日本人的极其强烈的看法，概言之，他们应该被装上船，抛入海洋……而且，她向不同的人说过，强烈反对所有的战时安置政策，称此举纯属纳税人买单。”

与此同时，雕塑家野口勇回到了纽约。他于 1943 年 2 月 1 日在《新共和周刊》（*New Republic*）上撰文，论及营地风波：

> 我到波斯顿不久，即发生了骚乱。我不得不说，报纸解释说暴民只是些支持轴心国的人，这过于简单化了。亲日情绪和戾气在安置中心的这次事件中也发挥了作用。但其他原因导致了当时的局面，并最终为捣乱分子所利用。主要原因有二：一是营地里所有人的挫折感；二是第一代日本人和第二代日本人之间的鸿沟。有些人生于美国，配合当局，遂成攻击的目标……需要牢记的是，这 11 万人身处营地可能是因为集体迁移令发布前他们无处可去。他们不应该与监禁营里的 1 974 名嫌疑敌侨混为一谈。

著名的传教士、卫理公会主教斯坦利·琼斯（E. Stanley Jones）访问过五个安置营，他在《基督世纪》（*Christian Century*）杂志撰文讲述其经历：

> 他们精神未垮。他们在一次高中集会上，面对国旗， 155
> 宣誓效忠。在与他们一道承诺忠于“一个不可分割的、人人享有自由和公正的国家”时，我哽咽了。人人享有自由和公正，他们竟然说得出口？但他们的确说了，且很认真。无论如何，他们对民主的信仰依旧，他们对上帝的信仰也未改变。

也许吧！罗斯福总统改变主意后，或者说在他的领导下，陆军参谋长马歇尔将军于 1943 年 2 月 1 日下令组建第二支由二代日裔组成的独立部队——第 442 步兵团。陆军派往安置营的征兵人员很快发现，热爱国家是一回事，但热心服役则是另一回事。

1943 年 2 月，陆军在夏威夷和安置营发放调查表，征募美籍日裔入伍，夏威夷 1 500 人，本土 3 000 人。夏威夷诸岛的征兵站乌泱乌泱地涌来万余名男子，很多人骑单车奔来或跑步过来。但征兵通知在本土却遭到冷遇，因为那里的绝大多数适龄日裔都和他们的父母被关在铁丝网后。首次征募时，安置营仅有 1 256 人主动报名。于是，陆军部不得不变更数字：夏威夷 2 900 人，本土 1 500 人。

“上周二晚上，我参加了军方举办的一场活动：发布新令，启动志愿兵役制。”速水国雄写道。他说这场活动是由“一名中尉、两名军士和一名美籍日裔军士”共同发起的。那名美籍日裔
156 军士就是内布拉斯加的农场小伙本·黑木，陆军航空队希望他能激励安置营更多的人应征入伍。

速水国雄描述了那场活动：

> 他们说了很多，告诉我们，如果主动应征将如何如何受益，也回答了很多问题。并说之所以将我们独立编团是为了宣传。
>
> 很多人想知道，他们可否得到一些保证，如战争结束后，他们的公民身份不会被剥夺，他们拥有的土地不会被没收。征兵的人回答说，我们将受到《宪法第十四条修正案》的保护。
>
> 这时有人问：“《第十四条修正案》本来还应该保护我们不进安置营，这又怎么讲？”陆军部的人说：“《第十四

> 条修正案》战时无效，军方说了算，军方实际掌控一切。”
>
> 另一个人问：“到底要闹哪样？难道每次一遇战事，我们就要被踢出局？”军方人员说，他也认为我们被踢出局对我们很不公平，但他接着说，军方已经认识到他们的做法或许错了，所以，现在才力图帮助我们进行补救。

速水还描述了营区里的年轻人在那个周三和周四是如何聚议这次征兵工作的：“如果他们可以得到一些保障，既可以拥有公民身份，也可以拥有土地，二代日裔是愿意参军的。但一代日裔反对应征，他们说，‘何必呢？反正战后我们得回日本’。在美国理想熏陶下长大的二代日裔自然反对那些在日本理想熏陶下长大的归米，双方都认为是对方在散布和种植仇恨。”

军方从年轻人那里听到的最多的问题就是：这个国家囚禁 157
了他们的父母，更不要说毁掉了他们的农庄和生意，凭什么他们还要为这个国家而战？而且，一想到独立编团，很多人就感到恐怖。在犹他州的托珀兹营里，年轻的被囚人员苦苦追寻一个问题：为什么二代日裔不能像其他美国人那样服役？为什么他们要单独编团？没有哪支部队全是意大利人或德国人啊？

安置营骚动不安。关在波斯顿的绰号为“宝贝”的唐泽告诉父亲：“我们一帮人准备去当兵。”他父亲回答：“愚蠢！他们把你关在这样的地方，你却要去当兵？”

臼井光雄家当时在洛杉矶被迫以 1 000 美元抛售了幼儿园，当他告诉父亲计划去服役时，他们两个第一次发生了争吵，相互咆哮。“我们失去了一切：财产、生意，还有家。”父亲说，“这事多糟心啊！现如今他们却说，进来吧，给我擦擦鞋。”老人抬脚将儿子踢出了门。那天晚上，光雄睡在锅炉间里。醒来后，母亲站在那里，她说：“如果你对国家有着强烈的感情，你就报名去吧……你爸爸那里有我。”

在所有10个安置营里，征兵工作都失败了。战时安置署主任狄龙·迈尔曾预言，哈特山安置营会有2 000人报名。军方虚报了结果，据称有3 000人报名。但从最终的实际情况看，大多数报名的美籍日裔来自夏威夷，那里没有实施集体监禁。哈特山安置营实际征兵数为38人，其他安置营征兵数分别为：米尼多卡，308人；波斯顿，236人；格兰纳达，152人；托珀兹，116人；希拉河，101人；曼萨纳，100人；图利湖，59人；杰罗姆，42人；罗沃尔，40人。

158 哈特山营区主任盖伊·罗伯逊（Guy Robertson）的口吻比军方征兵团队更为强硬，也更具威胁。他在写给迁移人员的信中说：“我想问问，当父母的是否认识到，如果孩子推卸责任、不履行责任，他们将终生背负耻辱。”他继续说道，关于合作与否的决断不仅会永远影响他们自己的生活，而且会影响“全体美籍日裔的未来，因为他们希望未来在美国成家”。

罗伯逊告诉美籍日裔：“政府直接要求你们表示效忠……第28个问题给每个人提供了机会，以确认忠诚和友好。政府为公民提供了报名参加美国军队的机会。”

接着，他指摘迁移人员：

> 哈特山营地对政府种种善意的反应非常令人失望。你们的平均征兵数少于其他安置中心，这样做多多少少是在拒绝政府。这种时候，我倒是要问问公民们，你们如何能

> 期待政府让步，不管是赔偿、赔款还是其他诉求？鉴于你们未能全心支持政府的工作，对你们的判断端赖你们的回答和态度。如果你们反应积极，对你们的评价将是积极的；如果你们反应消极，对你们的评价也极有可能是消极的。你们应当明白，你们休想强迫政府做任何事情。

征兵人员感到沮丧，不过，与美籍日裔的愤慨相比，他们 159
的沮丧就微不足道了。忠诚调查表在很多方面都有辱人格，其中两个问题尤其会造成不和。第 27 个问题是给那些父母生活被毁的年轻人的伤口上撒盐；第 28 个问题则是雪上加霜：它假定所有日本人和美籍日裔都效忠于天皇。[①] 第一代日裔平均年龄为 59 岁，他们仍然被认为是日本公民，因为从 1924 年起，他们就被禁止申请美国公民身份了。如果他们回答“是”，他们就成了没有国家的人。

65 000 余名日裔对两个问题的回答均为“是”，13 000 人对其中一个问题的回答是“否”。共有 6 733 人对两个问题的回答均是“否”，这些人很快被冠以“双否男孩”的称谓。有些人答“是”，但却留下了怨言或说明，比如，“如果我的父母获准回家的话”。其中一个问题答“否”的大多数人被归为“不忠”的一类。

* * *

1943 年 4 月 11 日，薄暮时分，若樱初见（James Hatsuki Wakasa）

---

① 第 27 条、28 条的具体内容请参见本书第 143 页。——译者

在托珀兹遭卫兵杰拉德·菲尔波特（Gerald B. Philpott）枪杀。若樱年过花甲，他1903年来美，在威斯康星大学读过两年书。第一次世界大战期间，他以平民身份在艾奥瓦州的道奇营教授烹饪。陆军称，他企图逃跑，且无视菲尔波特的警告。根据军方的报告，若樱是在从营地围栏下面钻出去时被击中的。战时安置署的员工后来确认，若樱被击中时尚在营地内侧。尸检时，在对子弹入口和出口的检验中发现，若樱当时是面对向其射击的士兵的。

160 若樱住在第36号营房，第二天早上，该营房的社工佐藤英一（Eiichi Sato）与另外四名囚犯一起去察看现场。他们向围栏走去，距离大约35英尺远的时候，一辆军用吉普快速驶过。看到他们后，吉普突然停下。司机从座位上站起来，从同伴身上操起一挺冲锋枪。佐藤回忆说，司机随后“跳下吉普，冲向围栏，用枪指着我们说：‘散开，否则你们跟那个家伙一样下场！’”两周后，菲尔波特上了军事法庭，但被判无罪。

两天后的4月13日，德威特将军在众议院海军事务委员会（Naval Affairs Subcommittee）作证时说：“除了个别情况，我们无须担心意大利人。同样，除了一些个别情况，也无须担心德国人。”但是在提及美籍日裔时，他说：“没有我办公室签发的许可，任何日本鬼子不得回到西海岸……在日本人被从地图上消灭以前，我们必须时刻警惕他们。”

他又补充说：“鬼子终究是鬼子。”《华盛顿邮报》因此发表了一篇社论予以回应：

> 这位将军应该知道，美国民主和美利坚合众国宪法至

> 关重要，不容任何军事狂人忽视和愚弄。珍珠港事件造成的恐慌已然消散，应该有充足时间调查这些民众，以决定每个人是否忠于这个国家。从前不加区分地迁移并关押他们的任何理由已不复存在。

《邮报》同时承认，集体迁移从长远来看于国有害。两个月后，该报又发评论称："这些人很无助，而且，毫无疑问大多数很无辜，我们却毫不掩饰地强行剥夺了他们的民权。这件事会在 161
历史上留下污点。"

战时安置署的很多官员或许同意《邮报》的社论，他们自上而下地认识到，集体迁移不仅耗资甚巨，而且毁掉了民众的生活，得不偿失。安置署主任狄龙·迈尔说："它消弭主动性，削弱人类的尊严和自由的天性，滋生疑窦，引起担忧，造成紧张。"战时安置署有两个目标，通常自相矛盾：维护秩序，并使尽可能多的在押人员过上貌似正常的生活，比如：准许男孩休假，前往中西部收获庄稼；鼓励女孩申请入学或就业，只要那些学校、办公室、医院和工厂远离西海岸即可。

很多人正式或非正式地永久获释了，他们在劳力严重短缺的东部或中部工作。安置署收到芝加哥不同公司和机构万余份招工信息，那里的年轻人上战场了，留下工作空缺，其他美国人，无论男女，又都跳槽到薪水更优厚的国防行业去了。全美最大的冷冻食品生产商新泽西的西布鲁克农场，在各个安置营积极招工。陆军也需要更多的男子和担任护士的女子。还有一些人因为大学愿意将其招录，已经或正在获释。安置营的行政人员对请假也很宽松，他们明白，这里的年轻日裔时刻受到所谓轴心国支持者的煽动和威胁，他们中数以百计的人正转而反对营区管理部门和美国政府本身。

枚闻铁三请了工作假，在俄勒冈州喀斯喀特以东的小城克
162 拉马斯福尔斯一家面包店打工，每天干九小时，清洗锅盘，好奇地穿行在当地笔直高挺的松林间。另一些人在营地打工赚点小钱也挺高兴的。渡边尚子（Hisako Watanabe）给圣迭戈的布里德小姐写信说，她很喜欢在营区给学校的业务经理当秘书。路易丝·小川在同一间办公室，她俩都考虑过申请到外面去上班，但又担心父母无人照顾。

“我姐姐住在明尼苏达州的明尼阿波利斯，她老公做家务。”津曲福生写道，“我弟弟幸男在密尔沃基的一个农场干活，但是他当医生的雄心犹在。”她接着说，“昨天，我读完了《消失的地平线》（*Lost Horizon*）。我感觉到了有趣的几点：（1）孤立；（2）行事有度；（3）想出去同时又想待在这个悠闲之地的感觉。有些人像书中的马林森（Mallinson）一样，有种想出去的强烈冲动，去做事，随便什么事，只要能出去……如果你喜欢这样的生活，我觉得这里堪称第二个香格里拉。”

对很多十几岁的孩子来说，生活并没有那么差。他们大多是些乐观、积极向上的小青年。路易丝·小川描写了波斯顿的第一次毕业典礼。

> 学生会主席被叫上台，问他对巧克力、糖果和可乐更喜欢哪样。他碰巧有个喜欢的女孩外号为“可乐”，便答：

> “可乐。”于是，他们拿出一瓶可口可乐。看到可乐，大家都惊喜而又饥渴地尖叫。他必须跪下来，请求“迎娶”这瓶可乐。典礼官本田答道：“好吧，可乐是你的了。”我们多么羡慕他啊！！

在另一封信中，津曲福生向布里德小姐讲述了更多关于小青年的事——

> 哎！好不容易才给您写这封信，拖后了！这次有个原 163
> 因：准备给您写信的那天，我男朋友从犹他州的莱顿过来了。不用说，我异常惊喜，非常兴奋！他是我在圣阿尼塔交往的一个小伙子……那时也没太认真。但既然我见到了他，而且人家大老远地从犹他州赶来，我觉得简直像歌里唱的：“一切重又开始，从我直视他的那一刻起”……我似乎觉得“我疯狂爱恋，那样不好”。……他5英尺8英寸高，黑黑的，头部很有型——略微有些像罗纳德·里根（Ronald Reagan）。

对很多人来说，安置营的生活总体上被逐步固定为一种程式，有点美国城镇生活的影子。学校建了起来，老师招了进来。男孩子玩起了棒球，而且，每天早上他们身着童子军制服升起美国国旗。像其他仅有的几个组织一样，童子军将迁移人员与当地民众连接了起来。科迪距此九英里，那里的童子军和哈特山的童子军联合举办活动，当地人常留此度周末。人们共用小帐篷，其中一个就安排给了艾伦·辛普森（Alan Simpson）和诺曼·峰田。艾伦来自科迪，后来成为共和党参议员；诺曼后来当过加州圣何塞市市长，民主党国会议员，在比尔·克林顿总统的内阁中担任商务部部长，在乔治·布什总统的任期内担任交通部部长。有几个童子军成了终生的朋友，在政府任职时，出乎意料地成为跨越党派的合作伙伴。

1943 年初，峰田的父亲国策（Kunisaku）奉派从哈特山前往芝加哥大学军事语言学院，与其他美籍日裔语言教师一起给美
164 国士兵授课。全家人后来获准前去团聚。他们在营地前的怀俄明州 20 号公路边上拦了辆巴士，先往怀俄明州的格雷伯尔，再往蒙大拿州的比灵斯。在等候东去的列车时，他们去比灵斯一家餐馆吃饭。诺曼当时 13 岁，他站起来，绕着餐桌码放碟子。

“诺曼，”母亲说，“你不需要再干这种活儿了。”

虽然人们陆陆续续地离开安置营，但仍然处于逐个逐个的阶段。1943 年春，速水国雄一边担心自己的成绩，一边给哈特山行将离营求学或工作的朋友写信。这年春天，他几乎每天都写日记。有些关乎成绩，有些则讲那些离营求学或工作的朋友。“今天，詹姆斯·中田（James Nakada）获释前往芝加哥，他只有 16 岁，却要独自出去，去当仆人。”某种程度上，速水也有机会与营地以外的世界互动：“今天，我帮忙打扫了校园，下午与拉弗尔队比赛，这是第一次与外面比赛，我们以 18∶5 击败了他们。”

4 月 25 日，复活节，也是星期天，他在日记中记录了自己着装整齐，与吉米·矢田（Jimmie Yada）去了教堂。“我受洗

了，”他写道，“我现在是个真正的基督徒了，我希望不负此名。”

同日，埃莉诺·罗斯福访问希拉河及其他安置营，而罗斯福总统另有行程，他在全国巡视军事设施，共19站，当天在堪萨斯州的赖利堡。那里有15 000名士兵在接受训练，其中160名是二代日裔。这些日本人已经完成基础训练，在基地干些粗活儿：割草坪，除杂草，调度车辆。尽管已经完成了基础训练，但却没有给他们发放头盔和武器。其中30人在15英里之外的装 165
甲兵新兵训练中心铲马粪。总统到访当日，42名二代日裔奉命到距基地10英里的地方去修围栏，挖柱坑。其余的日本人列队行军20分钟，前往一个大型机库，那里已被用作汽车修理学校。在手持机枪的卫兵的看管下，他们奉命坐在看台上，直视前方，一言不发。四小时后，总统离开很久了，他们才被解散。胡德里弗的列兵弗雷德（Fred Sumoge[①]）的父母被关在图利湖，因为身在安置营，无法缴纳财产税，从而失去了七英亩的草莓地。他说：“他们待我们像囚犯一样，我真不知道能不能挨下去。”他开始猜测，美籍日裔被集中在安置营里的原因是不是为了方便航空队来轰炸他们。

然而，无论他们境遇如何，大多数美籍日裔在本能上依然忠于美国。一位名为Masuru Ben Kahora[②]的西雅图商人于12月7日被捕，押于圣菲。他给米尼多卡的家人写信，催促他们购买美国战争债券。妻子喜久子（Kikuko）复信说：“为了养育新一

---

① 原文如此。未查到与“Sumoge”相对应的日文姓氏，故只译出其名字。——译者

② 原文如此。按此拼写未查到与之相对应的日文姓名，故保留原文。——译者

代美国人，我决心成为美国领土的一部分。我愿意承担爱国义务，比如参加学校的家长教师协会。我的想法是，将女儿培养成美国人，真正的美国人。”

* * *

德威特将军一旦认定所有日本人——包括成为美国公民的那些人——都是敌人，他的立场便无可动摇了，本德森即是他的发言人。西海岸的指挥官仍坚持认为，美籍日裔的忠心无法鉴
166 别，就连那些如今与他身着同样军装的人也是如此。麦克洛伊怀疑自己在 1942 年集体迁移中所扮演的角色，他也尽量淡化此角色。他辩称，那些二代日裔士兵必须与其他美国军人享有同等权利，包括入职前或运赴海外前的休假。德威特予以反击，要求加州的日裔士兵必须身着制服，持有由他签发的许可证，在加州也只能访问两个地方：曼萨纳和图利湖。已经担任州长的厄尔·沃伦与德威特将军毫无二致。到了 1943 年 6 月，他还说：“我们知道，潜艇在沿岸徘徊，而且会派遣破坏分子潜入加州。如果我们允许日本人回到这里的战区，我们该如何区分他们？”他又说，“安置中心有很多日本人都是日军预备役，另一些人则受教唆准备搞破坏。”

“日本人谈不上忠诚，而且忠诚无法确定。”德威特对麦克洛伊和马歇尔将军说。麦克洛伊答道：

> 我们要派他开赴北非，我们应该让他享有与其他士兵一样的好处……这些人是要上战场的，他们主动为白人

> 而战……这些人，还有很多人，只在一个意义上是东方人——他们体内流淌着东方的血液。但是，他们生于加州，嚼着口香糖，看美国电影，参加棒球队……

在德威特向国会提供证词后，陆军部于 1943 年 4 月 15 日被迫发布指示，命令西部战区司令允许美籍日裔士兵利用假期访问西海岸诸州任何地方。次日，将军召开新闻发布会，称会遵命 167
行事。但他补充说：“陆军部说美籍日裔士兵不是日本人，而是美国人。好吧，我却要说，我有一份有关日本人的工作要处理，我要去办了。”

1943 年末，已经离开安置营的美籍日裔人数达到了两万，他们或上学，或做工，或参军。此时，安置营仅有 1 000 余名日裔报名服役并获接收。夏威夷有 2 686 名日裔从军，在他们登船奔赴火奴鲁鲁时，15 000 余人为他们欢呼送行。

在本土，华盛顿和战时安置署继续想方设法释放更多的迁移人员，同时，制订方案，尽快关闭营地。但此举遭到加州司法部前部长、新任州长厄尔·沃伦的反对。他荣膺此职，端赖日本人的支持，包括入籍的和未入籍的。1942 年 11 月 3 日，他获得 57% 的选票，击败了卡伯特·奥尔森。竞选期间，沃伦承诺，他若当选州长，第一件事便是解除移民与住房局局长凯里·麦克威廉斯的职务。麦克威廉斯是奥尔森的人，加州大农场主都对他又恨又怕。访问集散中心和安置中心以后，他对迁移日本人也持批评态度。

上任后，沃伦兑现了诺言。但麦克威廉斯写的书却颇受好评，尤其是讲述白人农场主如何对待流动农场工人的《田野里的工厂》(*Factories in the Field*) 一书。卸任后，他去了纽约，当了《国家》(*Nation*) 杂志的主编。

这时，新州长拒绝与战时安置署讨论让日本人重返家园的问题。在当选翌日的记者会上，沃伦表示了他的保留意见：

> 168 我坚信这么多公认的仇美日裔聚居于一个区域确有危险，这里若有破坏活动或内部骚乱即会不利于战争努力。我始终认为，将日本人集中起来的原因是基于军事和陆军部的需要，陆军部负责我们国家的外部安全，它是唯一熟悉日本人及其阴谋诡计的机构……陆军部应当掌控全局。

沃伦公开表态的同一天，图利湖发生了骚乱。很快，军队进入，控制局势。俄勒冈州最大的报纸《波特兰俄勒冈人》写道："由于日本沙文主义者无视营地行政当局，造成充满恐怖的局面，所以部队开着坦克，带着冲锋枪和来复枪，端着刺刀进驻图利湖隔离中心。"报纸接着赞扬陆军"未开一枪即平息了骚乱"，又特别指出，"假设此营是设在日本的美国营，假设日本士兵应召平息类似的叛乱，那么地上将血流成河，而日本士兵也会因屠杀手无寸铁的人群而扬扬得意"。

《丹佛邮报》(*Denver Post*) 的一篇评论补充说："对图利湖隔离中心日裔叛乱进行的调查显示，当时的情况只能说是'被惯坏了'。"《邮报》接着抱怨道，"根据战时安置署的指示，营地里的白人雇员不可对在押人员发号施令，而只能'提出建议'。"

战时安置署主任迈尔的话曾被《西雅图星报》（*Seattle Star*）引述："战后处理这个国家的日本人根本不是问题，因为'我们在三代以内即可同化他们'。"此话令《丹佛邮报》更为震惊，后者在社论 169
中写道："在这个国家，同化日本人的唯一办法即是与美国白人通婚。这是迈尔提倡的吗？他想黄种人和白人血统混合在一起吗？"

肯塔基州参议员钱德勒又来掺和说："在美国的生活方式里，这些不忠的日本人没有立锥之地。"他继而批评战时安置署"娇宠"囚徒。他还称，"不忠者"应该被流放到阿拉斯加的阿留申群岛去。1942 年 6 月，那里有两个岛被日军占领，一年后，那里的日军又被美军驱离。加州的约翰·科斯特洛（John Costello）众议员率领国会一个分委员会，调查图利湖事件。他告诉《华盛顿时代先驱报》（*Washington Times Herald*），他发现有报告显示，安置营里的骚乱是由东京通过无线电短波操纵和指挥的。

* * *

整个 1943 年，报纸不断批评战时安置署和各个营地，并非因为这些营地太不像美国，而是因为官员们对囚犯太"软"。《洛杉矶时报》发表了类似评论，矛头直指"愚蠢的媚日派"：东京在抗议我们监禁日本人，这的确是丑闻。但丑的是日本人在这种软禁下吃得更好，住得更好，而且，比很多自由的美国人更为优越。报纸随后鹦鹉学舌，鼓噪当时流行的老调："诚如德威特将军所说：'鬼子终究是鬼子。'"

"软禁"或"娇宠"迁移人员一事滥觞于流言。这样的抱怨迫使战时安置署将托珀兹的食品经费从每天 39 美分削减为 31 美分。西部人抱怨说，连安置营都有医院，而他们的小镇却没有。
170 在最贫穷的阿肯色州，当地学校年薪 900 美元的老师纷纷辞职，前往安置营担任公务员，年薪高达 2 000 美元。当地居民为此气愤不已。在安置营周边区域，捡拾白菜和食物残渣喂猪的农场主宣称，火腿、水果等稀有的配给物资被那些吃饱喝足的囚犯丢弃。其实这并非事实，但很多美国人却相信它。加州国会议员勒罗伊·约翰逊（J. Leroy Johnson）即是其中之一。他说有“无数报道和传闻称，大量鸡蛋、黄油、蔗糖和咖啡”被运往营地，而且，“那些羁押的日本人可以学习艺术、舞蹈和编织等”课程。

《丹佛邮报》连发六篇评论，讲述哈特山的食品过剩，冠此标题:《美国储粮为日裔，日本折磨美国人》。12 月 6 日，差一天就是珍珠港事件两周年时，《洛杉矶时报》刊发其所谓的“意见调查表”，这次收集意见历时两个月，但系虚假调查。表上有七个问题，反馈者逾 12 000 人。

1. 你认为战时安置署在处理美国的日裔问题上是否称职？答“是”者 369 人，答“否”者 10 773 人。

2. 你是否支持非常时期对日本人实行军事管理？答“是”者 11 203 人，答“否”者 372 人。

3. 你是否赞成释放明显忠诚的日本人前往中西部务工？答“是”者 1 139 人，答“否”者 9 750 人。

4. 你是否支持在可以安排的情况下使用此时此地的日本人“交换”被日本羁押的美国战俘？答“是”者 11 249 人，答“否”者 256 人。

> 5. 你是否支持战后增加宪法修正案，将日本人逐出美国，并且禁止更多的移民？答“是”者10 598人，答“否”者732人。 171
>
> 6. 如果上述法案获得采纳，你是否反对美国出生的日本人？答“是”者1 883人，答“否”者9 018人。
>
> 7. 你是否愿意将所有日本人永久逐出包括加州在内的西海岸诸州？答“是”者9 855人，答“否”者999人。

《时报》随后刊发评论：“公众要求美国对日裔实施新政。”配发的漫画上，西海岸的民众对“娇宠鬼子”倒竖拇指。

第七章

“忠”与“不忠”

图利湖：1943 年 9 月

172 在复活节皈依基督后，速水国雄又开始写日记。从媒体上看到日军在太平洋的暴行，他忧心忡忡。大多数暴行发生在 1942 年，比如，巴丹死亡行军；4 月 18 日杜立德（James Dolittle）上校率队戏剧性地轰炸东京后，被俘美军飞行员惨遭处决。很多报道都审查了一年以上，以避免影响美国国内的士气。

“自从杜立德那些遭日军俘虏的投弹手被‘谋杀’以来，公众对我们似乎强烈抵触。”速水写道，“日本人每干坏事，我们就会遭到指责，尽管和我们毫不相干，尽管我们像其他人一样讨厌这些事，哎！”

同日，田纳西民主党人汤姆·斯图尔特（Tom Stewart）参
173 议员在参议院发表演讲，要求取消日本人的公民身份：“他们不会被同化的，在这个国家里没有一个日本人不会背地里捅刀

子，随便拉出来一个日本人，我都可以让你们看看他是天性狡诈的。”美国退伍军人妇女协助会（American Legion’s Women’s Auxiliary）总会长说：“让我们好好认清日本人的真面目。我们与其不遗余力地关怀安置营中的日本人，倒不如认清他们，他们现在不是、将来也不会是美国人。”

参议院军事委员会（Military Affairs Committee）主席、肯塔基的民主党参议员钱德勒，通过举行听证会获得了更多的关注，因为听证会的结论是，效忠于日本裕仁天皇（Emperor Hirohito）的年轻美籍日裔多达两万人。参议员观察敏锐，他发现安置营正在使很多迁移人员走向政府的对立面，所以，他认为监禁营是场失败的试验。参议员指摘迈尔及其团队：“我可以说，总体而言，上至迈尔先生，下至每个官员，这些人统统都是敬畏上帝、老老实实、用心良善的美国公民。但是，他们都是理论家，他们都是教授，他们是在用这件事搞社会实验。”

钱德勒在参议院的演讲以及他给加州报纸的访谈，基本上都在说陆军应该接管安置营，因此，迈尔请求他认识的埃莉诺·罗斯福帮忙说服总统与他晤面。战时安置署主任受邀赴白宫共进午餐并面陈原委，他说，钱德勒在使局势恶化，如果钱德勒在委员会报告中重复他向记者讲的那些内容的话，那么安置营会遇到更多的麻烦。总统回答说，他会处理此事。他果然付诸行动了，总统致电其他参议员说，他希望钱德勒的报告在公之于众时 174
降低调子。最后，来自肯塔基州的这位参议员自我圆场，倡议允许“忠诚的”二代日裔入伍，而将那些“不忠的”单独隔离于一个营地。这样的决定陆军部和战时安置署数月前就已经做出了。

然而，此时西海岸的报纸已然开始反对释放任何迁移人员。《圣迭戈联合报》一面抨击美籍日裔，一面指责战时安置署。1943 年 6 月 9 日，该报社论重弹德威特将军的老调，“鬼子终究是鬼子”。文章写道：“美国人民或许很快就会发现，一支 119 000 人组成的侵略部队被战时安置署送上了岸。”《旧金山纪事报》社论题目为《德威特正确》，并倡议暂时中止《人权法案》。《洛杉矶时报》社论标题为《愚蠢而危险》。并宣称：“作为一个种族，日本人自己创造了一项史无前例的无良背叛。”

《圣玛丽亚快讯报》（*Santa Maria Courier*）是加州一份较小的报纸，其主编兼出版人爱德华·特雷邦（Edward Trebon）在头版撰写专栏，抨击一名写信为美籍日裔辩护的白人读者：

> 首先，你是个鬼鬼祟祟的人，肮脏，恶劣，低贱，而且懦弱。你并不比那些你竭力维护的肮脏的黄肚皮的日本人正派。他们是美国的敌人，这个种族将使你在自己的国土上成为一个令人厌烦的外国人……而你竟然浑然不觉，因为你就是蛇……是黄鼠狼……是满身污秽的狒狒，浑身长疣的天皇迷。

然后，他在文章结尾说，他见过很多“真正效忠美国”的日裔，他不与他们争论。

* * *

175 在所有安置营，高中毕业典礼都很重要，礼帽、袍服、毕业证、国旗、演讲嘉宾，以及——或许最重要的——告别演讲者会使这一活动达到圆满。1943 年，科罗拉多州的阿玛彻安置中心，在毕业典礼上致告别词的是玛丽昂·小西（Marion Konishi）。她演讲时说：

> 有时，美国也会失败，也会历经苦难。有时，她也出错，而且是很大的错。美国曾经驱赶印第安人，侵扰他们，后来想起他们是美国的原住民时，她还其公民身份。她曾奴役黑人，后来想起美国精神时，她起草了《解放奴隶宣言》。第一次世界大战时，她迫害美籍德裔，后来记起美国的诞生端赖那些来自各个国家追求自由的人，她忏悔了。她在历史上不断出错，但每次出错，她都吸取教训……我们这个阿玛彻高中的毕业班还能相信美国依然意味着自由、平等、安全和公正吗？我相信这一点吗？我的同学相信吗？是的，我们诚心相信，因为这个信仰、这个希望寄托着我的未来、我们的未来，乃至世界的未来。

哈特山的速水国雄相信吗？他还有一年就高中毕业了。他的成绩还是没有提高，他写道：“哎，一年的辛苦学习今天结束了，成绩与上学年相同：英语，A；历史，A；高等几何，B；化学，A；西班牙语，B。”

同时，又有些朋友离开了。8 月 17 日，国雄写道：“去年化学课上坐在我前面的别所慧（Kei Bessho）两周前去了芝加哥，化学课上另两位同学米茨·井上（Mits Inouye）和拉尔夫·八莉 176

（Ralph Yanari），以及在波莫纳时与我同在第五食堂干活的艾伯特·西乡（Albert Saijo），一同去了安阿伯的密歇根大学医院工作。”

从 8 月底到 9 月初，他多次提及日裔家庭或朋友一个一个地离开哈特山：堂哥艾迪上了辛辛那提大学，绰号“赛奇”的姐姐格蕾丝去了芝加哥。他这样描述她的离别：“风很大，尽管‘赛奇’强忍泪水，但她仍然泪水盈盈。莫怪她！”她要上美国艺术学院，打算一边在一位医生家打工，一边上学。

就连速水的哥哥也离开了哈特山。1943 年 8 月，弗兰克获释，而且到那个时候，他写道：“政府已经对我有了定论，我不再对公共安全构成危险，除了西部战区辖下的整个西海岸，我可以离开营地前往任何地方。”他整理了一只行李箱，带上一张火车票和 100 美元的现金便出发赴纽约了，“去追名逐利”。他带着 4C 征兵卡，4C 意思是“敌侨”，虽然他是美国土生土长的。

他写道：“由于我皮肤黝黑，经常被当成美洲印第安人或者夏威夷人，所以旅行时当局没找我多少麻烦，我也没有与白人发生什么冲突。我唯一能找的工作就是在餐馆里收拾桌子，把盘里的残羹冷炙倒入垃圾桶。想在工程领域找份工作，4C 征兵卡可帮不了忙，因为那方面的工作大多属军事性质。”

* * *

177 安置营出台的允许离营的政策悉数遭到德威特将军和本德森上校的强烈反对。两位都是集体迁移的设计师，按照陆军的方式，他们各有归宿，悄然解职，然后擢升，以避免出现全国性反对安置营的风潮或动荡。1943 年 9 月，德威特赴华盛顿特区履新，接替其职位者是夏威夷军事管制区司令迪洛斯·埃蒙斯。本德森走了鸿运，他先赴伦敦，继往法国，担任诺曼底前线交通部副参谋长。

一方面，一些二代日裔从安置营获释，另一方面，加州——绝大多数迁移人员的来源地——却拒绝他们返回。沃伦州长称，那些获释后去往其他各州的迁移人员均是“潜在的破坏分子”，所以，他不想在加州释放任何人。同一周，圣迭戈市议会正式要求联邦政府停止释放迁移人员。

加州立法机构站在沃伦一边，开始重新设立委员会，以阻止加州的美籍日裔重返家园。赫伯特·斯莱特（Herbert Slater）参议员致电“加州立法机构主任”，他为这个州服务了 30 余年，辗转各地举行听证，旨在寻求公众支持，以阻止日本人以及美籍日裔重返家园。委员会邀请了在太平洋参战的美国白人的父母，于是，出现了这样的对话，其中一方是玛格丽特·贝纳菲尔（Margaret Benaphfl）夫人，代表加州金星母亲协会[①]。

“我们要让日本人远离加州。”她说。

“在非常时期？”斯莱特参议员问。

“不，永远。”

“这就对了！”

作家赛珍珠（Pearl Buck）也出现在斯莱特委员会的听证会 178
上，她称赞亚洲人对美国生活的贡献，但是，多数加州报纸甚至

① 在美国，儿子或女儿为国捐躯的女性被称为金星母亲，设有“全美金星母亲协会”（American Gold Star Mothers），各州设分会。——译者

没有报道她曾到场，遑论其长达一小时的证言。

在切斯特·甘农（Chester Gannon）的率领下，加州众议院的一个委员会对梅纳德·赛耶（Maynard Thayer）夫人进行质询。赛耶夫人是美国革命女儿会（Daughters of the American Revolution）的成员，也是美国原则与公平竞争太平洋沿岸委员会（the Pacific Coast Committee on American Principles and Fair Play）的领导成员。赛耶夫人引用了《人权法案》，但那些质询者来势汹汹。

> 甘农：你了解《人权法案》吗？《人权法案》对州一级的立法毫无涉及。我们知道，你抨击美国退伍军人协会和金西之子。而《人权法案》是什么时候起草的？它讲什么？
>
> 赛耶：当然了解，它是宪法的前十条修正案。
>
> 甘农：你像所有那些开口闭口《人权法案》却对它毫不了解的人一样。《人权法案》根本不是什么神圣的东西。你难道不知道，在《人权法案》形成的时候，我们美国还有15万奴隶？《人权法案》对此有何作为？——毫无作为。奴隶制被接受了，而你却在高谈阔论，要用《人权法案》保护少数族裔的权利。
>
> 赛耶：我认为从那以后，我们对它的解释已经有所进步。我们委员会将支持宪法权利受到威胁的任何群体。战争时期，我们要确保不会偏离轨道，陷入种族仇恨，这一点至关重要。
>
> 甘农：你是共产党吧？这听起来像是共产党的信条。
>
> 179 赛耶：我已经加入共和党30年了。

沃伦州长又任命了一个委员会，负责州内种族关系。墨西哥裔的演员利奥·卡里略（Leo Carrillo）被指定为成员之一。他辗转加州，四处演讲，他曾放言：“华盛顿那些人说我们必须保护美籍日裔时，他们并不明白自己在说些什么。根本不存在所谓的美籍日裔。我们如果允许这些龌龊的白蚁再次染指这片神圣的土地，我们自己就不配住在这里了。”

有几位名流试图凭借其声望和才华消除这种反日情绪，其中包括两位摄影师：多萝西娅·兰格（Dorothea Lange）和安塞尔·亚当斯（Ansel Adams）。

早在20世纪30年代的大萧条时期，多萝西娅·兰格就凭其作品而大名鼎鼎了，因此，战时安置署雇她拍摄日本人的迁移和监禁。她非常投入，每周工作七天，从1942年3月第一次围捕开始，直到夏末。

起初，陆军限制她介入，接着又以非常时期之名没收了她的照片。

兰格后来写道：“集体监禁是典型的失去理智的行为……当然了，令人发指的是，这一切完全基于一个人血管里流淌着什么样的血液，而非他因。”

亚当斯是西部一名视觉诗人，1942年，他曾欲入伍，但由于其已40岁故因超龄而被拒。他应山峦协会（Sierra Club）的故交、营区主任拉尔夫·梅里特之邀，前去曼萨纳摄影。

梅里特懂得规则，但也懂得通融。在押人员不得使用相机，
但宫武东洋（Toyo Miyatake）私自将镜头带进了营区。他曾师 180
从爱德华·韦斯顿，在洛杉矶一带颇有名气。他用废木料伪装了

照相机，使其看起来像是一个普通的餐盒。梅里特了解情况后，安排人将宫武的三架相机从木盒里取了出来。他亲自将相机交给宫武，说：“用吧！”

梅里特邀请亚当斯前往曼萨纳，这位摄影师欣然同意，遂于 1943 年 9 月抵达营地。他是个性情中人，憎恨拘禁营。勤劳忠诚的日本人和美籍日裔遭押于铁丝网后、岗哨楼下，他觉得他可以激发全国民众的同情。

亚当斯在欧文斯谷拍摄了一周，拍摄在押人员的工作、学习和宗教活动。然而，他很沮丧，因为那些在押人员刻意表现他们拘役生活中美好的一面。他们穿上最好的衣服，与家人一起微笑。他们渴望做姿拍照，让政府发布，将营区生活表现得快乐如常。他将这些照片攒成一本摄影集，取名《生来自由而平等：忠诚的美籍日裔》（*Born Free and Equal*：*The Story of Loyal Japanese Americans*）。他写道：“此书写给普通的美国公民，从人性的、情感的角度切入，没有将忠诚的日本人视为一个抽象的、无形的少数族裔，而是强调个体及其环境的现实状况。”

然而，这本摄影集销量不佳，那些在纽约现代艺术博物馆展出的照片也是商业上的失败。用亚当斯自己的话讲：“没人买。”操之过急了，对很多公民来说，营区那些面孔看起来依然像是敌人。

* * *

181 1943 年，安置营的人口从 1 月的最高值 107 000 降到 12 月的 93 000。很多受过较好教育的迁移人员离开后，剩余人员领导能力欠缺，出现了更多的暴力、殴打，以及蓄意谋杀。迁移人员被分为“忠诚者”和“不忠者”。

“双否男孩”，即那些对休假申请表上的第27题和28题均答“否”者，令营区的管理者及其华盛顿的老板均感震惊。1943年7月3日，美国参议院对于他们回答的反应就是通过一项决议，要求将“不忠者”单独隔离于一个营地。数日之内，战时安置署即宣布实行隔离政策，对象为“那些在现时敌对状况下行为明显忠于日本者而不忠于美国者”。提出并支持隔离政策的人正是珍珠港事件后制定集体迁移政策的那帮人，包括德威特将军、本德森上校，以及厄尔·沃伦州长。

结果呢，政府仓促拟就的调查表在安置营引起了一场新的危机。由于图利湖有42%的年轻人要么没有报名参军，要么对第28题的回答为否，于是在9月初，这里被选为关押“不忠者”的隔离营，并升级为最高安全设施。

战时安置署主任迈尔详述何为“不忠者”：

> • 申请放弃国籍或遣返日本，且于1942年7月1日前未收回申请者；
>
> • 登记时对忠诚问题回答为否或拒绝回答，且没有改变答案者；
>
> • 因个人记录中累积有不利证据且假申请遭到拒绝者； 182
>
> • 司法部监禁营移送的建议拘留的人员，以及那些选择与家人共处的隔离人员家属。

递解启动后，图利湖成百上千的人宣称自己为“不忠者”，以避免家庭分崩离析，或者再度遭受封闭列车中的颠沛流离。

这项未经公布的计划旨在剥夺“不忠者”的公民身份——让宪法见鬼去吧——战争结束后，将他们逐回日本。开始移押“不忠者”时，一个营的兵力处于战备状态，899 名士兵、6 辆坦克、12 辆装甲车在图利湖的围栏外巡逻。首批移押始于 1943 年 9 月末，其中包括将哈特山 500 名“不忠者”递解至图利湖，将图利湖 400 名“忠诚者”递解至哈特山。此后，陆陆续续地，在陆军的协助下，战时安置署逐渐将图利湖的 6 289 名“忠诚者”移押他营，9 000 名“不忠者”移押图利湖。

图利湖成为隔离“不忠者”的营地后，第九巡回上诉法院首席法官威廉·登曼（William Denman）在法庭听证会上曾对其有如下描述：

> 1.8 万人，包括数千美国公民，被铁丝网包围着，（使营区看起来）像德国的战俘集中营。士兵有同样的炮塔，对那些企图翻越围网的人，则备有同样的机枪。营舍覆有油毡，下面则是发绿而收缩的木板，用这个抵御图利湖高
> 183 海拔的冬日气温……没有任何一个联邦监狱如此对待其囚犯，何况这里还有孩子和婴儿……厕所在室外，位于 14 座营舍的中心，若欲如厕，必须离开所居棚屋，冒着雨雪，步行前去……此等待遇同样不如联邦监狱，且不论病人与儿童。

人口最多时，图利湖“住”着 18 700 名被押人员、1 200 名

战备士兵、550 名管理人员。其他各营平均驻扎 3 名军官、124 名士兵。派驻隔离营的士兵和管理人员的数量十倍于其他各营。

1943 年 10 月，图利湖又增派了一队军事监护人员。此前，一辆载着 28 名工人的卡车翻了，1 人死亡，7 人受伤。这些工人当时在大门外，准备前往一个 2 900 英亩的农场。该农场为这个安置营和西部的军事基地供应粮食。死者名叫鹿岛（Kashima），刚从犹他州的托珀兹迁至此处。营区主任雷蒙德·贝斯特拒绝了迁移人员为逝者公开举行悼念活动的请求，他关闭了营区的公共演讲系统，但是，500 余名在押人员还是聚集了起来，宣布罢工，这一行动导致价值 50 万美元的蔬菜在太阳底下腐烂。图利湖的农场工人要求保障其安全，改善工作条件，而贝斯特的回应则是解雇他们。他从其他营区秘密引入 800 名农场工人，时薪 1 美元，后者两天赚的钱比图利湖当地工人一个月赚的还要多。

图利湖风波不断。1943 年 11 月，战时安置署主任迈尔莅临
图利湖。消息传出后，数百名在押人员将行政楼包围了三个小 184
时。在“不忠者”的率领下，这些大多为归米的人高喊口号，要求改善饮食，提高薪水。形势恶化，自然引起罗斯福总统的关注。在一份添油加醋的文件中，司法部部长比德尔写道：“战时安置署位于图利湖的一处安置中心最近爆发了严重的骚乱……日裔在押人员持刀舞棒，将狄龙·迈尔以及部分行政官员囚禁于行政大楼长达数天。陆军进驻以恢复秩序。”

11 月 14 日，雷蒙德·贝斯特在图利湖筹划了一场陆军与安置署的联合集会，以支持营区当局。营区司令维恩·奥斯汀（Verne Austin）上校是主要发言者之一，但是，没有一个迁移人

员到场，上校面对数排空位发表了一通号召团结的演讲。

次日，宣布戒严。士兵们前往一个个的营舍，力图挖出这场软性叛乱的罪魁祸首，可惜，运气不佳。六个营舍被用围栏围了起来，划定为“监营”。很快，里面塞满了真正的叛乱分子，虽然未必真是。接着，监营之内又建监营，那些嫌疑“不忠者”被迫住在帐篷里。这个内部监营四周用纤维板筑起了一道 12 英尺高的墙，以掩盖真相：囚犯不得探访、就医，或收发邮件。

陆军接管的消息有违军方初衷，他们不想将此事在全国闹得沸沸扬扬。《纽约时报》社论在提及此事时说：“我们不能给间谍和破坏分子以可乘之机，因为我们愿意相信，人性本善，包括那些黄皮肤的人。”

1943 年 11 月 8 日，西弗吉尼亚州亨廷顿的《先驱快讯报》(*Herald-Dispatch*) 的社论颇具代表性：

> 陆军部队接管了图利湖监禁中心，概已掌控局势。这支部队中有些老兵，曾在太平洋打过仗。这一消息令人颇
> 185 为释怀。战时安置署对这些狡诈、狂热、无耻的囚徒实施怀柔政策，终酿乱局，亟须整顿。珍珠港事件后，成千上万的日裔“不忠者”被拘，保护国家不受其害是宪兵之职责，而非福利工作者之茶会。

其实，图利湖是一个平民战俘营，令很多家庭惊恐万分。晚 7 点至早 6 点，武装部队在全营内外实施宵禁。像很多战俘营一样，军队只保护行政当局，而任由囚犯相互恫吓。在图利湖，有

些帮派配有棍棒和自制刀具，其中包括保国团（*Hokoku Dan*）、奉仕团（*Hoshi Dan*），以及青年男女国防协会。他们如果怀疑某人与战时安置署或军方合作，专事午夜突袭和野蛮殴打。

由于拒绝回答第27题和28题，吉姆·谷本（Jim Tanimoto）被划为“不忠者”。他讲述了图利湖一个夜晚的情形：

> 可能是12点，要不就是两点吧，一名士兵跑过我们的营舍，扯开嗓门喊道：“你们都起床出来。”我们看到10到15码开外有一队士兵，十一二人的样子。一边站着大概五名士兵，在往枪里装子弹。正中间摆了挺机枪，另一边也有五六名士兵……我们站在那里，深更半夜的，穿着睡衣。186
> 你难免会想：伙计，这下完了。我们熟悉他们的面孔，了解他们的反应，仿佛在说：“嗨，向他们开枪，这些家伙都是动物。”这时，为首的军官走上前来说，在他负责期间，谁也别想逃跑。这话他重复了好多次，声音极大……第二天早上，我们听说原来是有个士兵似乎听到有人计划逃跑，于是我们被叫醒了。

大多数夜晚，人们害怕的不是士兵，而是其他迁移人员。安保忠能（Tadaysu Abo）来自华盛顿州的塔科马，属美国公民，移押图利湖前曾报名入伍。他作证时说：“本来我愿意宣誓，完全效忠于美国，如果政府保证我、我的妻子和孩子像美国公民一样自由和安全的话。”但是，他觉得政府根本不管美籍日裔的境遇。在他和妻子目睹有人遭殴打后，他开始忧心忡忡，担心家人遭到营里帮派的攻击。

加州移民与住房局前局长凯里·麦克威廉斯在营地初开时曾赞扬陆军的效率，但很久以后，他转而成为集体迁移的重要批评者。当美籍日裔再次迁移时，他如此描写现场：

> 我目睹了隔离人员离开原来的安置中心前往图利湖，我多么希望，金西之子的所有成员当时能莅临现场，亲眼看看这次分离所造成的痛苦、悲伤，以及无尽的哀戚。尽管我怀疑那样的场景是否会让他们相信，但是，他们或许
> 187 会相信，日本人不是一个难以理解、毫无感情、坚忍恬淡或神秘莫测的民族。迁移人员意识到，移押图利湖的人终有一日注定要被逐回日本，所以，这是无法改变的分离，命里的辞别。父母与子女分别，子女与父母分别，兄弟相辞，姊妹离别。这些场景包含着永恒的悲情，充分体现了人与人之间的惨无人道。

1944 年元旦，监营内 207 名囚犯开始绝食。里面的人设法给旧金山的西班牙领事发了封电报。西班牙官方在战争中中立，被指定处理美国的日裔事务。西班牙外交官将图利湖的申诉转发给了华盛顿的陆军部，官方自然未予采纳，不过，营区条件有所改善。然而，外媒开始报道此事，日本报纸和东京电台称“美国陆军携带机枪、坦克开进图利湖中心，恐吓在押人员”。随后，日本政府指责美国人枪杀无辜的迁移人员，并决定永久停止交换战俘和换俘谈判。11 月风波前，营区有 4 724 名在押人员被遣返

日本，其中包括 1 949 名美国公民，主要是儿童，用于交换美国外交官、商人及其亲属。尽管如此，仍有 6 000 人遭日本拘押，很多人处于软禁之中。

* * *

1944 年 1 月 14 日，陆军部宣布二代日裔重新获取入伍资格。一夜之间，他们的整体身份由 4C 转为 1A。规则的变化再次在营地引起尖锐而明显的分裂。日裔美国公民协会的头头们异常狂 188
喜，但其他人却异常狂怒。

很多二代日裔担心参军后无人照顾父母。在爱达荷州的米尼多卡，罗伯特·水上（Robert Mizukami）应募了，他让弟弟比尔待在营地照顾父母。然而，当他在密西西比的谢尔比开始基本训练时，邂逅的第一拨人中就有比尔。“我让你待在家里的。”罗伯特说。两人均在 442 步兵团 2 营 H 连，他们在意大利并肩作战，直至比尔于 1944 年 7 月 11 日阵亡。头天晚上，兄弟俩聊天时，比尔说：“伙计，有些炮弹真的是近在咫尺。”罗伯特笑了笑说：“哎，我回家后怎么跟家人交代啊？”他后悔终生，竟然一语成谶。

与此同时，营地有越来越多的年轻人前往加州以东地区，要么求学，要么工作。不过，也有限制：他们的学校不能在距离铁道 25 英里以内；所上大学不得与军方有所关联，包括预备役军官训练团。但训练团却几乎囊括了全美所有男校和男女均收的学校。战前曾在加州读过医学院的小田坂口写道：“听说允许学生离开营地后，我向 91 所医学院提出了申请。收到回复时，好几所学校都说，由于他们校园有军事设施，所以无法考虑我的申请。我的回信地址——曼萨纳——意味着我可能会是间谍或破坏分子。”最终，她被宾夕法尼亚州一所女子医学院录取，成为4 300名获释求学者之一。尽管加州大学校长罗伯特·斯普劳尔
189 是唯一大声疾呼释放学生的要人，但招录年轻二代日裔的600所大学却无一位于西海岸。

内田家至为走运，子女都上了大学。在教会，尤其是美国公谊服务委员会的帮助下，凯得到一份工作，在一家日托所担任助教，那个日托所由马萨诸塞州霍利奥克山学院经营。毕业于伯克利的淑子获得马萨诸塞州史密斯学院研究生全奖。与此同时，鉴于他们的父亲担任舍长，向托珀兹的行政人员直接报告，这份工作越来越危险，于是，战时安置署决定允许他们的父母迁往盐湖城。不过，在东行的列车上，淑子遭遇了一名列车员，他拿起她的票说：“你最好不是日本人，如果是，我会把你扔下车。”她说她是中国人。

* * *

1943年初，黑木中士执飞“浪潮”行动（Operation Tidel Wave），这是最大规模的空袭行动之一，也是他在欧洲执行的第24次战斗任务，再飞一次，即可回家。黑木与“图珀洛少女”机组一直在训练，就是为了这项秘密任务，目标为罗马尼亚的普洛耶什蒂油田及其炼油厂，那里有数百门防空火炮守卫。在北非利比亚班加西附近的一个基地，“图珀洛少女”与第93轰炸队的其他战机日复一日地轮番进行超低空飞行训练，演练空袭意大利。第9航空队队长刘易斯·布里尔顿（Lewis Brereton）中将来

到班加西，对飞行员们讲道：“你们将要执行重型轰炸航空兵史上最重要、最危险的一次任务。”

1943 年 8 月 1 日，地中海美丽的一天。黎明时分，“图珀洛 190
少女”与 177 架 B-24 战斗机从北非起飞。从班加西到普洛耶什蒂来回需要飞行 13 小时。同时起飞的 177 架轰炸机中有 58 架被击落。黑木所在飞行中队的 9 架飞机中只有两架成功返回。总计有 310 名飞行员阵亡。生还者和媒体均被告知，这是一场胜仗，但事实并非如此。普洛耶什蒂的石油一如既往地为德国战机和坦克提供动力。

黑木也一如既往，未被那些失败所吓倒。在欧洲，飞够 25 次任务原本就可以回家了，但他自愿再飞 5 次。他在家书里说，他要为弟弟弗雷德做这一切，因为他被迫离开了陆军航空队。如今已升任中队长的艾普汀和其他人都说他疯了，但他执意为之。累计执飞 30 次后，他乘船返回纽约，然后飞往加州圣莫尼卡一处休闲娱乐场所：近水海滩宾馆。他估计他是两年内第一个到达加州的美籍日裔。他与白人飞行员一起走在海滩上和镇子上时，当地人都睁大眼睛看他，有些人跑掉了，有些人去报了警。

如今，陆军让他全职搞公共关系，包括访问三个安置营，敦促年轻的二代日裔应募。黑木的行程始于歌手金尼·西姆斯（Ginny Simms）在美国全国广播公司（NBC）电台的一档大受欢迎的节目。但当节目在好莱坞即将开始时，陆军致电，担心民众反应，命他万勿继续。然而，他出现在了旧金山的加州联邦俱乐部（Commonwealth Club of California），这是全美最具声望的论坛。1944 年 2 月 4 日，在一次午餐会上，600 名会员济济一堂，欲一睹其风采，聆听其演讲。但是，介绍本·黑木上士时，却无人鼓掌，一片寂静。

“我只不过是来自内布拉斯加的一个农场小子……”他开口了。

191 照着 12 页单倍行距的打印稿，他讲了很久。他讲述自己的故事，从赫希开始，讲到 1928 年以来他家经营的那家农场，讲到因为貌似敌人而感到的孤独和恐惧，也讲了削土豆皮、请战、第一次任务、射穿道利头颅的炮火，以及在普罗耶什蒂以 55 英尺的高度飞行。他说：“我们是在飞行穿越一个火炉。”黑木继续讲道：

> 首先，我对民主了解更多了，超过你们从所有书本中了解的，因为我在战斗中看到了它。在纷飞的战火里，你和一帮人共同生活 15 个月，你就会明白友爱、平等、宽容和无私的真正意义。枪林弹雨中，一个人的祖先、战前的所作所为，甚至他当下的军衔统统无关紧要……你们在互相为生存而战，为国家而战。不管你们此时此刻是否意识到，你们都是在践行并证明着民主……
>
> 廊道枪手是犹太人，我是美籍日裔，我们机组的投弹手是德国人，左侧枪手则是爱尔兰人……我们做着同一件事，而且，彼此友善。天下至美，莫过于此……
>
> 第 30 次，也是最后一次执行任务时，我差点玩儿完。我们当时在德国的明斯特上空，一枚炮弹正好在前炮塔玻璃圆窗的上方爆炸，它摧毁了圆窗，掀翻了我的头盔，毁掉了护目镜和对讲机，但是，我毫发无损。这样的事情单

> 独用运气是无法解释的。
>
> 我当然不会主张为日本辩护。我去东京时，肯定是坐在轰炸机里的。但是，我真的认为，忠诚的日裔美国人有权享受民主权利，因为杰斐逊曾竭力倡议，华盛顿曾为此而战，林肯也为此而献身。

听众几乎是清一色的白人，他们起立鼓掌，长达 10 分钟。192 有些人哭了，其中就有亨利·凯泽（Henry J. Kaiser）。他的船厂——包括洛杉矶特米诺岛那家——对美国海军在珍珠港事件后的重建发挥了至关重要的作用。这个演讲和这个来自内布拉斯加州的农场小子轰动一时，黑木接受了《时代》和《纽约时报》的专访，他的照片登上了十余家加州报纸，也出现在内布拉斯加州最大的百货商场布兰代斯的橱窗里；奥马哈的大广播站（WHO）派小组专程赴赫希的农场对其家庭进行采访。战时新闻处将他在联邦俱乐部的演讲译成日语——一种黑木不会说也不懂的语言——用于广播宣传。他被重新邀请回金尼·西姆斯的脱口秀，并与这位明星在贝弗利山的布朗餐厅共进晚餐。

但是，在他访问的三个安置营里，情形却非如此。对大多数迁移人员——尤其是年轻人——来说，他是英雄，他受到索要签名的年轻人的欢呼和包围，但也听到了嘘声。很多人认为他是傻瓜和叛徒。那时，他还不知道，安置营有很多人憎恨他，憎恨日裔服役于囚禁他们的军队。他在说“如果你认为日本会胜，那你一定是疯了，我们会把他们炸得灰飞烟灭”时，嘘声一片。

在哈特山安置营，洛杉矶杂货店的店主弗兰克·埃米对黑木也不以为然，他和300余名年轻人共同抵制黑木的演讲。“我们觉得他是狗屎，”埃米说，“一个对安置营毫无所知、从未流离失所的内布拉斯加小子，他来到营地企图说服人们应征入伍，完全是愚蠢！”另一名迁移人员杰克·特诺（Jack Teno）也恶语相加：“他能活着滚出去就算万幸了！”

193 这一威胁并非虚张声势。在好几个安置营，殴打迁移人员的事情司空见惯，受害者往往是日裔美国公民协会的成员，他们被指责监视自己人并向营地当局通风报信。在波斯顿，该协会全美总会会长木户三郎——来自旧金山的那位律师——两次被殴，住院数周，凶器包括木板和棒球棒。

随后，黑木收到来自赫希的一封家书。他在家乡最好的朋友、形影不离的哥们儿、海军陆战队士兵戈迪·乔根森，在所罗门群岛被日本人打死了。闻此讯，黑木请求再赴海外，前往太平洋战区，接受培训，使用新型轰炸机“B-29超级空中堡垒”。但他的请求被拒绝了。陆军部明文规定，美籍日裔不得在太平洋战区飞行。他决定致函内布拉斯加的国会代表，请他们代其向陆军部部长史汀生求情。他也向联邦俱乐部遇到的要人们发出了同样的请求，尤其是加州大学伯克利分校副校长门罗·多伊奇（Monroe Deutsch）。门罗给史汀生发了电报，并且征募加州其他杰出人士共推此事。战时安置署的狄龙·迈尔也发了封电报。

还真成了！史汀生复电多伊奇博士称：“我很高兴地通知你，鉴于其杰出战绩，兹决定黑木中士不受本人先前引述政策之约束。”

事情几乎就此了结。黑木被分派上了一架B-29轰炸机，机组全体人员票决将该机命名为“荣耀伤心酒”（Honorable Sad

Sake），他们仿漫画人物“Sad Sack”（冒失鬼）之名，以谐音
“Sake”（清酒）将其替换，妙语双关。正当机组准备从内布拉斯
加的训练基地起飞时，陆军情报官员和一名自称记者的联邦调查
局特工却略施小计，试图诱其下机。新机长詹姆斯·詹金斯中尉 194
和投弹手肯尼斯·尼尔中尉恃仗对黑木的命令书以及史汀生的电
报，顶回了那名特工。尼尔喊道：“待在那里，本，没必要跟他
们废话。”詹金斯和尼尔爬上“荣耀伤心酒”。“加速！”詹金斯
吆喝道，“加速！”超级空中堡垒呼啸腾空，飞往提尼安岛，那
里距离日本本岛1 500英里。

两天后，“伤心酒”抵达提尼安岛，该岛是B-29轰炸机向日本主要城市投掷燃烧弹的基地。一架名为“艾诺拉·盖”的轰炸机停在这个48平方英里的小岛上。经过秘密改装，该机可以携带新型炸弹原子弹。因为岛上还藏有日本士兵，所以黑木被命时刻佩戴头盔，不得独自行走。上峰担心其遭到美国海军陆战队而非日本人的枪击，于是在他的前后各配了一名白人。因为如果海军陆战队遇到日本面孔，他们根据训练会先斩后奏。

如果被击毙，黑木也不会是第一个被自己人打死的美籍日裔。毕业于陆军情报部语言学校的中士弗兰克·峰谷（Frank Hachiya）来自俄勒冈州的胡德里弗，他逢人就说那是“世界上最美丽的地方”。他是个归米，父亲在图利湖，母亲还在日本。美国海军陆战队准备攻占莱特岛时，他自愿跳伞空降该岛，搜集日军阵地情报。1944年12月30日，峰谷遭到枪击，四天后死亡。这致命的一枪显然是陆战队一位队员开的，因为他发现峰谷携带日本地图返回美军阵地。

第八章

“这符合美国精神吗？”

拒服兵役：1944 年 2 月

195 1944 年的第一周，《纽约时报》驻外记者兼专栏作者高密克（Anne O’Hare McCormick）访问了亚利桑那州西南部波斯顿的三个安置营。1 月 8 日，从其笔触看，她仿佛置身异域，那里人人“思乡”。她描述了一个陌生的城市，花园茂盛，处处农场，宛然“广袤沙漠中的一片绿洲，长满了鼠尾草、牧豆树和巨大的仙人掌”，看起来就像“美国军营和东方城镇的十字路口”。

高密克报道说，1942 年，美国这些日本人初来乍到时，“除了种族和面孔，所有人几无共同之处。既有外国人，也有入籍的；有富裕的农场主，也有贫穷的农夫，另外，还有专业人员。”尽管与世隔绝可能使这些在押人员转向内心，“变得更加向内发展，更像日本人”，但总体上，“他们异常欢乐，笑对人生悲剧”。

她接着强调：“他们和政府都知道，关押他们并无坚实的法 196
律依据。如果他们在政治上组织起来，减少恐惧，他们就能争取民权。”

高密克的专栏，连同各家报纸对加州日本人的新一轮攻击，加上安置营内不断增加的暴力，令白宫忧心忡忡。1944 年的总统竞选即将开始，罗斯福有意四度问鼎，这将是史无前例的。他可不想让对日本人的监禁和处置干扰其竞选活动。珍珠港事件后立即上任的这届政府，内部正在展开辩论，而战时安置署则腹背受敌。

1944 年 2 月 17 日，罗斯福并没有像往常那样大张旗鼓，而是悄然颁布行政令，将战时安置署划归内政部，由哈罗德·伊克斯领导，此人一直对迁移持批评态度。从一开始，伊克斯即在私人信函中称迁移无非是将“集中营美其名曰安置营而已”。

是年春，陆军部开始向总统秘密建议，停止迁移美国的日本人。1944 年 5 月 26 日，陆军部部长史汀生在一次内阁会议上提及此事，但是，关闭安置营尚有困难。司法部部长比德尔在会议记录中写道：“陆军部部长提到一个问题：此时，陆军部取消日裔驱逐令并让其回家是否合适？陆军部、内政部和司法部均认为，这样做不会危及国防，但是他们怀疑在大选之前的此时这样做是否明智。”由于哈罗德·伊克斯如今正式负责战时安置署，他的声音在会议室最为有力，他告诉罗斯福总统：“继续羁押这 197
些无辜的民众将会成为这个国家历史上的污点。”

他补充说，日本人的后裔“正在变成无可救药的适应不良的一代，他们对外部世界感到不安，失去结交美国其他种族的可能，甚或在相当大的程度上失去直面其他种族的可能”。

与此同时，德威特在旧金山任职时的部属埃蒙斯将军被博恩斯蒂尔（C. H. Bonesteel）将军取代。后者给陆军部发电称：“根据我对目前形势的研判，我相信西海岸军事局面的改善表明，军事上不再需要将日本人从西海岸整体外迁。”

会后，副国务卿斯退丁纽斯（Edward Stettinius）致函罗斯福总统说：“这个问题似乎主要是个政治问题，我相信您或许希望对加州的抵触做出自己的决定。”

的确如此，总统对左右讲得非常清楚，他们在 11 月大选前应该按兵不动。两周后，罗斯福在给斯退丁纽斯和伊克斯的函件中完善了自己的想法：“我越想突然终止驱除西海岸日本人的命令，越觉得大动干戈或者仓促行事会铸成大错。正如我在内阁会议上所讲，我认为，为了内部安稳，整个问题应该逐步解决。”伊克斯等人明白其意：大选之后。

* * *

这年春天，华盛顿方面就是否关闭安置营争论不休，虚与委蛇，而在西部安置中心那些铁丝网后，暴力持续，沮丧蔓延。
198 1944 年 5 月 24 日，冈本庄一（Shoichi James Okamoto）在图利湖遭列兵伯纳德·戈枪击，翌日身亡。冈本生于洛杉矶以南的加登格罗夫，时年 30 岁。

这次事件有八名目击者，既有白人，也有日本人。7 月 3 日，陆军调查委员会的正式报告写道：

奉建筑监理之命，冈本驾驶100–41号卡车将木材从老四号门运往公路对面堆放……哈里·高梨（Harry Takanashi）陪同冈本执行此任务，工程车辆组的11名男孩正在等候陆军护送……

据高梨说，新卫兵到岗不久。有人说，那名新卫兵情绪不佳，而且比较强势。卡车上的两人稍微越过了线，冈本一侧的卫兵可以看到高梨的袖章，但由于卡车侧门过高，而卫兵个矮，他看不到冈本的。冈本出示了通行证，获准通过，数分钟后返回……尽管几分钟前他还被示意通行，此时却遭阻止。据说冈本大致是说：“哎，给你通行证！”或许此话让本已气恼的卫兵听着颇为傲慢。卫兵命他下车，勒令高梨驾车。后者解释说，自己没有驾照，不能驾驶卡车。据说，卫兵因为拖延而暴怒。从那时起，一边发号施令，一边骂骂咧咧……据说，卫兵听了高梨的解释说道：“你们日本人和安置署的狐朋狗友还想管理整个营地。”随后，他又转向冈本……工程车辆的那些男孩，距此没有几
英尺，对这个卫兵咄咄逼人的态度议论纷纷。“这个家伙总 199
是与日本人过不去……”此时，冈本显然也害怕起来。

高梨等目击者说，卫兵操起枪，绕过车头走到冈本站立的那一侧，命令冈本去卡车后面，这样，就正好在大门之外。冈本盯着他，犹豫了一会儿……人们怀疑卫兵蓄意在大门之外向他开枪。“逃跑时射杀。”卫兵用枪托击打冈本的右肩，冈本抬起右臂，身子稍微后移，以躲避击打。在此防卫姿势下，卫兵后撤一步，在距冈本四五英尺的地

> 方毫无警示地开了枪。在所有目击者的证言中，此举均被视作无端的攻击……
>
> 卫兵骂骂咧咧的，似乎紧张不安。据说，他将枪大致向（工程车辆组那帮小子）那个方向晃了晃，骂道："你们统统给我滚！"——他们落荒而逃。

六周后，军事法庭对列兵伯纳德·戈进行审判。他受到指控，但经过一个小时的审议后被判无罪。他仅因擅自使用政府财物——子弹——而被罚 1 美元。

陆军的这些做法和安置署的调查表均令这些看守和那些被看守者之间的关系剑拔弩张。他们不但分裂了安置营，而且，促使在押人员组织起来，以前所未有的方式进行反抗。弗兰克·埃米曾在小东京经营杂货店，而萨姆·崛野（Sam Horino）是在迁
200 移当天被强迫带离加迪纳的住宅的。1944 年 2 月，在征兵通知送达哈特山安置营后不久，这两位即在营中与其他"双否男孩"共同组建了一个所谓的公平竞争委员会。

请假表中的第 27 题是：你是否愿意随时随地服从命令投入战斗？读到它时，埃米想："这个问题很愚蠢，也很盛气凌人！我们流离失所，被关在这些集中营里，但这个问题对我们的公民权利或曰民权未置一词，也未提及恢复宪法权利。"对于第 28 题——你是否愿意收回对天皇的效忠誓言？——他觉得同样愚蠢。"我们从未宣誓效忠天皇！"他对营区管理人员说，"而且，让我们的父母收回对日本的效忠誓言，那会让他们失去国家。"因为第一代日本人不得获取美国国籍。

埃米已经32岁了，有两个孩子，所以，他本人不符合征兵资格。但他初读调查表时，彻夜难眠，苦思答案。“在目前的条件和形势下，我无法回答这些问题。”随后，他与他的兄弟一同在卫生间的门上张贴了一段文字，题为“第27和28题建议答案”：

> 我们公平竞争委员会的成员不惧参战，不惧为国献身。为了维护我国宪法和《人权法案》中所确立的原则和理想，我们甘愿牺牲生命，因为包括美籍日裔和其他少数族裔在内的全体人民凭借这一不可侵犯之原则方能获得自由、自主、公平和保护。但是，我们得到这样的自由、这样的自主、这样的公平、这样的保护了吗？没有！没有经过听证会，没有宪法和《人权法案》保证的正当法律程序，没有对我们进行任何起诉，没有证据显示错在我们，1.1万无辜的人民就被踢出了家园……像危险罪犯一样被 201
> 关进集中营，被铁丝网包围，被宪兵看守……这符合美国精神吗？不！……**因此，为了抗争，如果接到通知，而且在接到通知时，我们公平竞争委员会的成员拒绝体检，拒绝入伍**。

安置营内的日裔美国公民协会成员指责公平竞争委员会的领导人发表煽动性言论，营地报纸《哈特山守望报》（*Heart Mountain Sentinel*）也对此予以谴责。

敏多目久（Min Tamesa）来自西雅图，是个磨坊工人，他是埃米的朋友。两人继续抗议，明知会遭到阻止，但依然决定离营抗议。如果最终走上法庭，他们欲借此事证明他们并非自由的公民。

离营抗议那天，卫兵阻挡了他们，要求出示证件。

“哎，我们没有通行证。”埃米说，“我们是美国公民。”

士兵再次要求出示通行证。

“嗳！”埃米回答，“如果我们没有通行证非要出去，你又能拿我们怎么样？”

“那样的话，我就只好开枪了。”卫兵说。

其后，怀俄明州的一个大陪审团对埃米、崛野以及哈特山另外 61 名拒服兵役的二代日裔提起诉讼。这是怀俄明州历史上最大的审判，所有抗拒者均被判有罪，在华盛顿州麦克尼尔岛和堪萨斯州莱文沃思的联邦监狱服刑 3 年。

后来，同一陪审团再次起诉公平竞争委员会的 7 名领导人，包括埃米和崛野，这次的罪名是企图组织拒服兵役运动。丹佛英
202 语报纸《落基新报》（*Rocky Shimpo*）的专栏作者大村宽（James Omura），因为撰写文章鼓动哈特山公平竞争委员会的领导人行使其美国公民权利，也遭到起诉。由于《宪法第一条修正案》保护媒体言论自由，最终大村被判无罪。

再遭起诉后，1944 年 7 月 21 日午夜，弗兰克·埃米等哈特山公平竞争委员会的领导人被联邦调查局拘留，关进夏延监狱。这次，这群人被控密谋违反《义务兵役法》（*Selective Service Act*）。

1944年10月27日，埃米一干人等在夏延接受陪审团的审讯。他们没有否认，坦承其所作所为及其缘由。他们被判有罪，带往堪萨斯的莱文沃思。埃米虽然获刑 4 年，但在服刑 18 个月后战争结束了，第十巡回上诉法庭推翻了对他以及其他人的判决。

审讯前，弗兰克·埃米等人曾请求美国公民自由联盟提供律师，但遭到拒绝，原因或许是，该联盟主席罗杰·鲍德温不愿意做令好友罗斯福尴尬之事。随后，该联盟一位来自洛杉矶的律师威林（A. L. Wirin）同意以私人身份为七名被告进行辩护。

尽管鲍德温等美国公民自由联盟纽约总部领导人的态度模棱两可，但该联盟旧金山分部主任欧内斯特·贝西格却花了一年多的时间一直在争取获准探访安置营，尤其是图利湖，他想与营民们谈谈。1944 年 7 月 10 日，他终获批准，但是，他不得与营民单独交谈，所有会见必须有营区管理人员在场。即便如此，营区 203
妇女还是知道了他在营内，告诉他这里还有“营狱”（stockade），而且，她们不得探访临时监狱里的丈夫和儿子。

雷蒙德·贝斯特立即命令贝西格和秘书离开营区，返回 500 英里之外的旧金山。然而，道阻且长，有人给贝西格的油箱里撒了两袋盐。不难猜到，行政人员是这个鬼把戏的幕后指使，因为贝西格的车停放在营区外的“纯白人”住宅区。

两天的所见所闻令他震惊，贝西格向纽约报告称：“图利湖不是发配不忠者的地方，其实是个垃圾场，里面有格格不入的人，有对行政管理不满的那些头头们，有凄苦的年轻人，还有很多一心想返回日本的老人。贝斯特领导下的行政当局非常愚蠢，他们成功地将各类分子团结起来与自己作对。”

尽管纽约的美国公民自由联盟委员会向贝西格施压，要求其支持政府，尊重政府权力，但他决意设法对抗纽约。像以前一样，贝西格去找韦恩·柯林斯。韦恩忤逆纽约那些联盟高层的旨意，在旧金山事务所之外再次代理了丰三郎的案件。虽然联盟在旧金山的分部是韦恩创立的，但现在他已出局。他自由了。纽约的电话、电报和信函均禁止其重返图利湖，他决意置之不理。

此外，联盟创始人罗杰·鲍德温认为柯林斯不够称职，有些狂野，很多认识韦恩的人都持此看法。贝西格称自己的朋友柯林斯像只“猎狐犬”，语速很快，义愤填膺。这个爱尔兰人处理案
204 件时仿佛手执短枪，随时准备朝任何方向开火。他攻击最多的是日裔美国公民协会，因为他认为这个机构是集体迁移的帮凶。

> 我憎恶他们，他们只是一帮走狗而已……日裔美国公民协会自诩为所有美籍日裔的代言人，但他们却拒绝为他们的人民挺身而出。他们将自己的人民像一群该死的鸽子一样领进集中营……我至今对迁移感到难过，这是美国对一个美好的民族所犯下的最丑恶的罪行。

无论技巧如何，无论何等愤慨，柯林斯激情满怀，锲而不舍。他已经在竭力代表美国的日本人，他们被关在图利湖的监营里，那是图利湖监狱里的监狱。他要求前往这个隔离营，并进入监营。贝斯特不想让律师来到营地，所以主动提出与安置署的其他官员同往柯林斯位于旧金山的办公室。一见面，柯林斯即说，如果监营不立即关闭，他就要为400名囚犯申请人身保护令。三天后，他驾车来到图利湖时，铁丝网和胶合板围地已无踪影，监营也无影无踪了。

* * *

在华盛顿，国会正在研议通过第78-405号公法：《1944年

剥夺国籍法案》(*The Denaturalization Act of 1944*)。1944年7月1日，总统签字后该法案生效。该法案允许美国公民战时放弃国籍。但不管其措辞如何，它只针对这样一群公民：图利湖的营民。司法部认为，该法案促使公民自愿成为外国人，为继续关押那些公民提供了宪法基础。像往常一样，西部政客又来施压，他 205
们以图利湖乱局为借口，禁止美籍日裔返回西海岸。比如，加州众议员克莱尔·恩格尔（Clair Engle）就说：“我们不想让那些日本人回到加州，驱逐越多越好。”恩格尔是共和党人，他认为，平息营地风波之策就是告诉在押人员，他们战后可以回到日本。其实，他们大多数从未去过那里。

虽然迁移人员中最初只有117名归米签字放弃国籍，而且营地里那些真正的反美主义人士将亲日组织、帮派和学校纠集在一起，但雷蒙德·贝斯特和图利湖的管理层仍决定漠视不理。他们想用对这些人员的置若罔闻来吓唬营民放弃国籍。1944年，随着时间流转，“日本化”——而非最初设想的“美国化”——俨然成为图利湖的新政策。那些帮派及其随从可以肆意撒野，强迫“忠诚者”公开宣布不效忠美国。慑于“不忠”帮派的淫威，数千人屈服了，而且，他们开始相信，出了安置营便会危险重重。这个机构似乎是由这些在押人员操纵，乱局终酿惨剧：仁美八尾（Yaozo Hitomi）遭到谋杀。此人生前担任营地合作社经理，并曾公开支持当局。7月2日，他被发现惨遭割喉。

甚至“美国化”了的二代日裔也被逼学习日本文化和语言，挥舞日本国旗，当时开设的课程有武术、茶道和插花。亲日组织的头头们和嗓门最高的那些人主要是二代日裔和归米，他们叫嚣放弃国籍，离开美国，但他们自己却常常无意放弃国籍。不过，这一现象在安置营里无人察觉。

206 1944 年底，图利湖申请弃籍离美的囚犯几乎增至 2 000 人。营地里正在滋生着怀疑、恐怖和迷茫。数百名最狂热的亲日青年加入了所谓的“沙岛男子汉”组织（Sand Island Tough Boys），这是从夏威夷监禁中心移押至此的一个帮派。这些亲日帮派威吓营民说，处理申请表的 20 名军官告诉营民，他们只有两个选择：要么放弃国籍，要么被遣散出营。政府开始宣布关闭营地，越来越多的图利湖人因为害怕出去而申领弃籍文件，老年人越来越担心，一旦出去会很危险，而且还可能与家人失散，于是他们软硬兼施，要求子孙放弃美国的国籍。

司法部终于意识到这一情况，遂于年底宣布：只有 17 岁以上的美籍日裔可以放弃国籍。但为时已晚，营地里没有人再相信政府了。最终，图利湖有 5 589 名美国人放弃国籍以及公民权利，占图利湖二代日裔的 70%。他们大多迫于无法承受的压力，这些压力来自归米帮派，来自美国士兵，也来自这个铁丝网封闭着的世界里的亲生父母。

到了年底，司法部还在不断折腾。12 月 27 日凌晨，士兵们包围了营地，40 名武装边界巡逻人员将亲日团伙保国团的 70 名嫌疑头目提溜出被窝，拖至三号门，押上卡车，运往司法部设在各地的监狱。可以想见，甚至连那些最温和的营民也将这 70 人
207 视作烈士或英雄。千余人奔至门口，高喊“冲啊！冲啊！”并嚷嚷什么“监禁光荣”。

司法部敌侨管理处副主任约翰·伯林（John Burling）曾经反

对弃籍法，他在部里的一份报告中写道：“至少从事后来看，似乎可以预见，这群人会被煽动起一种狂热的爱日情怀。”不管是否出自对亲日的保国团的同情，数百名男性营民将自己的头理成了日本皇军的发型，当然，也有些人这样做是为了自我保护。

图利湖的条件不敢恭维，时下，放弃国籍——被迫也好，自愿也罢——似乎都不可逆转。尽管遭到美国公民自由联盟纽约总部和洛杉矶分部的反对，韦恩·柯林斯，这名旧金山律师感到刻不容缓，他最终代表司法部监狱和安置营里5 000余名在押的美籍日裔，其中包括那些已经放弃美国国籍的无望人员，提起诉讼。甚至在随后的数十年里，柯林斯的风格和成就依然令人惊叹。在1985年一期《太平洋历史评论》（*Pacific Historical Review*）中，约翰·克里斯戈（John Christgau）撰文《柯林斯与世抗争：为恢复二战弃籍人员之国籍而战》，标题恰如其分。

“我代表的这些弃籍人员忍辱负重，”柯林斯在致美国司法部部长办公室的一封信中写道，“他们在权利和自由方面所遭受的侵害超过了这个国家历史上的任何群体，而且全都无缘无故。他们被误解、诽谤、虐待，长期受到公众的羞辱和蔑视……而今，这些在押人员面临失去国籍和强制逐回日本的威胁。”

法庭上，他据理力争：“因为种族原因虐待其部分公民，希 208
特勒先生罪不可恕；而我们的政府同样虐待我们的公民，我们却习以为常。”

* * *

虽然越来越多的人离开了安置营，但他们的离开也并不总是那么容易，营区行政人员淹没在来自各方的公文里，各种规定层出不穷。早期曾有规定表明，美籍日裔不得在铁路沿线25英里以内生活或工作。

离营就像离家一样，给很多人带来了精神创伤，年幼者尤甚。乔治·中村（George Nakamura）迁来安置营之前在伯克利求学，在营地担任《图利人快讯》（*Tulean Dispatch*）的主编，他写道：“既然已经计划离开了，我倒想多逗留一阵子。这里的生活令我软弱和懒惰，有衣穿，有房住，不用担心下顿饭来自哪里。感觉自己已经变成了这里的一粒尘埃。”

年老的第一代日裔修建日式花园和水池，周边围着精致的小桥，他们被困于两个世界之间。迁移人员中年龄最大的那些老头老太太们，起早贪黑辛苦了一辈子，突然之间拥有了前所未有的闲暇。他们如今有时间放松、唠嗑和编织了，或者品品自酿的清酒，玩玩日本古老的围棋。

哈特山有位曾经富裕的一代日裔说：

> 我想我得走了。我并不想离开，我好像喜欢上这里
> 209 了。我的工作有趣，有时间打高尔夫、钓鱼，还有很多朋友，无忧无虑的。我夫人也喜欢这里，女儿有她的朋友，我们习惯了。

对一些人而言，离别不易，但离别仍在继续。1944年6月中旬，松田一家开始流散各方。松田全家，包括21岁的儿子米一和女儿玛丽，对请假表上的第27和28题均回答“是”，所以，

当其他营地的“不忠者”被移送图利湖时，他们却从图利湖迁往别处。松田米一自认为是名基督徒，觉得必须为和平而战，于是，6月准备前往佛罗里达州接受基础训练。启程前一天，他的母亲在全家人面前祷告：

> 主啊，这对我们大家都是一个艰难的时刻。我们知道米一带着全家和全体日本家庭的重托，怀着勇气去战斗，给我们社区带来荣耀。求你指引并保佑他。愿他以纯洁之心参战。我们知道无论他在哪里，你都与他同在……阿门！

玛丽哭了一天，心想：“我唯一的哥哥就要去为这个将我们像罪犯一样囚禁起来的国家而战斗了。”

一个月后，她申请到美国护士学员大队（the United States Cadet Nurse Corps）接受培训，艾奥瓦州克林顿市的简·兰姆纪念医院准备接收她。在计划前往克林顿前，父母告诉她，他们已经申请转往米尼多卡，因为他们在附近的爱达荷州有日本朋友，那些朋友住在远离西海岸的地方，没有受到羁押。玛丽和父母乘 210
巴士东行，前往爱达荷州的波卡特洛，从那里，父母换乘巴士去了米尼多卡。

走在波卡特洛的街上，玛丽在一家理发店门前遭到攻击。那里有块牌子写着：“日本人禁止入内。”理发师冲出来，扼锁其颈，并用什么东西顶着她的喉咙说：“真该割断你这个该死的日本人的喉咙！”她想他要动手了，但那个理发师的一个朋友在街对面喊道："嗨，肯，住手！"

又过了一个月，玛丽终于踏上前往克林顿的旅途时，她突然意识到她自由了。她致信父母："简直像在天堂一般，我可以随处走动，赏花看草，听鸟啁啾，这太不可思议了！"

不久，犹他州奥格登的一家蔬菜罐头厂给52岁的松田夫人提供了一份差事，67岁的丈夫说她应该去，她便打算去。在营区门口，她拿着离营许可证，边哭边祷告。11月，松田夫人给刚满20岁的玛丽写信："今天下午打开你的信时，你的照片掉了出来。看到你跟白人朋友相处融洽，真是照得不错……我想看着你成为一个了不起的护士，这是我唯一的要求。"

赴海外参战前的小假里，米一违规去了趟瓦雄岛，他想看看家里的农场。他没找到菲律宾工人麦克·加西亚，也没找到治安官霍普金斯。农场破败不堪，但依然存在。随后，他去了米尼多卡，他和玛丽在那里邂逅。两人均身着美军制服，营民禁不住打量他们。此后，列兵松田即借道马里兰，乘船19天，奔赴法国马赛，他是第442步兵团的补充人员。

211 安置营里的其他年轻人也都在展望未来。1944年5月11日，速水国雄从哈特山高中毕业了，他最后一张成绩单上终于得了全A，跻身优等生之列。他写道："伙计，我真的感觉好极了！记得我曾经以为自己患有肺结核或者其他疾病，其实没有。罗宾斯医生在看过我的X光片后说我的肺没有任何问题。我想我可以上大学或者参军了。"

速水依然热情和乐观，他写道："我也决心做些别的事情，我要进入文艺领域，我要成为世界上最好的艺术家（即使我智商不高）。”大学如期毕业后，他想：“我要周游世界，大家都给我瞧着点儿，速水就要出人头地了！”

速水把朋友保罗·前川（Paul Mayekawa）的毕业致辞录入了他的日记，题目是《国籍附带责任》。演讲中，前川问道：“我们是谁？你我是谁？我们是日本人吗？是德威特将军所说的‘鬼子终究是鬼子’吗？……像德威特的言辞所表明的，有些美国人仅仅以貌取人。”尽管是这样的肤色，但前川声称：“根据美国的出生权，我们是美国人。”

前川继续说道，“然而，集体迁移已经证明，我们不能将国籍视为理所当然。我们这些美籍日裔，并没有如我们所愿的那样，牢固地确立美国的生活方式，现在必须重申我们对国家的忠诚，证明我们值得拥有国籍。”但是同时，他也提醒听众不要放弃日本传统，因为借由传统，“或许他们可以进一步发展和丰富美国文化，美国难道不是不同民族多样文化组成的吗？”

他承认毕业生很快将各奔前程，或就业，或求学。他强调：212
“我们中也有人将要加入武装部队。这些人除了加速最终胜利日的到来，我认为也会成为一个最重要的因素，促使美籍日裔在美国生活中重建其明确而永恒的地位，从而让集体迁移这类事情永不重演。”

同年 6 月，曼萨纳高中 1944 届学生也毕业了。他们的年鉴《我们的世界》（*Our World*）看起来与美国其他年鉴完全一样，凡 76 页，对 169 名毕业生均有简介，包括他们背井离乡前所上高中的名称，还有所有老师、运动队、啦啦队和俱乐部的照片。孩子们是清一色的美籍日裔，当然了，男孩子长个了，西装显短，女孩子则穿着鞍脊鞋。

年鉴首页写道："从曼萨纳高中开学的第一天起，师生们在所有活动中便竭力模仿大家所熟悉的'家乡'的生活。"戏剧班那一页是些学生演员的剧照，这些照片是安塞尔·亚当斯在营地逗留期间所拍摄的。演出剧目是奥兰尼亚·鲁维罗（Auriana Rouveral）的《成长的烦恼》(*Growing Pains*)。节目单称，此剧讲述了"典型美国家庭的故事"。

有一页专门印有营区主任拉尔夫·梅里特的一封信，他写道："你们每个人在这个国家都可以找到一个地方，像自由的公民那样正常生活，当然，这取决于你们的合作、勇气和进取精神……你们的前途从来没有像现在这样一片光明！"

年鉴直到最后两页才出现了士兵、枪支和围栏。那两页没
213 有任何文字，一张占据整页的照片显示，一只手握着一把园丁剪刀，试图剪断铁丝网。另一张拍摄的是营地铁丝围栏边上的一座岗楼。

同年夏天，已经从圣迭戈高中毕业六年的枚闻铁三观看了波斯顿营的毕业典礼，随后便搬走了。他致函克拉拉·布里德，讲述了帕克谷高中的第一届毕业生。那天，毕业生"排队进入已局部建成的学校礼堂，领取毕业证。他们身着方帽长袍，光彩庄严。男孩身着蓝装，女孩一袭白衣"。

铁三在信中说，那年夏天，波斯顿三号营的高中经鉴定合格，其名称随即改为帕克谷高中。"如果我没搞错的话，帕克谷高中是安置中心唯一获此殊荣的高中。那里的学生争取接受高等教育，志向高远。"

他接着描述了学校的发展，第一年时，学生们在临时营舍里凑合着上课，但是后来：

> 开始建校后，整个社区主动帮制砖坯，建造校舍。甚至学生们也来帮忙了，他们希望1943—1944学年的秋季学期能按时开学。是的，学生们完全可以自豪地说：“这是我们的学校！”因为他们为建校出力流汗了。班级礼品是一面漂亮的美国国旗。

很多年轻的毕业生急于适应铁丝网和小岗楼外面的新生活。“这或许是我从亚利桑那州美丽的波斯顿给您写的最后一封信了。”津曲福生那年春天给布里德小姐写信说，“我妈妈要去得克 214
萨斯州的克里斯特尔了，与我爸爸团聚，我们已经有两年半没见他了。”克里斯特尔起初是被当作流动劳动力的营地而兴建的，作为司法部的设施，这里既关押着日侨，也关押着德侨，1943年后还关押有那些人的家属，而这种情况并不多见。那里总人口3 000有余，包括从拉丁美洲——主要是秘鲁——抓来的1 500名日本人，1 000余名日侨，以及近900名德侨。

福生在随后的段落里语多讽刺：上了联邦调查局“危险分子”名单的日本人和德国人往往比那些发配至西部高地沙漠的迷茫无辜者待遇更好——

> 我们收到的各种信函显示，克里斯特尔是个美丽的地方，比波斯顿改善很多。建筑都是白色的（而不是黑油

> 毡）；每个家庭可以自己做饭；每座营舍都有淋浴，由里面的所有家庭共用；营舍配有不少家具，还有一个不错的餐厅。每人每天的食物配给很多，都以一定的硬币形式发放，那些硬币仅在当地商店可用，他们告诉我们食物充足。

福生没打算去克里斯特尔与其父母团聚，她要去明尼苏达州的明尼阿波利斯。她在 6 月的一封信中说：“有时候，工作单调，而且相当累人，但是我喜欢。有很多东西要学，人们很友好。我的打字速度提高了，准确率也更高了。我们有些忙得抽
215 不开身，所以很少有时间闲逛，就像在营地时那样，但时间过得很快。”

福生计划上商学院，然后打算参加公务员考试。她一面展望未来，一面怀想过去，她写道：“上周日，仓富郁子（Ikuko Kuratomi）（你还记得她吧？）给我打电话了，她住在圣保罗，在哈姆兰大学上学。这个周日，她要过来一起吃饭，我希望可以叙叙旧，聊聊各自的生活。”

有些年轻工人在比较离营后的生活与先前铁丝网里的生活，而另一些人则在比较自己与入伍人员的命运。1944 年夏，枚闻铁三致信布里德小姐：“我本来想在明尼苏达州的萨维奇营当个理发师，也得到了一个机会，但在例行的手臂检查中，医生告诉我，臂骨状态可疑，需要一段时间才能确定有没有问题。我本来就很卑弱，这件事让我的情绪更低落了。”遭此重大打击后，他开始觉得自己没出息。他禁不住将目光转向其他二代日裔：“接着，我读到日裔美国公民协会报纸《太平洋公民》（*Pacific Citizen*）

上的几篇文章，讲的是日裔士兵的英雄事迹以及他们所遭受的艰难困苦，我醒悟了。”他认识到，他所经历的事情“与前线战士相比，微不足道。我现在恢复了训练，锻炼身体，增加体重”。

安置营中的热门话题和冲突主要还是围绕从迁移人员中征兵之事。很多年老的第一代日裔认为，儿子的首要义务是对他们的，而不是对这个囚禁他们的国家。而很多年轻人则决定，只要他们的基本权利无法实现，他们就要对抗一切军令。“我是‘双否’男孩，”一位拒绝回答第27和28题的少年说，“只要他们把我当外国人对待，我就要对一切说‘不’。只有他们把我当公民 216
看待时，才可以问我公民应该回答的问题。”

“我们中间那些报名参军的人遭到了孤立，”另一人说，“他们遭到嘘声，我们打了起来。那些生于美国但在日本接受教育的归米在厨房里向我们投掷食物。我可怜的妈妈遭到了残忍的迫害，因为我们有三个兄弟都报了名。”

除了图利湖以外，所有安置营里的话题和局势如出一辙。“说到征兵问题，”波斯顿营的路易丝·小川在给布里德小姐的信中写道，“很多男孩被陆军征募，加上人员调迁，这个营慢慢地空了。也有很多男孩拒绝入伍，我无法想象男孩子刚出校门就被联邦调查局盯上并将其投入监狱。这明显不对！”小川继续写道，“也许我已经美国化了，无法理解他们的观点，但从另一方面讲，我知道自己应该尊重他们为实现理想所下的决定和决心。”

像很多二代日裔一样，托珀兹的汤姆·川口忤逆父母之愿，也应征入伍了。“我参军了，”他说，“因为我一直怀有强烈的爱国之心，我觉得这是我的国家，我不知道其他任何国家。”对他来说，他的选择直截了当。“对日开战后，我就准备好了与敌作战，不管是日本人、德国人或者其他国家的人，我毫不迟疑。这是我的国家，我要保卫它。”

速水国雄有着同样的感受。他的哥哥弗兰克已经入伍。毕业后，国雄接到命令，前往丹佛接受部队体检。“体检后，”他在日记中写道，“米茨·川岛（Mits Kawashima）、卡尔文·川上（Calvin Kawanami）、劳埃德·北园（Lloyd Kitozono）、麦斯和
217 我在城里闲逛，吃了一大块T骨牛排，看了场电影《瓜达康纳尔日记》（*Guadacanal Diary*），然后去一家旅馆睡觉。”

8月，速水成为一名现役军人。他在8月20日的日记中写道：“也许这是我长期以来最后一次在这个本子上写日记了。”在该篇日记里，他记叙了近三个月的战况：“法国被攻占，盟军现已逼近巴黎。南太平洋上的塞班岛也已拿下，东条（Tojo）首相及全体内阁被迫辞职，希特勒差点被干掉。”

他也叙及美籍日裔在欧洲的战斗。“在意大利，美籍日裔干得很漂亮，第100步兵营是陆军中受勋最多的部队。”

像很多离营者一样，速水感到莫名的怀旧：

> 哈特山一片肃杀，同时又生机盎然。时而尘土飞扬，时而大雪飘洒。终有一日，在外国的战场上，我会怀想起它。母亲、父亲、兄弟、姐姐、朋友、食堂、影院、溜冰、游泳、学校、增重，想到这一切，顿觉哽咽难言。

1944年8月22日，速水记录了自己在科罗拉多州的洛根堡

入伍。10天后，列兵速水到了佛罗里达，他在家书中抱怨天气炎热，汗流浃背。到那里的第一天，“整个早上，他们都让我们操练。今天下午，他们给我们发了枪，我大多数时间都在擦枪。”

“今天我获得了优秀射手勋章，但我不喜欢佩戴。”那年秋天，速水给父母写信说，“在正常的白人连队里，神枪手是很高 218
的荣誉，但是，在我们连也就算一般吧。其实，属于中下，因为我们连几乎一半人都获得了神枪手的勋章……我们连真是太棒了，我们打破了布兰丁营的纪录。”

在哈特山的“家”里，速水的哥哥列兵弗兰克正在休感恩节假，但那是一段悲伤的日子。哈特山高中1943年的第一任学生会主席特德·藤冈（Ted Fujioka）阵亡了，他是在法国执行一次“特殊任务”时遇难的。国雄的基础训练压缩了时间，他回到哈特山过圣诞。营地里，同时有21名士兵休假。那时，哈特山有500多户家庭将小星条旗插在窗户上，表示该户有儿子在服兵役。藤冈家的旗帜第一个配上了金星，表示有子阵亡。

1944年12月30日，速水在营地休假，他曾经工作过的营区报纸《哈特山守望报》宣布，日本人和美籍日裔可以自由返回加州。但这一消息对很多人而言来得太晚了：他们感到害怕，他们在那里已一无所有。

国雄的姐姐格蕾丝在纽约市亨特学院上学，一些美籍日裔像她一样，在中西部或者更靠东的地方开始新的生活。虽然很多年轻人留恋迷人的西海岸，但他们也跟其父母一样，对弥漫于西部沿岸的种族仇恨充满了恐惧。

路易丝·小川搬到了芝加哥，新生活让她感到欣慰。“芝加哥当然是个很大的城市，本身就像一个世界！在大街上又能和不同信仰的人肩并肩地行走了，感觉好极了！”她很喜欢麦克拉伊公司那份办公室的工作，她在邮递部上班，很期待第一个白色圣诞，因为之前在南加州她从没见过雪。

219 但是，随着冬天的到来，小川倒想念起圣迭戈了，她写道："我听说人们即将返回加州，我很高兴我们在自己的城市重新被接受，在那里，我们度过了很多快乐的时光。我也想去圣迭戈，但还在犹豫。”小川稍停又说，“公众是那样的情绪，我觉得最好还是在一个新的社区开始全新的生活。如果仇恨和种族歧视能从地球上消失，生活该多么美好！”

第九章

“孤注一掷”

援救失踪之营：1944 年 10 月 30 日

珍珠港遭袭时，夏威夷国民警卫队的州预备营里有 1 432 名 220
日裔。尽管他们没有选举权，但他们是保卫这个国家的美国公民。1942 年 5 月 28 日，他们重新归入现役并得到保护。此前，他们遭到岛上军队司令迪洛斯·埃蒙斯的解职，那是他自作聪明的（或许非法的）官僚运作。6 月 5 日，他们被运抵旧金山，番号为美国陆军部队第 100 步兵营，即夏威夷人所说的“幺洞洞”（One Puka Puka）营。

虽然有数百名一代日裔和“可能危险”的社区领袖上了联邦调查局的名单，且未经审判即被关押于监狱或营地，但夏威夷的日本人从未被集体迁移。全体岛民接受宵禁，岛上日本人很多，超过 15 万，占该地区人口 40% 以上，所以无法集体迁
移。要想迁移并监禁他们而又无损岛上经济根本不可能。而且，221

尽管发生了珍珠港事件，但是夏威夷并没有被席卷西海岸的种族主义、政治狂热以及白人的贪婪所撕裂。第 100 营下一站便是威斯康星州的麦考伊堡，他们在那里的优异训练引起了华盛顿的关注。

由于他们的训练很成功，陆军部内部开始讨论联合夏威夷和西海岸的美籍日裔，组建独立兵团，赴欧作战。美国需要更多的作战部队，而且，战时新闻处主任埃尔默·戴维斯再次禀告罗斯福总统，监禁美籍日裔授人以柄，已成轴心国重要的宣传工具。美国人和英国人每每谈及死亡行军、日本战俘营中的非人待遇，以及太平洋地区的奴役营，日本控制的亚洲报纸和电台即会提及美国的安置营。

的确，军队中已经有美籍日裔——比如本·黑木——在服役，只是通常不为外人所知罢了。尽管华盛顿禁止日裔服役，但很多地方的指挥官都不予执行或变通执行。陆军情报部已有数百名译员在太平洋战区服役，他们价值连城。第 100 营的 26 名二代日裔被秘密安排在卡特岛住了五个月，进行气味测试，由白人携军犬完成。他们说，日本人与白人士兵气味不同。

1943 年初，陆军部部长史汀生下令，“忠诚的”二代日裔可以在部队服役。当时，陆军的统计人员预计美国本土的安置营会有 2 900 至 3 000 名二代日裔应征参加作战部队，但是，2 月份发放的忠诚调查表中的第 27 和 28 题摧毁了那个预计。由于家人
222 生活在岗楼的阴影里，安置营里只有 1 208 名二代日裔报名应征。并不了解这些情况的夏威夷人却有 1 万余人应征，陆军招收了其中的 3 000 名。征兵站外的人群中，聆听宣布名单的数千年轻人

颇感失望。整个夏威夷群岛上，男士们穿街走巷，前往征兵站。被录取的人们到处庆祝，女孩将花环套到男孩的脖子上。1943 年 3 月 28 日，他们准备乘船前往旧金山。当这些应征入伍者行进在火奴鲁鲁的街上时，亲友和素不相识的人纷纷将 5 美元的钞票塞进他们的口袋。抵达加州后，他们又上了封闭的列车，踏上训练和参战的征途。

时年 19 岁的井上健获录服役。他本来是夏威夷大学的医学预科生，但听说医学院学生不在征兵范围之内，便和十几名同学退学了。他们渴望战斗，不顾一切地战斗。

井上回忆说，临行前，父亲告诉他：“美国对我们一直很好……你们兄弟姊妹都在这里受教育，我们都爱这个国家。不管做什么，不要辱没你们的国家。”他跟儿子强调，“记着，永远不要辱没你的家庭。如果必须牺牲，也要光荣就义。”

从夏威夷和安置营征募的新兵在密西西比的谢尔比营接受基础训练，不出所料，那里的白人军官并不信任这些美籍日裔。他们没法原谅新兵们的矮小，这些人平均身高 5 英尺 3 英寸，体重 125 磅，鞋码 3.5。而且，夏威夷人平时能不穿鞋就不穿鞋。最初，这些新兵领到的是玩具木枪，而且他们给监禁营写的家书
也都在谢尔比被秘密拆开审读。但正是那些家书中的语气和强烈 223
的爱国情怀给那些军官吃了定心丸：二代日裔完全可信。于是，给他们发放了真枪实弹。1943 年 8 月，第 100 营踏上了前往北非的征程。

然而，让培训夏威夷新兵和本土新兵的那些军官们感到惊讶的是：这两帮美籍日裔互不待见。夏威夷那帮人说的是一种

混杂语言，混有英语、日语、汉语、夏威夷语和菲律宾语，语速极快。Puka指“洞”或“0”，“S’koshi”的意思是“一丁点”，“Ass Why”则指“这就是原因”。在夏威夷那帮人看来，本土那帮人受过更好的教育，说话像白人。岛上的人则没心没肺，喜欢饮酒、赌博度日。他们有钱，信封里的钱就是岛民与他们告别时塞给他们的。井上健经营一个小赌局，声称自己每月赚1 500美元。“孤注一掷”一语即来自赌场，后来成为第442团的座右铭，它也是一首战歌的歌词，夏威夷人经常和着鼓点引吭高歌：

> 幺洞洞……我们是来自夏威夷的男孩……我们要为你而战，为红白蓝而战……奔赴前线……回归火奴鲁鲁。为亲爱的老山姆大叔而战，孤注一掷！我们无所畏惧！我们要用枪口聚歼德国鬼子，胜利属于我们！孤注一掷！

作为一支独立部队，第100营的座右铭是“牢记珍珠港”。

本土那群人肤色浅淡，受过更好的教育，更为自律。他们英语好，把钱都寄给了安置营里的家人。夏威夷人自称“Bud-
224 dhaheads”，这是“乡巴佬”的俗称。他们称来自本土的人为“咕咚佬”（Kotonks），模仿椰子落地之声。而“Buddhahead”有两层意思，“Buta”在日语里指“猪”，所以“butahead”指“猪头”。斗殴成了一个主要的问题，为此，华盛顿曾郑重其事地讨论拆分日裔部队。

在谢尔比营，查尔斯·彭斯上校想到了一个缓解双方紧张关系的办法，他决定用巴士载上密西西比军事基地的夏威夷士官，去参观阿肯色州的杰罗姆和罗沃尔两个安置营。1943年7月4日，来自夏威夷的中士井上健参加了首次赴阿肯色州安置营的“周末社交”活动。他回忆说：

到了以后，我们看到一排一排的营舍。进去后，我们看到高高的铁丝网、机枪、刺刀和岗楼。随后，看到了长相跟我们一样的人们。不难想象这里发生了什么……回来后，我把全班召集到一起说，那里简直匪夷所思。那些本土的人竟来自这里，他们都是勇士。

在此之前，我根本不知道他们来自这些安置营，但在我们返回途中，有个问题挥之不去，而且永远挥之不去：如果我是那个安置营的，我会报名参军吗？

年轻的井上在火奴鲁鲁曾穿街过巷赶去报名，如今的中士井上却坦承，如果他遭到强迁和监禁，他不知道自己会不会参军。“我们回去后，他们成了我们的弟兄，自家弟兄。要知道，这群来自本土的伙计很特别，即使在极端恶劣的环境里，他们还 225
报名入伍，他们比我们强。”

来自安置营的本土新兵接受训练，组建第442兵团，而第100营却已经抵达北非，准备随盟军进攻意大利。盟军登陆萨莱诺10天后，他们被运抵那个意大利港口。不到六周，他们即伤亡25%，3名军官和25名新兵阵亡，239人受伤。

第442团离开谢尔比，从弗吉尼亚的汉普顿洛兹开拔，奔赴意大利南部，准备参加安奇奥战役。1944 年 5 月 1 日，他们在安奇奥登陆。两支相互隔离的日裔部队在意大利联合编队，此前，第 100 营的伤亡人数已接近千人。第 442 团的第 1 营留在了谢尔比堡，训练新兵准备替补。第 100 营保留独立番号，但充作第 442 团的第 1 营。

1944 年 6 月 6 日，当盟军在法国的诺曼底登陆时，全员日裔的第 100 营是最靠近罗马的美国军队，位于该城以南仅六英里的地方。他们奉约翰·哈莫尼（John Harmony）将军之命停留在那里，在通往罗马的主道 7 号公路边上扎营，一天多的时间里只能袖手旁观。此时，第一装甲师的白人赶了上来，趾高气扬地超过他们，开进了盟军攻陷的第一个轴心国首都。

随后，第 100 营的将士被装上卡车运至城北。一周后，在更靠北的一个地方，以夏威夷人为主的第 100 营正式并入以西海岸本土人为主的第 442 团作战部队。三周后，1944 年 6 月 26 日，以第 100 营老兵为前锋，第 442 团首次投入战斗，包围德国占领
226 的贝斯城。这是一场血战，美军伤亡 900 人，荣获总统团队奖，授奖词写道：

> 三个连队均英勇作战，不惧任何武器和坦克，冒着枪林弹雨，有时，没有火炮支持依然奋战……他们坚持不懈，与数量占优的敌人战斗，他们行动迅速，第 100 营最终全歼德军侧翼……第 100 营全体将士的勇毅和无畏体现了美国陆军的优良传统。

按规定，第442团是一支3 800人的整装部队，拥有自己的火炮、医疗和工兵。接下来的那段时间里，该团在向意大利北部开进的途中进行了一场又一场苦战。根据美国军事档案记载，截至8月中旬，第442团虽然在切奇纳和卡斯特利纳不断遭到德军堑壕阵地的攻击，但却报告毙敌1 100人，俘虏331人。战斗一直持续到1944年8月31日。是日，兵团抵达阿尔诺河。至此，该作战部队损失239人，或阵亡，或失踪，另有972人负伤。

1944年7月11日，第442团的乔治·斋藤给父母写信，讲述弟弟卡尔文的事：“我想陆军部已经通知你们了，我们失去了卡尔文……一切发生得太快了，那是作战后的第12天……他正好不走运，一下子就没了。”

乔治·斋藤想让父亲理解他们兄弟俩参加第442团的决定，所以继续写道：“爸爸，此时此刻不该给您讲大道理，但是，我心里有些话想让您听听。尽管卡尔文牺牲巨大，但别听其他人说
什么他参军很愚蠢，是个错误。我在征途中的所见让我更加确 227
信，虽然发生了一些事情，但我们做对了。美国是个很好的国家，不要相信别人的胡说。”

三个月后，乔治·斋藤阵亡。

1944年9月，第442团乘船赴法国。在马赛登陆后，换乘火车，继而步行，在罗纳河流域行进500英里，准备进攻德国占领的法国重镇布吕耶尔，这是德军在孚日山脉的一个要塞。10月15日，在法国东北遮天蔽日的森林里，战斗开始了。地形和天气之糟糕均是第442团前所未见的。很多人还穿着夏装，他们

在陡峭泥泞的山坡攀爬前进，冷风劲吹，寒雨透衣。德国人顽强作战，仿佛在保卫自己的祖国。战斗持续了九天，双方均伤亡惨重。城里的居民住在地下室，水和食物短缺。白天炮火停息，人们纷纷出来，他们看到这些“黄皮肤细眼睛的小人儿”后颇为讶异，有人猜这些穿军装的像是“印度人”。一等兵斯坦利·秋田（Stanley Akita）回忆道：“他们不相信我们是美国大兵，我觉得他们不了解日本人的长相。”

战斗并未结束。德军在城东一座小山进行反击，一度朝佩戴红十字会臂章的医务人员开枪，打死了担架上的伤员亚伯拉罕·大浜（Abraham Ohama）中士。第442团的士兵义愤填膺，高喊着“冲啊”（Banzai），向小山发动攻击，肉搏半小时。他们毙敌50人，活捉7人。

接着，日裔部队奉命攻取几英里之外的比丰坦。这也是德
军的一个要塞，有四座小山作为屏障。他们攻取小山，占领城
228 池，展开了八天的巷战。在这次作战中，斯坦利·秋田被德军俘
虏。德国审问员对他说：“你该与我们并肩作战，而不是来打我
们，你怎么会把自己当成美国人？”

* * *

布吕耶尔和比丰坦战役后，第442团撤回到一个安全的城市贝尔蒙，计划休养两周。那里有诱人的热水浴、热饭和干爽的袜子。然而，这一切仅享受了两天，他们即被召回，执行法国战役中最危险的任务之一：营救第36步兵师第141团第1营。这是得克萨斯州国民警卫队的一支部队，人称“阿拉莫军团”。

他们被分割包围了，这就是不久之后在美国名声大噪的“失踪之营”。

其实，他们从未失踪。他们只是比侧翼部队更加突前，美军司令知道他们的确切位置：比丰坦东部一个小山头上，位于德军阵地之后一片幽暗的松林里，白天大雾茫茫，夜里则漆黑一团。他们有 275 人，几乎弹尽粮绝，仅有的水是从散兵坑里盛舀的泥水。包围他们的德国人至少有 700 名，辅以坦克重甲。全营当时由马蒂·希金斯率领，他来自新泽西州的泽西城，是存活人员中军衔最高者。他们每天发出无线电讯息，但一天只发两次，以保存电量，维系他们与外界唯一的联络。“给我们派送医疗用品”“我们需要给养”“我们缺饮用水”“我需要无线电电池，伤员需要血浆”。陆军航空队 P-47 轰炸机试图空投给养，但大多落入德军手中。一枚火箭的头锥装满巧克力，但却深陷淤泥，无法拔出。

数次营救均告失败，其中一次是“失踪之营”试图自己突 229
围，但在行动中有 50 人失踪。第 442 团从未被告知此次任务的性质，对他们来说，这次任务只不过是攻取另一座山头，无特殊原因。10 月 17 日凌晨 3 点，他们出发了。雨雪交加，大雾弥漫，他们在泥泞的山坡林地里向上攀登，每个人都用手抓着前面战友的背包。那些得克萨斯人和这些日本人素昧平生，双方均不知道这次营救行动。第 442 团开始攻山，两公里之外便是得州人。残酷的战斗打了五天，伤亡惨重，上面山脊上德军的野炮部队火力威猛，日裔兵团进攻受阻。直到五天地狱般的战斗结束之后，他们才被告知此次任务：德军欲俘虏美军一个弹尽粮绝的营队，他们的任务是营救那些战友。

大雨滂沱，山高林密，地形陡峭而又湿滑，第442团几难前进。山坡上埋有地雷，处处陷阱，同时散布着机枪工事和狙击手。爱德华·戴维斯少尉是那个连队所剩的唯一军官——第442团的军官最初都是白人——他站起身来，转向小桥渡（Wataru Kohashi）中士，命令这位日裔中士随他冲锋。两人开始奋力冲击。接着，日裔纷纷起身，向山顶冲去，喊着战斗口号："冲啊！冲啊！"其中一个是米基·秋山，他是陆军征兵时曼萨纳营第一个报名应征的二代日裔。冲锋时，他头部中弹。自己包扎后重新戴上头盔，头盔里放着他宝贝女儿秋山麻里子（Mariko Ann）的照片。

"我们不顾一切了，像一群野人。"一等兵柏木一二（Ichigi
230 Kashiwagi）说。第442团一小时后攻占了这座山头。第二天，10月30日，早晨异常宁静，直到美军炮火地毯式轰炸起第442团和得州人之间的那道山岭。当日本人再次前进时，几乎未遇抵抗。看到德军丢弃的盔甲，他们知道敌人已趁夜逃跑了。

战斗结束后，第100营从一年前的1 432人减员到260人。在这次营救行动中，整个第442团，包括第100营在内，死亡42人，仅剩800人，211名得州人获救。一等兵坂本松治（Matsuji Sakumoto）是第一个突破防线的日裔，他看到得州士兵伊德·盖伊浑身泥污，惊讶得嘴唇发抖。坂本只能想到啥说啥了："来根烟吗？大兵！"远藤裕（Hiro Endo）在一个散兵坑里发现一名得州伤员正从水壶里往外倒一些黑乎乎的东西，他以为是P-47轰炸机空投的巧克力，其实，那是雨后从坑里收集的泥水。“我把我的水壶给他，他顿时泪流满面。”远藤说。

“看到那些日裔士兵，我们毛骨悚然！”马蒂·希金斯说，“老实说，他们看起来像是巨人。”“失踪之营”最后一个无线电信息是：“442巡逻队在此，告诉他们，我们爱他们。”

诺曼底登陆举世瞩目，而相比之下，法国南部各个战役遂成“被遗忘的前线”，也正因此，对“失踪之营”的援救成为美国媒体无法抗拒的话题，数十名记者和摄影师在等候得州人下山。第442团则向另一个方向开进，进入深林。得州人受到赞美，而日裔得到的仅仅是终于下发的山地冬装：棉衣、毛衣、手套以及雨靴。11月4日，上述装备换掉了他们此次任务前身穿的夏季战服。

很多美国记者报道的主角是被救的白人，而非施救的日裔。231
11月7日，《纽约时报》对法国这场生死救援的报道是一篇美联社的文章，标题为：《270人被困八天，步兵突破封锁成功施救》。

该文只字未提那些“步兵”是美籍日裔，报道中也未提及第442团。所配图片由陆军信号情报部提供：马蒂·希金斯与宾州威廉斯顿“救援部队”的指挥官巴里中尉在握手。而第442团根本没有巴里中尉。

在大后方的报刊中，《时代》杂志是个例外，它写道：“始于一次小心的尝试，陆军的收获却出人意料地丰硕。这是一群强健的东方士兵，他们的父母离开了那个疯狂打击美国的国家，而今，他们在同样疯狂地为美国而战。”

约翰·达尔奎斯特（John Dahlquist）将军是第36师的指挥

官，也是位有争议的领导人，后来被指拿日裔做“炮灰”。媒体离开后，这位将军下令，在 11 月 12 日的庆祝大会上举行阅兵，向执行营救任务的第 442 团致敬。看着参加阅兵的小股部队，他怒问副官，为什么他命令集体列队，却只有这么几个士兵集合？副官维吉尔·米勒答道：“总共就只剩这几个人了。”第 442 团的 I 连和 K 连列队走过时，他又向米勒咆哮：“我曾下令，今天要人人参加啊！”K 连只有 18 名常备兵员，而 I 连仅剩 8 人，此役投入 400 人，如今却只有区区的 26 人参加阅兵。

第 442 团精疲力竭，人员短缺。在孚日山战役中，仅四个月伤亡即逾两千。11 月 17 日，兵团撤出前线，等候补充兵员。这
232 些日裔常备兵员所获得奖励：在随后的四个月里，沿着意法边境的里维埃拉在尼斯背后的山中参与一些轻型战斗，也就是所谓的“香槟战役”[①]。有了闲暇，他们可以逛逛地中海的海滩和蓝色海岸的酒吧，也可以吓吓那些法国的男男女女，那些人瞪大眼睛看着这些身穿美军制服的日本男人。

* * *

第 442 团从前线撤下来时，罗斯福第四次当选美国总统，携 36 州、以近 400 万票的优势，击败了纽约州州长、共和党人托马斯·杜威（Thomas E. Dewey）。安置营在竞选中从未构成问题。但是，1944 年 11 月 21 日，在当选后的第一次记者会上，总统被问到对美籍日裔的监禁。总统顾左右而言他，他强调说，

① 指不很激烈、不很危险的轻型战斗。——译者

他认为如果日本人分散在全国各地，而不是集中于加州，安置问题可能会少一些。随后，这个三年前下令集中关押日裔的人说：“很多律师认为，根据宪法，他们不能被囚于集中营。”此话令其助手大为惊讶。

另一位记者问：“我想知道，你是不是认为间谍危险已经大大地减少，所以以前批准的军事限令可以解除了？”

“这个我不能说，”总统答道，“因为我不清楚。”

他很清楚，这件事几乎在一年前就形成了秘密决议。

1944 年 12 月 18 日，星期日，罗斯福当选六周后，最高法院对近乎三年前以是松丰三郎和远藤光世之名提起的上诉做出了判决。过了那么久，经过多次审议，但在集体监禁这件事上，最高法院却站在了政府和陆军一边。然而，判决前一天，陆军部宣 233
布，美国的日本人如今可以自由选择居住在美国的任何地方，包括加州和西海岸其他区域。

在丰三郎一案中，法庭以 6 票对 3 票判定，抓捕合法。雨果·布莱克（Hugo Black）法官记录了多数意见：“丰三郎被逐出军事区域并非因为对其本人或对其种族的敌视……正常组建的军方当局担心西海岸遭到入侵，感觉有必要采取适当的安全措施。”

在反对意见中，罗伯特·杰克逊（Robert Jackson）法官写道：“丰三郎被定罪的行为通常不属于犯罪，其行为包括待在自己身为公民的这个州……而公民却仅仅因其父母生于日本、其置身所在区域即构成犯罪。”杰克逊一针见血地指出，“法庭永久性地确认了种族歧视原则……该原则仿佛一件装上弹药的武器，任何政府部门一旦有似乎合理的紧急需要即可信手拈来。”

另一位反对者弗兰克·墨菲（Frank Murphy）法官称此判决为“种族主义合法化”，他写道：“这个国家的所有居民从血统和文化上都与外国有某种渊源，但他们主要而且必然是美国这种新文明的一部分。因此，他们必须始终被当作美国实验的后裔，享有宪法赋予的所有权利和自由。”

墨菲进而说道：

> 这种驱逐超越了宪法的界限，陷入了丑陋的种族主义
> 234 的深渊……这种性质的种族歧视与军事需要没有合理的联
> 系，与美国人民的理想和传统完全背道而驰。（驱逐的）种
> 种理由似乎主要是错误信息、歪曲事实和借题发挥之集大
> 成，多年来，这些东西一直被那些抱有种族和经济偏见的
> 人们用来针对美籍日裔。

远藤光世一案是最高法院判定的唯一原告胜诉的监禁案件。法院判决认为，鉴于她本来就是加州政府雇员，与日本政府毫无瓜葛，等于政府本身已经承认她是名忠诚的美国人。本案判决虽获一致通过，但比较勉强。法院裁定，无论美国政府是否有权在第二次世界大战期间驱逐西海岸日裔，它都不可继续拘押政府承认的忠于美国的公民。

所有判决均措辞严谨，避免论及宪法或质疑军事决策。1944年12月18日，判决下来时，丰三郎已经在盐湖城当了电焊工，

而远藤光世在芝加哥当了秘书，她的弟弟远藤裕则参加了援救“失踪之营”的行动。

几乎在最高法院下达判决的同时，战时安置署宣布，所有安置营将在半年至一年内关闭。安置营里，对此决定反应不一。年长的第一代日裔，尤其那些单身的农场工人，已经习惯了营地生活的安逸，年轻些的也心存疑虑。

明尼阿波利斯的津曲福生像芝加哥的路易丝·小川一样，持保留态度，她给朋友写信说：“有财产的那些人想回去，但不清 235
楚那边的公众情绪。当然了，我们知道像你这样的好友很高兴让我们回去，但那些不认识我们、不理解我们的人未必高兴。对我们这些不走运、没财产的人来说，在这里待一段时间，甚至余生都待这里，都很满足。”

安置署宣布的消息公之于众后，1942 年那种反日腔调又出现在西部。《旧金山考察报》的专栏作者埃尔茜·鲁宾逊（Elsie Robinson）写道，任何监禁人员如果企图返回加州，她就要“割断其喉”。

* * *

1944 年 11 月 29 日夜，俄勒冈州胡德里弗。在这个人口三千的小镇上，当地法院一面外墙上张贴的光荣榜遭到涂损。榜上是当地服役人员的名单，其中 16 人的名字被涂黑，全是美籍日裔：乔治·秋山（George Akiyama）、浅井正召（Masaaki Asai）、浅井太郎（Taro Asai）、滨田升（Noboru Hamada）、早川谦次郎（Kenjiro Hayakawa）、今井重信（Shigenobu Imai）、木下光雄（Fred Mitsuo Kinoshita）、乔治·木下（George Kinoshita）、西冈鹭绘（Sagie Nishioka）、野衣卫（Mamoru Noji）、亨利·城增（Henry K. Norimasu）、佐藤胜美（Katsumi Sato）、哈里·牧（Harry Osamu）、若松英知（Eichi Wakamatsu）、约翰尼·若松（Johnny Y. Wakamatsu）和山木修一（Bill Shyuichi Yamaki）。有一名日裔的名字留在榜上：Isso Namba（矶雄难波），当地人以为这是个芬兰人名。还有一人的名字一开始就没上榜，陆军情报部的弗兰克·峰谷，因为他在波兰入伍了。

光荣榜是被美国退伍军人协会第 22 分会涂损的。

胡德里弗镇在河谷里比较显眼，位于哥伦比亚河峡谷上游，胡德山麓。这里住着 431 名美籍日裔，很多人都是农场主，他们
236 使胡德里弗的苹果和樱桃闻名全国。这里似乎诗情画意，对年轻人也确实是世外桃源。珍珠港事件发生一周后，奥克格罗夫高中的学生在校报上发表过一首小诗：

> 敬致胡德里弗人，
> 他们是我们的朋友——这些日裔，
> 不是鬼子，更不是日裔，
> 他们是美国人，我们有同窗之谊。

日裔校友同怀此情。15 岁的乔治·秋山从弗雷斯诺集散中心给格林奥克斯高中校长维娜·安娜拉写信说：“世界上最好地方、最好社区的各位都还好吧？我还行，其他人也都还好，只是天气

热起来了……130华氏度①……虽然这对我们大家来说都是个巨大的牺牲，但是我们却无能为力。虽然没法帮助国家赢得这场恐怖的战争，但能小小配合一下，我们已很自豪。”

1942年5月，日本人迁出前，整个胡德里弗县人口接近两万。日本人及其家属属于第49号驱逐令的范围之内。涂损榜单之事传遍全国后，第22分会瞬间成为与胡德里弗苹果齐名的大牌，但它是恶名。分会成员遭到全国报界的谴责，纽约的《午后》报甚至呼吁俄勒冈州的官员派遣国民警卫队恢复被黑的名字。《纽约时报》与盐湖城、得梅因等地的报纸均将第22分会的成员比作希特勒。《科利尔周刊》（*Collier's*）一篇文章标题为《盲目仇恨，登峰造极》。美国退伍军人协会的会员分为两派，很多分会，尤其是东部和中西部的，纷纷谴责胡德里弗分会会员，但其他州也有十几个分会将日本人从光荣榜上清除了。

陆军部部长史汀生率先批评第22分会和胡德里弗镇，联邦 237
官员也纷纷谴责。大量愤怒的信件涌向全国各地的报纸。欧洲一些白人士兵致函当地报纸称，若非日裔战友勇敢解救，他们就没命了。胡德里弗的三名士兵肯尼斯·巴特辛、唐·巴特辛和黑尔·莱昂从欧洲来信说，如果日裔战士的名字不能重新上榜，他们宁愿将自己的名字也从榜上拿下。

然而，胡德里弗县并未收敛，甚至自我标榜超级爱国，吹嘘该县战争债券的销售全国领先。12月22日，华盛顿宣布日本人可以重返西海岸五天后，第22分会花钱在《胡德里弗太阳报》（*Hood River County Sun*）上刊登广告，同时，到处张贴如下海报：

① 原文如此，疑误。——译者

致即将归来的日本人

根据陆军部最新规定，你们很快将获准返回本县。

为了你们自己的最大利益，我们奉劝你们不要返回。

公共档案显示，在600名日本人中，有25至30个家庭尚未出售其在胡德里弗县的财产。我们强烈建议这些人处理其财产。如果你们需要分会协助处理地产，我们保证你们得到公平交易。

如果你们返回的话，我们也保证竭尽所能维护法律和秩序，绝不容忍任何暴力。

美国退伍军人协会
俄勒冈分部
胡德里弗第22分会

238 第22分会在另一篇抨击文章中重提珍珠港，宣称："这个山谷里的每一名日本人早就知道行将发生什么，不止一人了解。"

该县有两家小报。《太阳报》的社论标题为《他们应该永不返回》。其竞争对手《胡德里弗新闻报》(*Hood River News*)从未直接谴责第22分会及其成员，但它转载过外州4篇批评社论。

同时，该报刊印过 25 封来信，除了两封，一致批评第 22 分会。

1945 年 1 至 3 月，胡德里弗抵制日裔的运动主要围绕另外六幅整版广告所进行，这些广告上均有该县书记官肯特·休梅克（Kent Shoemaker）的签名，此人是第 22 分会前会长。首幅广告于 1 月 26 日同时刊于《太阳报》和《新闻报》，标题为《真抱歉，胡德里弗不欢迎小日本》。广告中包括第 22 分会的决议，署名为“没有小日本的胡德里弗”。

该广告是给亚斯理卫理公会牧师舍曼·伯戈因（W. Sherman Burgoyne）的公开信，主要针对《新闻报》所刊发的一封他写给主编的信。在那封信里，伯戈因写道：“胡德里弗的每个人都不光彩。”同一周，伯戈因牧师几乎自取其辱，他写信告诉第 22 分会，“我个人认为，不管属于哪个种族，操外语的任何群体都不应该被允许聚集在一个地方，那样的话，他们无法以‘美国的方式’思考和生活。”

休梅克签字的第二幅广告展示了日裔地产图，并且列有 480 名当地居民的名字。据他说，这些人都反对日裔返回山谷。第三幅广告引述《读者文摘》（*Reader's Digest*）的文章，后附 421 人的名单，附言称：“我们这些胡德里弗的纳税者和居民在此联名声明，我们百分百地支持美国退伍军人协会胡德里弗第 22 分会，抵制日本人返回该县。”第四、五、六幅广告又列出 384 人， 239
包括俄勒冈州前州长沃尔特·皮尔斯（Walter M. Pierce），该州前参议员乔治·威尔伯（George Wilbur），以及一名“教育界人士”范·弗里特（T. S. Van Vleet）。最后这位老兄总结说：“小日本只是一群‘受过教育’、肆无忌惮、残酷成性的现代野人。”

休梅克最后一幅广告标题为《胡德里弗拒绝日猿（Japes）[1]》。“日猿”被定义为“小日本”与“猿人”之合体。

胡德里弗的白人也在州里四处宣传，并参加俄勒冈业主保护联盟组织的集会。3 月 13 日，在格雷舍姆一次集会的海报上写道：“我们如何清除沿岸的小日本？在尤宁高中的集会上，这个关乎你自己和每位俄勒冈居民的问题将得到答案。入门可获百元大奖抽奖机会！”

这些广告在胡德里弗甚嚣尘上之时，从当地走出去的在菲律宾担任翻译的弗兰克·峰谷中士阵亡了。《火奴鲁鲁星报》（*Honolulu Star-Bulletin*）对此事进行了报道，标题为《遭退伍军人协会唾弃，峰谷在菲英勇就义》。

当然了，反日情绪不独于胡德里弗存在。詹姆斯·汉利（James Hanley）中校来自北达科他州的小镇曼丹，他担任第 442 团一个营的营长，他在其家乡报纸《曼丹先锋日报》（*Daily Pioneer*）上碰巧读过一篇短评：“日本人也有好人，但不知道他们藏在哪里。”汉利和该报主编查尔斯是朋友，他给老友写信说：

> 是的，查理，我知道善良的美籍日裔在哪里，在我们这支部队里有 5 000 人。他们都是美国士兵，而且我知道
> 240 他们藏在哪里。但愿我能让你了解其中的一些人，查理。

① 在英文中，原词写作“Japes”，是 Jap（小日本）与 Apes（猿人）之合成词。——译者

我记得一个美籍日裔，在法国一片森林里，他在我前面正走着，突然就被德军弹片削去了左颊。

汉利继续讲述其他日裔的英雄事迹和自我牺牲，然后写道：

但愿“失踪之营”的那些小伙子可以告诉你他们对美籍日裔的看法……令人称奇的是，这些日裔小伙子竟然参战了，尽管贵报文章充斥着种族歧视，他们却都是优秀战士。我知道这很滑稽，但歧视不就是靠滑稽才滋生蔓延的吗？我们的体制应该是让每个人都成为优秀的美国人，这些小伙子的身上当然体现了这一点。贵报作为赫斯特旗下的报纸竟然和一小撮人一起让我们怀疑到底为何而战。但愿这不是种族歧视！

然而，胡德里弗及当地的退伍军人协会分会在全国成为了不容日裔的典型。此后的四个月里，第 22 分会仍然拒绝承认美籍日裔的贡献。退伍军人协会在全国有 12 245 个分会，总会长爱德华·希伯林（Edward Schieberling）本人曾奉劝日裔不要重返西部家园，但后来连他都改弦更张，告诉各分会领导，他们的行为玷污了美国退伍军人协会，也玷污了“战争努力”。即便如此，第 22 分会依然我行我素。

第 22 分会回应说，日本人在美国社会无法被同化，分会会员一直到 4 月都坚持此说。直到 4 月 29 日，才最终恢复了那 16 名日裔的名字。此时，全国食品连锁店都在报告说，各地纷纷抵

241 制著名的胡德里弗苹果，波特兰的银行拒绝给胡德里弗农场主贷款。也有报道说——后来证明纯属子虚乌有——第 22 分会可能被俄勒冈州的协会机构取消了。

* * *

速水国雄从欧洲写的首封家书所署日期为 1945 年 2 月 7 日，地点为“法国某地”。他说，法国有些像美国，但也有不同：房子更旧些，有些被炸毁了。他还注意到，法国人——至少他迄今所见的那些人——似乎很穷，衣衫褴褛，以残羹冷炙为食。

> 我们在铁道边吃饭，有些浪费，不想吃的东西就丢在地上。很快，一些法国老人过来，捡起那些剩余的面包片和香肠。有个人发现我在看，指了指香肠对我“汪汪”地叫了两声。我想他有点自尊心，想让我以为他捡香肠是要喂狗，但我觉得像他那样的法国穷人不会花那么多时间找食物残渣仅仅是为了喂狗。

在里维埃拉海滩的“香槟战役”期间，国雄的哥哥弗兰克也在法国。弗兰克给家里写信说，他与国雄不期而遇，弟弟离开安置营后胖了，也壮实了。弗兰克坐在队伍后面的吉普车里，看到了国雄。那天下午，他们聊了几个小时。他告诉父母，国雄“看起来挺好的，比上次在哈特山见时体重明显增加了不少，挺
242 好，挺壮实，手大个高，始终满脸笑容”。他补充说，“我们都好，一切平安。”

国雄随后的一封信是2月27日寄出的，他说，坐在运送部队的卡车后部，他看到了马赛和巴黎。回到法国南部后，他又写道：

这会儿，我在前方，驻扎在山顶。德国人驻扎在旁边的山上。这里很好，很暖和，吃得很饱，没多少事。德国人没给我们找太多麻烦（至少现在没有）……如果不是那些在头顶乱飞的炮火，如果看不到遍布山下的德军尸体，我简直快忘了这是战争。（我来这里以前，他们在企图进攻时被打死了。）第一次看到德军尸体时，感觉很不好，但我们一忙起来，就没人在意了。如今，他们只是风景而已。这些死人不再困扰我了，他们说，那些活人才是我应该担心的。

3月19日，他再次写信，用了些半生不熟的日语，讲述在第442团所见到的朋友的近况。

去年，村田（Murata）入伍时，第442团正在参加一场大仗。村田用日语告诉我：“战争非常恐怖！”还记得戴维·伊藤（David Ito）吧？他前几天获得了铜星勋章。还记得住在我们附近的鹤田义、鹤田正（Yo and Mas Tsuruda）吗？他们的弟弟在我们连，他获得了银星勋章！

你们在家里怎么样？弗兰克说你们可能5月前后回加州……如果回到加州，你们肯定美死了。

243 1945 年 3 月底，第 442 团奉命重回战场，隶属于意大利比萨附近的第五军，归马克·克拉克将军指挥。这位马克正是 1942 年竭力反对监禁日本人的那位马克将军。他曾问艾森豪威尔将军可否将第 442 团从法国调回战场。“他们真是美国陆军中最棒的战士。”他告诉艾森豪威尔。克拉克将军想让第 442 团在对哥特防线发动总攻时担任先锋。哥特防线沿意大利与奥地利边境的亚平宁山脉部署，希特勒称之为盟军与德国本土之间最后一道屏障。这里有 2 700 个碉堡，苦役历时一年才修建而成。自从第 442 团后撤，悠哉悠哉地镇守法意边界，美军驻守山麓期间，美德两军僵持不下，长达六月之久。

1945 年 4 月 5 日，早晨 5 点，第 442 团第 100 营冲入两军之间的无人地带。他们此后数天的英雄事迹在美国成为传奇。21 岁的归米宗盛贞雄（Sadao S. Munemon）是名汽车兵，来自洛杉矶和曼萨纳，因为排长身负重伤，他便冒着敌人密集的火力，冲锋陷阵，将一枚又一枚手榴弹连续投向敌军两座碉堡，致其哑火。当他奋力返回所在班组时，敌军的一枚手榴弹落入两名战友藏身的一个弹坑，他飞身扑向那枚手榴弹，舍己救人，挽救了两名战友的生命。一等兵宗盛是第一个获得美国最高作战奖章“荣誉勋章”的日裔。

两周后，第 442 团进攻科莱穆赛特罗山口，这是哥特防线中
244 最后一道山脉。从医学院休学入伍的夏威夷人井上健临危受命，担任中尉。在此前的一场战斗中，他胸部中弹，但是，子弹正中衬衣口袋里的两枚祈福银币。4 月 20 日凌晨，他指挥一个步枪排进攻科莱穆赛特罗。他身先士卒，距离敌军最后一个据点仅 40 码。

在他抓起一枚手榴弹、拉开引线投掷时，突然感到肋部一阵剧痛。其他战友赶上来时，他的肋部汩汩冒血。井上健继续前进，但腿下一软便跌倒在地。进攻缓了下来，井上站起身，试图投出最后一枚手榴弹。这时，德军一枚火箭榴弹炸断了他的右臂。他用左手扯下断臂上的那枚手榴弹，扔了出去。他竭力站起身来，一边用机枪射击，一边冲锋。他再次中弹，滚下了山坡，腹部和右腿均受伤，右肋出血。“上山！”他向手下喊道。他们冲上去了。

* * *

4 月 22 日，即距日裔在哥特防线科莱穆赛特罗山口英勇作战仅两天后，第 522 炮兵营的三名日裔伊藤晋（Sus Ito）、皆川由（Yul Minaga）和乔治·小矶（George Oiye）遇到了一些尸体，初看貌似雪堆。希特勒在达豪周边卫星似的修建了首批集中营，共 139 座，其中一座关有 300 名囚犯，那些尸体应该是其中一些囚犯的。

列兵柏野四郎（Shiro Kashino）从米尼多卡入伍，在达豪第一次见到铁丝网后的一排排营房时，他说：“这与他们在爱达荷州为我们建的一模一样。”

集中营的幸存者索利·加诺（Solly Ganor）在押时 16 岁，突遇美籍日裔士兵，又惊又怕。他后来回忆道：

> 我想，哎，这帮日本人准会杀了我们。我豁出去了， 245
> 说：“杀了我们，快点了结！”那名士兵竭力让我相信他是
> 美国人，不会杀我。我说：“哎，不对！你就是日本人！你
> 要杀了我们！”我们争来争去的，最后，他跪下来哭了，

双手掩面，说："你们自由了，我们是美国的日本人，你们自由了！"

这名美国士兵名叫克拉伦斯·松村（Clarence Matsumura），来自夏威夷的毛伊岛。他记得沿途发现很多幸存者："几乎所有人都身穿黑白条纹的制服，我不知道有没有人还能站立，他们算什么？他们没法讲话，大多躺在地上，很多人失去了意识。"

松村开始将这些幸存者送到仓库，给他们盖上毯子，送汤送水。索利·加诺和其他人无法吞咽干粮，但有些人还在努力吞咽着，有些人则死在了那里。美国人开始沿路进村，他们把德国平民赶到寒冷的室外，让释放的囚犯躺到他们的床上和地毯上。

50年后，已经移民以色列的加诺接到从耶路撒冷一个宾馆打来的电话。原来，一群参加重逢之旅的日裔老兵住在那里。加诺来到宾馆。"索利，"一名美国导游向他介绍那些人说，"这位是克拉伦斯·松村，我们想他就是那个救了你的人。"

加诺记得他，两位老人深情相拥。

* * *

246 4月23日，井上健所在的排在戈登·高崎（Gordon Takasaki）的带领下奉命攻打圣特伦佐一个托斯卡纳人的村庄，这是哥特防线上一个布防严密的据点。列兵速水国雄此前曾参加了令井上健失去一条胳膊的那场战役，他是新补充的兵员。圣特伦佐战役前，他给家里写信说："哎，真讨厌！我现在意大利！学了那么多法语，又要学意大利语！瞎折腾！昨天复活节，我参加礼拜了，让我想起以前的复活节！估计这次的礼拜会很难忘。”

在意大利，向北逃窜的德军起初是成百成百地投降，接着就是成千成千的了。军事史学家还原了圣特伦佐的战况：

> 德军的迫击炮、机枪、大炮，火力齐发。为了包围并瓦解敌军，高崎中士将自己完全暴露于强大的火力之下。虽然胸部被机枪击中，但他仍然坚持指挥战斗……他们切断了敌人的后路，光荣地完成了任务。在第442团最后一场战斗中，高崎牺牲了，同时牺牲的还有另外五名日裔。

其中就有速水国雄。

国雄的哥哥弗兰克在这次战斗中负伤，国雄本人死后被授予铜星勋章。嘉奖令称，在战斗中，他离开掩体，前去帮助伤员。尽管敌人的机枪和狙击手纷纷向他射击，但他还是来到第一个伤员面前，跪在地上，实施急救。接下来，他冒着敌人猛烈的炮火，继续前进救助其他战友。在救助战友的过程中，他重伤牺牲。

在欧洲，包括国雄在内，日裔阵亡700人，失踪67人，900 247
余人受伤。

是年春，欧洲战争结束。5月8日，速水一家在哈特山庆祝胜利。此时，他们并不知道儿子国雄的事情，因为发往哈特山的电报第二天才到：“你们的儿子速水国雄于1945年4月23日在意大利阵亡，陆军部部长深表遗憾，确认函随后奉寄。陆军副官长尤利奥（J. A. Ulio）。”

后来在交谈中，格蕾丝和母亲发现，她们两人在4月的同一晚上做了同样的梦。那天是 4 月 23 日，国雄牺牲的日子。两人都梦到，国雄来找她们，要一杯水。

哈特山安置营的主任盖伊·罗伯逊举行仪式向国雄以及该营另外五名阵亡的年轻人致哀。仪式上，男童子军乐队首先演奏序曲。当他们演奏《让上帝靠近你》（*Nearer My God to Thee*）时，营火少女团和女童子军向象征阵亡士兵的金星旗献上了花圈。

第十章

回“家”

胜利日：1945 年 8 月 15 日

本·黑木中士与 B-29 轰炸机在日本上空飞行了 28 次任务，248
这样一来，他在德国、意大利和日本执行的轰炸任务共达 58 次，但是，他越来越烦躁不安。他突然开始日思夜想甚至梦见他的轰炸机将燃烧弹投到日本首都那些不甚牢固的纸窗木屋上，无辜的妇孺在火海中被活活烧死。

战争结束了。

1945 年 8 月 6 日，“艾诺拉·盖伊”号[1]轰炸机将原子弹投向广岛，另一架 B-29 轰炸机“博克之车”号[2]则将原子弹投向

---

① 该机系超级空中堡垒轰炸机（Superfortress Bomber），以驾驶员保罗·蒂贝茨（Paul Tibbets）上校母亲之名（Enola Gay）命名。——译者

② 1945 年 3 月，该轰炸机交付弗雷德里克·博克（Frederick C. Bock）上尉驾驶，故而取名“博克之车”（Bockscar，有时写作 Bock’s Car）。——译者

了长崎。两周后，本·黑木内心的战争也结束了：一名美国士兵酩酊大醉，用刀刺伤了他的头部。当时，他们一边玩扑克，一边争论他俩谁是“更棒的美国人”。他流了很多血，伤口整整缝了 24 针。他住进了提尼安岛上的一家医院，无法与机组一起回家。

249 第 442 团，一支“孤注一掷”的美籍日裔部队，获得了 1.8 万次个人荣誉，是陆军中人均获得荣誉最多的部队，其中包括 1 枚荣誉勋章，53 枚杰出服役十字勋章，588 枚银星勋章，5 200 枚铜星勋章，9 486 枚紫心勋章，以及 8 次总统嘉奖，这是美国作战部队的最高荣誉。50 余年后，数十名美籍日裔的档案得到复审，以确认是否有人可能因为上级的偏见而未获奖。结果，2000 年 6 月，比尔·克林顿总统又授予第 100 营和第 442 团 20 枚荣誉勋章。

* * *

1944 年 12 月 15 日，厄尔·沃伦州长收到罗伯特·刘易斯（Robert R. Lewis）中将的来函，称：“军事需要”不应再用作对加州日本人进行集体迁移的借口。刘易斯写道：“我希望选择返回的美籍日裔能够顺顺利利地返回……我相信贵州的优秀人民会认识到，在这些获准返回的美籍日裔中，有很多家庭的子女在我们的武装部队服役。”

在估计西部三州民众态度时，刘易斯将军和沃伦州长都过于自信了。四天后，一份军事情报称：“萨利纳斯还有 100 名小
250 伙子被关在日本集中营中，他们的母亲强烈反对允许日裔返回（加州）。她们说，这些日本人知道巴丹死亡行军，他们不愿面对我们，我们也同样无法面对他们。”就像俄勒冈州退伍军人协

会一样，萨利纳斯的退伍军人协会第 31 分会会长告诉当地一家报纸：“我们这里拒收日本人。”

1971 年，沃伦州长接受了加州大学班克罗夫特图书馆口述史项目的采访。他回忆说，1945 年初，陆军部部长接触过他，他当即同意日本人回迁加州，重返家园。

“那是一个周六的早上，我在洛杉矶。”沃伦说，“他告诉我，周一中午他们将允许日裔返回，并问我是否愿意提供帮助，我告诉他我愿意。战争结束了，一切都结束了，我们没必要再担心什么。”

沃伦告诉伯克利口述史项目组的阿梅莉亚·弗赖（Amelia R. Fry）：

> 从那时到周一最终宣布，我到处打电话，十有八九都是给人讲，这事要完成。我告诉他们，我们当年提倡迁移日本人是因为那样做符合战争需要，如今战争结束了。那些日本人曾经住在我们州，没有任何错，如果我们对他们继续怀有敌意，对加州来说就最糟糕不过了。而且，我希望他们能够配合政府、配合我，让日本人返回加州，在这里得到幸福。

沃伦随后回顾了有关返回的乐观看法：

> 他们回来了，直接上学，你知道的，孩子们都很欢迎 251
> 他们，欢迎一切。或许发生过六七起暴力事件，一些无赖到处流窜，用石头砸窗户，但是他们中的大多数被抓了，

> 起诉后被判了罪，这种事情就再也没有了。我相信，从那时起，我们州的日本人比以往任何时候都幸福。

政客善于见风使舵。1942 年，沃伦、洛杉矶市市长弗莱彻·鲍伦等都曾鼓吹集体迁移，如今，他们都认识到无法阻止战时安置署以及陆军部推行其安置计划。州长和市长均打定主意，前往洛杉矶的尤宁车站，迎接安置营归来的人员，那里有媒体的摄影记者和采访记者。

* * *

1945 年初，白宫发布第 21 号公告，正式结束集体迁移，安置营人口几乎降至 9 万。最初的三年里，2.5 万人悄无声息地离开了，工作，学习，当兵。4 300 名学生上了愿意接收他们的大学，这些学校大多在中西部。此外，还有四倍于此数的日裔工人遍布西部以外的田野、工厂、办公室以及医院。农场工人只是被短暂释放，大多数永久获释的人员则定居于以下七州：伊利诺伊州（7 652 人）、科罗拉多州（3 185 人）、俄亥俄州（2 854 人）、艾奥瓦州（2 084 人）、密歇根州（1 990 人）、明尼苏达州（1 292 人）、纽约州（1 131 人）。1940 年 7 月 1 日至 1945 年 6 月 30 日，
252 共有 25 778 名日裔男女在美国陆军服役，获得 18 143 项个人战斗荣誉，他们分别效力于第 100 营、第 442 团、第 1399 工兵营、太平洋战区的陆军情报部，以及欧洲一些美籍日裔的小股部队。据估计，其中 13 500 人来自本土，12 250 人来自夏威夷。美国的 2 000 余名日本人和秘鲁等南美国家的 800 名日本人由瑞士船

只送往日本，用于交换美国外交官、传教士及其他平民，他们被关押于从马尼拉到东京的各个集中营里。

很多人已经离开安置营。1945 年初，美国在太平洋战争中获胜已成定局，因此，陆军部和战时安置署越来越急于加速关闭安置营。迁移人员想要离开时，安置署很少审核，所以至少有 2 300 名迁移人员的去向没有档案记录。几乎所有安置营都计划在年底前关闭，有些计划数月之内关闭。当时的设想是，将那些“不忠者”继续关押于图利湖隔离中心和司法部在北达科他州的俾斯麦、新墨西哥州的圣菲以及得克萨斯州的克里斯特尔城监狱，腾空其他安置营。消息公布后，安置署开始关停营区学校，减少水电供应。

正如所料，迁移人员中那些乐意离开安置营者大多美国化程度最高。而返回西海岸“家园”或者前往中西部和东部各州者通常都是单身、受过教育的年轻男子和一些坚强且有抱负的年轻女子，其中有药剂师、教师、工程师、机械师、农场主、宾馆工人、家政人员以及女侍者。战争导致一些城市白人工人短缺，很多人便去了这些欢迎他们的城市。几乎两万名获释迁移人员去了 253
芝加哥，另一些去了丹佛、盐湖城、克利夫兰、明尼阿波利斯、圣保罗和圣路易。犹他州和辛辛那提市均派代表前往安置营招聘工人。新泽西州生产冷冻食品的西布鲁克农场有很多当地工人应征入伍或加入了国防工厂，所以也有人去了新泽西州。西布鲁克、国际收割机公司（International Harvester）等均在安置营张贴了招聘海报。最先离开的多是基督徒，公谊会以及数百个新教教会组织协助其成员寻住处找工作。另外，托珀兹有 250 人在犹他州的兵工厂工作，还有几十号人在华盛顿特区为陆军部效力。

关闭安置营的消息传开后，滞留人员再度陷入迷茫。珍妮·若月描述了曼萨纳的一些反应："1944 年底，曼萨纳大约还有 6 000 人，大多是年老的和年轻的。凡在外面有前途且折腾得起的都打算离开、迁走或去服兵役。"

年轻人的前途与长辈的截然不同。孩子们和年轻人往往有着不同的感受，他们对安置营的感觉更好些。曼萨纳学校行将关停，营区杂志《旋风》(*Whirlwinds*) 对五年级的学生就营区生活做过调查，问他们喜欢什么讨厌什么。他们喜欢"大山、小溪、树林、小鸟、明亮的星星、冬雪、甘甜的饮用水、免费食品和免费水电"。他们讨厌"沙漠、风暴、大风、寒冬、围栏和只有一个卧室的房子"。

媒体捕捉到了年轻人与老年人迥异的态度。1945 年 8 月 31 日，
254 广岛、长崎被摧毁三周后，《洛杉矶时报》记者汤姆·卡顿 (Tom Caton) 从曼萨纳发回报道，题为《日裔渴望改变：年长者疑虑重重，有人打如意算盘》。卡顿引用若月母亲利库的话说，她期待返回特米诺岛："最好能回去捕鱼做罐头。如果能在小渔村重聚，我们应该能维持生计。"然而，那是不可能的了。圣佩德罗那些渔民家庭所住的平房在他们迁出一周后即被推土机夷为平地。

至 8 月底，先前曾关押 10 046 人的曼萨纳仅剩下 3 600 人，其中很多人虽然担心留在加州的前景，但还是横下一条心准备留下来。艾丽斯·新田 (Alice Nitta) 夫人生于埃尔蒙特，时年 30 岁，丈夫从军驻在德国，她说："我不会担心，我丈夫和我一直住在洛杉矶。他生于伊格尔罗克，我们觉得那里就是家。我们打算回去……我想人们会比较公正的。"

当时年仅10岁的珍妮·若月后来回忆说：“对大多数二代日裔来说，去哪里都比滞留营区要好，但对于他们的父母来说，情况恰恰相反。”美国的日本人无家可归。若月写道：“一想到返回西海岸，我们就充满恐惧：他们会怎么看我们？”除了退伍军人协会和金西之子那种传统的种族主义组织，战争期间又冒出了一些新的种族主义团体，比如：圣迭戈的禁日社、萨克拉门托的后方突击队，以及洛杉矶的太平洋沿岸日本问题社。

关于其父，若月写道：

> 他坐在这里，没有未来可言，甚至如今在日本也没有 255
> 一个家族可以确认他的家史。他58岁了，子女散居各地：伍迪在犹他州的道格拉斯堡当兵；埃莉诺在里诺，她的丈夫在德国；比尔、玛莎、弗朗西斯和莉莲在新泽西；雷在海岸警卫队……爸爸已经知道了珍珠港事件前他卖掉的那辆车又赎了回来，不过，正如他所猜测的那样，渔船档案没有保存下来。这让他一下子回到了1904年的状况，那时，他刚刚抵达这个新国家，没有任何经济基础。

被关押后，老一代几乎失去了一切。安置营关闭时，年龄最大的那些人由于种种原因不愿离开。在曼萨纳，一些年长者拒绝挪动，管理人员不得不让人替他们整理行李。万般无奈之下，有些人甚至是被抬上或推上了巴士。

* * *

第一代日裔和归米是最后离开安置营的，很多人对美国失去了信心，有些人甚至憎恨起这个国家来。多年来，集中营已经成为东京和柏林的宣传工具与目标。中国的沦陷区的《上海泰晤士报》（*Shanghai Times*）发表社论称：“日本和中国沦陷区的英美人士应该被集中起来，驱往没有现代设施的内地。”集体迁移的结果、三年的与世隔绝均与安置署的初衷南辕北辙。很多第一代日裔和归米坚持只说日语，个别年长的迁移人员自杀了，更多的人曾试图自杀。

监狱和官方的“监禁”营中，至少还有 3 000 名日本人，他
256 们中越来越多的人已经或正在反对美国，即使没有行动，却也言之凿凿。8 月 10 日，也就是日本投降四天前，圣菲的亨利·秀夫（Henry Hideo）给朋友写信说：

> 我被关押于圣菲，权利和自由都受到限制，所以过得很不好。这里的白人官员高大强壮，却都是废物，毫无用处。这里的检查员也都是他妈的白痴……我们是大日本帝国的国民，自始至终，我们都忠于我们的国家。

这样的内容被查出后，秀夫遭到了单独关押。

两周后，图利湖的米耶·一木（Miye Ichiki）写信说：“这些天我看到的、听到的全是原子弹……和穿着美军制服的日本人，我感到恶心。听说我认识的几名美国兵作战时被打死了，我很开心。”一木继续写道，“他们活该，谁让他们为美国而战！看到穿着美军制服的日本人参观安置营，我简直想杀了他们。”

放弃美国国籍的日裔有 5 461 人，几乎全部来自图利湖，其

他安置营只有128名二代日裔签署了弃籍文书。然而，大多数人弃籍并非因为亲日情绪，而是因为人们对战后形势众说纷纭，充满恐惧，进而点燃了一种狂热情绪。他们统统要被逐去日本吗？根据年龄或者不同成员签署的文书，家庭要四分五裂吗？他们何去何从？离开安置营，他们会受到美国白人的攻击吗？

图利湖的事态可想而知。但随着安置营平静下来之后，成百上千的弃籍者恳求重获美国国籍。一名男子有三个孩子，其夫人 257
放弃国籍后，他致函司法部的爱德华·恩尼斯：

> 我妻子听信了谣言，她以为放弃国籍就可以留下来，否则，会被驱逐出去。我们来自胡德里弗，那是一个危险的地方。我妻子担心一旦我们被迫离开的话，便会去那里。她觉得她必须设法弥补一下，好让全家一起待在这里，她的“弥补”方法就是弃籍……
>
> 恩尼斯先生，现如今，作为外国人我们还有什么法子？她并不是因为不忠而弃籍的，她永远不会跟这个国家对着干。她仅仅是想我们大家能在一起……如果可以，请帮帮我们。

* * *

1944年和1945年，安置营与华盛顿发生的一切在时机上并非巧合。代表政府的司法部履行其政治责任，确保最高法院的判决直到罗斯福总统1944年11月7日再次当选之后才予以公布。

其实，司法部超额完成了其领受的任务。陆军部副部长麦克洛伊命令司法部毁掉一些迁移档案，但也正是在这位麦克洛伊的帮助下，司法部保留下了证据，表明陆军在决定迁移美国西部的日本人时，种族是核心因素。

总统坚定地认为，美籍日裔和第一代日裔获得自由后均不应重新聚居于小东京。他希望他们散居各地，他想，这里十几人，那里十几人，就不会得罪白人。在选举后的第一次记者招待会上，总统
258 说，在全国分散美籍日裔的工作正在取得进展。总统接着说："毕竟，他们是美国公民，大家都知道，美国公民有一定的特权。"总统相信，"如果 7.5 万个家庭分散在美国各地的话，是不会影响任何人的。"他继而赞扬参战的美籍日裔，"在意大利那个营的日本人创造了辉煌的纪录，我们很受鼓舞，这是我们最优秀的营队之一"。

总统的"分散"思想产生了一定的影响。战前，88% 的日本人住在加州；战后，这一数字降为 70%。原因之一：其他州的公司和组织可以提供更好的、薪水更优厚的工作，包括白领职位，这些是日裔在西部所无法企及的。在那里，仍有迁移人员被告知："我们不招小日本。"

无论总统说什么，很多第一代日本人不相信他，而且对离开安置营有种莫名的恐惧。珍珠港事件后，很多人失去了原有的生活，也失去了拥有的财产。很多人破产了，走投无路。政府估计，西海岸的日本人失去了 75% 的不动产。1982 年，《战时迁移人员财产处置报告》（*The Wartime Handling of Evacuee Property*）上的官方数据显示，迁移人员在房产、商业和个人财产上至少损失 2.5 亿美元，如果折合成 2013 年的货币的话，约 30 亿美元。

在加州的洛杉矶等地，日裔原先的邻居早已易人，尤其是来自南部各州的黑人，达 15 万之众，他们受到船厂、飞机厂等优厚国防工作的吸引来到西部。当以前的居民重回洛杉矶市政厅周边 259
时，从前的小东京如今已改称布朗兹维尔了。

尽管安置营条件简陋，但它们成了大多数美籍日裔的新家，即使是战后，也依然是很多人唯一的家。很多人认为自己在加州或其他地方无所归依，不愿离去。而且，他们担心不管去哪里都会被打或被杀。但是如果他们愿意离开，则会得到一张火车票和 25 美元。具有讽刺意味的是，安置营已经成为很多老人的辅助生活型（assisted-living）养老院，如今，他们却要被扔到充满敌意的大街上，听凭发落。营区人员中最直言不讳、至为不幸的是 8 000 名“老光棍”，那些数十年来没有家庭、没有住处的流动农业工人。尽管安置营条件艰苦，但对那些厌倦打工的老人来说却是他们曾经住过的最好的地方。

三十余年后，战时平民安置与监禁委员会（Commission on Wartime Relocation and Internment of Civilians）和拘留的官方报告称：

> 他们乘着一列又一列火车回到洛杉矶、旧金山和西雅图。他们大多或衰老，或羸弱，或肩负着家庭的重任。最后一批离开的迁移人员成群成群地涌入避难所、旅馆、改建的军营以及公共住房[1]。很少有人能够重回他们战前的住处，

---

① 指美国政府为低收入者修建的住房。——译者

> 战前农场主中只有25%的人依然保有其财产。很多人证实，他们储存的财物要么丢失要么被盗，有时是赋税未缴。

日莲教的佛堂成为洛杉矶小东京的一个主要仓库，存有600
260 个家庭的私人财产。战后有篇报道称：“这座建筑被毁得一塌糊涂，家具损坏，镜子破碎……家庭用品凌乱不堪，箱子被撬，照片散失风中。值钱的东西、收音机、打字机、缝纫机、波斯地毯都不翼而飞。”

二代日裔约翰·斋藤告诉委员会，他的父亲于1945年7月返回洛杉矶，后来在贫民区的一家餐馆中洗盘子。不久，他也追随父亲来到洛杉矶，两人在旅馆里同住一间房。斋藤回忆说：“只有一间房，一张床。他上夜班，我白天上学，这样我们就可以在不同时段轮流使用同一张床。”家里其他人离散各地，约翰的母亲在爱达荷州一个农业劳动营做厨师，他的哥哥还在海外的第442团服役。

在西部三州，类似斋藤家这种情形十分普遍。1942年叫嚣集体迁移的很多团体到了1945年依然活跃并深怀敌意，比如：西雅图商会和牢记珍珠港联盟。很多基督教领袖，包括福音派教士艾梅·森普尔·麦克弗森（Aimee Semple McPherson），一直反对日裔返回。与基督教有关而对日本人敌意更深的一个组织叫后方突击队，他们散发传单，赫然题为：《掌掴小日本：他们不配与人类交往》。

华盛顿州的农场主桥口睦夫曾致函报纸称，他希望全家回去时会受到欢迎，但回家后却发现，房屋被毁，瓦砾填井。邻居告诉他，1942年春天，几卡车的人过来并洗劫了这里。那时，他刚与家人离开，去了坦佛兰集散中心。

华盛顿州另一居民斋藤汤川（Mary Yogawa Saito）回到塔科马，希望索回家里的干洗店。“我们以 600 美元的价格出售了干洗店，但附有规定，战争结束后我们可以以同样的价格赎回此店。”她回忆道，“回到塔科马后，我发现收购者违约出售了该店，逃之夭夭。新店主不怀好意，没法沟通。长话短说吧，由于对美国司法体系不再那么有信心，自己也没多少钱，失望之余，我索性撕毁了合约。” 261

日本人从安置营和战场上回来后，发生了数百起暴力事件。很多城市举行反日集会，比如，加州的布劳利、俄勒冈州的格雷舍姆和华盛顿州的贝勒维。在塔霍湖加州一侧的普莱瑟县，三名男子承认焚毁了土井澄男（Sumio Doi）的谷仓，土井的弟弟志贺（Shig）是第 442 团的一名中士。他们的辩护律师宣称：“记住，这是个白人国家！”随后，那三名男子被无罪释放。

速水国雄的弟弟沃尔特·速水在回忆他家返回圣加布里埃尔时说：“有一家人比我们回去得早，他家的一个女儿说，在国雄的名字传出来前，人们一直对美籍日裔充满敌意。”她告诉速水家，“高中集会时，公布了国雄阵亡的消息。她说，从此以后情况有很大改观。从这个意义上讲，也算是否极泰来了。”

1945 年 9 月 7 日，松田平祐和松田光之在拿到政府发放的 50 美元后，返回瓦雄岛。松田夫人给艾奥瓦州护校的女儿玛丽写信说：

> 我们回来一周了，麦克把一切料理得相当不错，所以我和爸爸都很高兴。他粉刷了屋子，看着挺好的。彼得森夫 262

> 人和麦克唐纳夫人送来很多蔬菜，好美味呀！……回瓦雄岛的日本人越来越多，他们要住在我们这里，直到找到住处。真是太好了，瓦雄的白人，所有的白人，都对我们很好。

松田一家还有些债务，他们与代理治安官霍普金斯也有纠纷。治安官答应监管农场，但是很明显，他私吞了农场收益。由于第一代日裔不得拥有地产，所以他们最大的问题是，这处财产在法律意义上是属于他们的儿子米一的，而米一仍在欧洲服役。此时，平祐又被马踢断了数根肋骨，无法出门，不是合法主人，便也无法处理农场问题，而收获季节又即将到来。治安官曾提出收购该农场，但松田家拒绝出售。了解此情后，平祐的医生说，他要联系美国红十字会，请其与陆军联系，恳请批准米一早日回家。医生说到做到，此法果然奏效。松田夫人给艾奥瓦州的玛丽写信说："你猜医生告诉我们什么？红十字会给军方打电话请求放归米一的人竟然是霍普金斯夫人，代理治安官的妻子！"

1946年6月，松田米一回家后，在西雅图聘请了一位律师。由于无法提供任何记录，治安官霍普金斯告诉律师，他经营得不好，但是愿意给松田家2 000美元作为补偿。"不算多，"律师对米一说，"你应该告他，让他多出点。"

"不用了，"米一说，"我觉得这是黑心钱……钱不是主要问题。这段时间我们家日子难挨，而代理治安官又雪上加霜。我只是想让他反思一下自己的下作行为。"

263 这笔钱米一处理得高风亮节："你急人所难，帮我们保留下了这个农场，我想让你留下这笔钱。"

“开玩笑吧？”律师说，“你们怎么还债？”

“钱而已，”米一答，“钱我们还能赚，重要的是我们仍然拥有农场。”

*　*　*

随着日本人回到西海岸，全国的媒体和政府都关注起胡德里弗来。胡德里弗市长乔·莫耶尔（Joe Meyer）说：“90% 的人反对日本人。以前他们与我们一起时，我们完全信任他们，而他们却无时无刻不希望我们失败、衰落，伺机在背后捅刀子……我们必须告诉小日本，这里不欢迎他们。”

有传言称，第一批居民返回时，火车站要出乱子，幸未发生。安置署的工作人员克莱德·林维尔在火车站接站，日复一日，开车将第一批返回人员送到家里。但是，很多日本人刚一回来就遭到抵制，大多数小店拒绝为这些先前的邻居服务。陆军部副官长詹姆斯·尤利奥少将从华盛顿赶到胡德里弗谷说：“为了保卫我们的生活，我们在打一场大仗，而你偏要告诉公民，他们在你们这个城市不得购买东西？”他补充道，他有权“以刺刀相威胁”，实施戒严。当地超市赛福威闻声响应，为返回人员免费供货。

这时，世态依旧。直到参战的白人士兵回家后常常忤逆父
母，支持日本家庭，情况才得以改观。“你知道你到底在做什么 264
吗？”陆军航空队飞行员埃德·休梅克回来后质问父亲肯特·休梅克，肯特是退伍军人协会反日运动的领导者。约瑟夫·哈维兰和琼·哈维兰在《胡德里弗新闻报》刊登了一条九行文字的广告：“任何美国士兵回家休假都将邂逅友谊，遇到美食，

享受温馨宁静的家庭氛围……无须电话，随时欢迎！”1942年从胡德里弗谷共迁出431名日本人，但战后却只有233人返回。

胡德里弗小伙弗兰克·峰谷入伍参战，但在菲律宾递送日军防御图时被自己人误杀，起初葬在菲律宾莱特岛的帕洛城外。1948年9月11日，他的遗骸回到胡德里弗。在亚斯理卫理公会教堂举行葬礼之后，俄勒冈州前州长查尔斯·斯普拉格和舍曼·伯戈因牧师亲护灵柩入葬该市公墓。此后，每年的7月4日，该市的国庆活动都要缅怀峰谷。

战后，年轻的二代日裔大多决心回归正常生活。有些人像圣迭戈的路易丝·小川一样，选择留在东部或中西部。他们感到新生活开始了，他们比以往任何时候都更自由，更像美国人。

在美国中部的芝加哥等地没有小东京，但正如所料，求职上学的年轻人更倾向于前往其他日裔亲戚的定居之地。美籍日裔中出现了很大的代沟。弗兰克·相矶在加州的伯班克经营一个草莓农场，他有四个儿子在部队服役。他说：“我病了，我妻子和我真
265 希望这一切没有发生过，我们很难继续折腾了。不过，我知道儿子们不会有什么问题。”他的大儿子是约翰·相矶中校，这是日裔在陆军中的最高军衔，他成为了陆军情报部语言学校的校长。他曾在东京供职于麦克阿瑟将军的参谋部，之后返回洛杉矶。

野村清子（Kiyoko Nomura），20岁，来自圣莫尼卡，曾担任英文报纸《曼萨纳自由报》（*Manzanar Free Press*）的主编，她也返回了洛杉矶：“人们一开始或许会非难我们，但他们会明白过来。我会尽一己之力让人们认识到，我们出生在这个国家，我们和父母都是善良的人。”

截至日本投降的那年夏天，图利湖仅剩 1.5 万人左右，其他各营也仅有 4 万余人，绝大多数是老人。很多人罔顾事实，坚信日本将赢得战争，而且，大日本帝国会因这些人忠于天皇而奖赏他们。有传言说，胜利后，日本人将给每个家庭 1 万美元，每个孩子则另增 7 000 美元，以补偿他们的营区岁月。1946 年 3 月 20 日，图利湖闭营，这段岁月终告结束。最后一批囚犯每人获得 25 美元和一张火车票，从哪里来回哪里去。老光棍中又出现了自杀事件，一名 77 岁的老人在离营前一天上吊身亡。像其他营一样，有些人是被抬上或推上火车的。有位老人以最快的速度边跑向营地边将那 25 美元扔在铁道上。

很多第一代日裔因为受到营区生活的摧残，过早地衰老了。旧金山美国公民自由联盟律师欧内斯特·贝西格记录了他对最后那几天的印象：

> 我听说，一位 F 夫人因受监禁而感到忧惧，于是锤杀了自己的一个孩子，伤了另一个。她被（图利湖）当局送 266
> 进了一家精神病院。在押的 S 先生担心与儿子天各一方，于是喝汽油自杀了。在押的 K 夫人因被美国驱逐出境而企图服药自杀。安置中心里，很多人由于害怕压力集团、持续被羁押、被驱逐出境、离开家人或家庭崩裂而出现精神问题，进了医院。

* * *

在加州奥兰治县的威斯敏斯特镇，当地官员封锁了公墓，阻止在意大利阵亡的益田一雄（Kazuo Masuda）上士的遗体入土为安。除他之外，益田家另有三兄弟在第442团服役，而来自加州托尔伯特市的妹妹玛丽·益田（Mary Masuda）则首批离开了亚利桑那州的希拉河安置营，返回家里的农场。但没过几周，夜半时分，便有人来到门口催其滚蛋。惊恐之下，她离开了。

玛丽的弟弟死后被授予杰出服役勋章，仅次于美国陆军中的最高荣誉。“尖酸乔”史迪威将军是名仗义执言的高级将领，他坚决捍卫日裔士兵的利益。他请玛丽与他同回托尔伯特，在该市正式接受授勋。史迪威在小小的议政厅台阶上说：

> 美国，很大的疆域是日裔用鲜血换得的……依我说，我们战士应该组织一个斧头帮，保护与我们并肩作战的美籍日裔。一旦发现哪个醉汉造次，欺负这些孩子或者歧视
> 267 他们，我们就应该用斧头猛敲他的脑瓜。我愿意做创始会员，我们不能听任对日裔的不公，而违背战争本意。

益田一家也得到《圣安娜要闻》的支持。该报出版人克里斯琴·安德森三世（ N. Christian Anderson Ⅲ ）在奥兰治县论坛的午餐会上说，该报拥有者、脾气火爆的霍伊尔斯在第二次世界大战后力挺益田一家。霍伊尔斯讲，益田家从20世纪初就在方廷谷居住、耕作，尽管他家在亚利桑那州受到不公正的监禁，一雄和三个兄弟还是参加了美军，其中一个还在意大利阵亡，为这个国家牺牲了生命。霍伊尔斯怒斥奥兰治县居民敌视益田的母亲和妹妹，对她们的遭遇深表同情。他进而支持这个家庭

在这里的居住权，支持他们索回产业。最终，益田一家获胜，要回了农场。

其他日裔，包括老兵，依然面临羞辱。独臂的井上健中尉一身戎装，胸前佩戴各种战功勋章，准备回夏威夷住院疗养两年。途经旧金山时，他去理发。理发师问他：“你是什么人？”

“我是美国人。”井上回答。

“别跟我提美国，你是小日本，我们不给小日本理发。”

报道不胫而走，传至白宫。罗斯福总统于 1945 年 4 月 12 日去世，哈里·杜鲁门（Harry S. Truman）继任总统。闻讯后，杜鲁门总统致函前总统遗孀埃莉诺·罗斯福说：“这些羞耻的事件简直让我们怀疑很多美国人有纳粹倾向。”

回家后，老兵们境遇各异。西海岸的仇恨浪潮没有自然回 268
落，但那里的很多白人开始了漫长的回归之途：回归良善。首批从西海岸开放政策获益者中有臼井光雄，他讲过一段在洛杉矶的经历：

> 回家时，我在奥林匹克大道上了辆巴士。坐在前排的一位女士看见我说：“该死的小日本！”此时此刻，我一个堂堂正正的美国士兵，戎装归来，伞靴锃亮，战斗中获得的勋章和奖励自豪地展示在胸前，竟遇到这种事情？巴士司机闻听此言，停车说道：“女士，向这位美国士兵道歉，不然，下车！”

她下车了。

然而，光雄的故事并未圆满结束。他要去洛杉矶的克伦肖大道，准备看看他家的那个幼儿园。那是他父亲于 1938 年创立的，集体迁移时以 1 000 美元的价格卖掉了。父亲让他到洛杉矶把幼儿园赎回来。

“依然戎装在身，”他说，“我匆匆赶到幼儿园，问主人可否将其卖还我们。现在的主人已不是当年我们售出时的那个人了。”

新主人说：“可以，我可以把这个幼儿园卖给你，土地费用给我 1.3 万美元，存货总值另给 1.3 万美元。”

“休想！”光雄愤怒地喊道。他来到后院，踢翻了一个罐子。那人跟上来了，光雄让他看罐子底部的日文。“你看这上边写着什么？”光雄说，“这些日文记载着，这棵植物的种子是在这一天种下的，又在这一天移植到了一个罐子里，最后在这一天植在
269 了这个五加仑的罐子里。我母亲将这些植物种在这些五加仑的罐子里，后面又种上了树，而今你却要以天价将这一切卖给我们？”

“哎，这就是生活！”那人敷衍塞责。

光雄回家后将实情告诉了父母。父亲瞬间瘫倒，放声大哭。光雄后来说：“父亲从此一病不起。”

珍珠港事件一周后，名岛的父亲在加州佩塔卢马的农场被抓，但他家的结局却更为圆满。1942 年，名岛兄弟俩想到一个好办法：将昂贵的相机挂在鱼钩上，沉入户外厕所的底部。他们一回家，立即奔向那里，拉起吊线。尽管外观臭不可闻，但相机完整无损。

第 442 团的很多老兵回家后获得了来之不易的荣誉。1946 年 7 月一个下雨的日子，杜鲁门总统向第 442 团颁发第七枚总统

团队奖时，来自加州普莱瑟县卢米斯市的威尔逊·真壁（Wilson MaKabe）坐着轮椅与该团的幸存者团聚了。白宫的工作人员曾建议杜鲁门总统别去室外的南苑（the Ellipse），但总统却说：“什么雨不雨的！这些孩子的经历那么坎坷，我淋点雨算什么？”总统说：“你们为这个国家贡献良多，你们理应受到祝贺。恭喜你们如今踏上了归途。你们不仅与敌人作战，而且与偏见作战，你们胜利了！继续战斗，让这个伟大的共和国实现其宪法承诺：为全体人民时时刻刻谋福！”

珍珠港事件当天，真壁的父亲被联邦调查局带走了。真壁的经历绝非艰难困苦所能形容。在意大利受伤后，一年多的时间 270
里，他一直全身石膏。他在部队医院住了两年，经历了十余次手术，失去了一条腿。1944 年 12 月，他刚一抵达迈阿密，即获准拨打免费长途电话。他给一位兄弟打电话，得知在宣布日本人可以返回加州的当天，家里的房子被焚毁了。在经历了这一切之后，他自孩提时代以来第一次哭了。“这种痛苦刻骨铭心，与此相比，意大利医院里的痛苦不值一提。”

1944 年的最后一天，真壁坐着轮椅被人推着在迈阿密观看橄榄球比赛。退役将军休·哈里斯（Hugh Harris）从前在西点军校时的一位舍友曾在第 442 团担任真壁的营长。在球场，哈里斯走近真壁说：“你知道，如果能推你走走，让你想去哪里就去哪里，将是一种荣幸！”

房子被焚后，真壁家一直住在一个两居室的小屋里。1947 年终于可以回家时，他说：“与其他农场主相比，我们算是幸运的！”他们在城里还有一处房产。

> 我们把卢米斯那里的房子以每月 25 美元的价格租了出去。回来后，我们惊喜地发现邻居把园子维护得相当不错。而且，他还付了租金，所以，我们很幸运。我听说有些农场主回来后，面对的是一片狼藉……
>
> 我们以前买过一辆 1939 年款的普利茅斯牌汽车，蓝色
> 的。我十几岁的弟弟们那时曾说：“我们如果卖了这车，也
> 卖不了几个钱。”他们怎么做的呢？他们把车放到车库里，
> 271 用千斤顶顶起来，卸掉轮胎，该做的都做了，就是希望我
> 们回来后它能完好无损。的确，回来后，他们重新装上轮
> 胎，加上油，添上水，一发动，神了，竟然发动起来了。
> 我们有车了！

当最终回到卢米斯这辆普利茅斯车旁时，他走起路来极为痛苦。他只有一条腿，而且这条腿被钢钉固定得直直的，但他学会了开车。第一次把车停到当地的一个加油站时，他挣扎好久才下了车，拿到油泵。

加油站的主人跟真壁的父亲是朋友，油箱加满后，那人说：“我想跟你聊聊！”

“上车！”真壁说。

车开不久，那人说：“你知道，我是混蛋。我的加油站有几个牌子上写着：‘日本鬼子，谢绝加油！’看到你回来后成了这样，我觉得自己太无地自容了。”

他哭了起来。

尾声

本书中那些美国的日本人很少有人能够回到战前的生活。272
绝大多数第一代日裔不得不从头再来，其中，三分之一以上的人无钱无房。他们的孩子——二代日裔——中有数千人决定不回太平洋沿岸，而是去其他地方开始新的生活。因为战争期间，数百万人迁居到西海岸，为国防工业而工作，所以太平洋沿岸发生了巨大的变化。数百万退伍军人回到美国，准备成家，到处房屋短缺。从安置营归来的日本人常常住在政府新盖的劣质楼房里、空荡荡的营帐里、活动住房里，以及为国防工厂新移
民仓促建成的公寓里。对于他们在 1942 年至 1945 年的遭遇，273
却无人提及。父母、祖父母耻于谈起安置营，年轻人也懂事从来不问。

爱迪生·宇野（Edison Uno）是一名二代日裔，战争结束

后，他获释时年方十八。此后，他倾其余生为人权而战，努力讲述安置营的故事，组织美籍日裔，要求政府道歉并进行经济赔偿。宇野在评论人们的沉默时说：“我们就像强奸案的受害者，自己感到耻辱，不忍提及受辱之事。”20 世纪 60 年代，第三代日裔深受黑人民权运动和日益高涨的反越战运动的鼓舞，开始向父母和祖父母了解安置营的那些岁月。这时，人们的态度开始改变。有些美籍日裔离开阿肯色州安置营后，滞留该州，形成了一个日裔族群。我遇到过一位研究这个族群的第三代日裔女子，谈及 1957 年小石城中心高中取消种族隔离时，她的观点若说是有些狡辩的话，也颇为有趣，她告诉我：“黑人学生并没有使那个学校取消种族隔离，20 世纪 40 年代，日裔学生已经将它取消了。”

其实，在美国历史上，美籍日裔与美籍非裔曾数度相遇。1954 年，美国最高法院就“布朗诉教育局”（*Brown v. Board of Education*）一案做出一致裁决，从而引发系列事件，其中之一便是小石城的冲突。当时，最高法院首席大法官便是厄尔·沃伦，此人 1942 年担任加州司法部部长时，曾力主迁移拘禁该州的日本人。

在洛杉矶特米诺岛第一批被抓的人中，有位叫中原诚一（Seiichi Nakahara）的。他刚做了溃疡手术，正在恢复中。1942
274 年 1 月 20 日出院后，不到 24 小时便亡故了。20 岁的女儿百合和其他家人先被抓去圣阿尼塔集散中心，继而又移押于阿肯色州杰罗姆的安置营。1944 年，百合获释，在密西西比哈蒂斯堡帮忙料理一家军人俱乐部。在那里，她遇到了后来的丈夫威廉·河内山，第 442 团的一位退伍军人。再后来，她住在纽约的哈莱姆，成为激进的民权活动家。她与马尔克姆·艾克斯[1]是好朋友，并加入了他们发起的美籍非裔团结组织。1965 年，她的一张照片非常有名：她搂着马尔克姆的头，当时他在纽约市华盛顿高地的奥杜邦舞厅遭到枪击，奄奄一息。

20 世纪 60 年代，年轻的美国黑人在南方各城举行游行，争取权利，抗议越战。目睹这一切，很多年轻的日裔开始追问 20 世纪 40 年代自己家庭的遭遇：你们为什么不反抗？你们为什么任凭政府摆布？有些年轻的日裔决定也去游行。1969 年，他们组织前往曼萨纳，让人们重新关注那里近乎 30 年前的历史。

从此，耻辱与沉默逐渐演化为一场运动。随之出现了相关的书籍，最重要的一本大概出版于 1973 年。加州圣克鲁兹的珍妮·若月·休斯顿终于开始向丈夫詹姆斯·休斯顿（James D. Howston）——一名白人作家——讲述她自七岁时便被抓到曼萨纳的童年记忆。经过数月交谈，休斯顿夫妇决定对这些回忆进行录音，然后出本回忆录与家人和 36 名侄子侄女分享。他们做了本小书，名为《告别曼萨纳》（*Farewell to Manzanar*），希望这本儿童读物能够走进课堂，讲述那场规模巨大的监禁。关于集体迁移，那时已经出了不少书，有些非常好，但这些书多为大学出 275
版社或地方小社出版，要么偏重学术，要么偏重法律。而《告别曼萨纳》却引起了全国的共鸣，当时正处于巅峰状态的作家尼尔森·阿尔戈林（Nelson Algren）在书评中写道："休斯顿夫妇将对

[1] 马尔克姆·艾克斯（Malcolm X，1925—1965），原名马尔克姆·利托（Malcolm Little），又名艾尔-哈吉·马立克·夏巴兹，伊斯兰教士，美国黑人民权运动领袖之一。——译者

日裔监禁的历史结集成书，绝不是要博得读者的同情，绝不是可怜那些受害者，也绝不是让读者心怀愧疚。它言简意赅地刻画了施害者和受害者，令人信服。”该书销售了 100 多万册，堪称出版史上最成功的儿童读物之一，是成千上万个美国学区的必读书。

1976 年，西浦美智（Michi Nishiura Weglyn）出版了一本更全面的书《耻辱岁月：美国集中营前所未闻的故事》(*Years of Infamy：The Untold Story of America's Concentration Camps*)，同样影响巨大。同年，杰拉德·福特总统签署第 4417 号公告，“确认废止第二次世界大战期间监禁美籍日裔的行政令”。总统说：“我们早该知道，但直到现在才知道，不但集体迁移是错误的，而且美籍日裔以前和现在都忠于美国。”

很快，数百种图书出版了。写过五十余本青少年图书的乔安妮·奥本海姆（Joanne Oppenheim），根据克拉拉·布里德的信件和速水国雄的日记编辑出版了皇皇巨制。在华盛顿，有人开会，有人游说。安置营的故事首次传到千百万美国人的耳中，尤其是东部和中西部，那里的人往往对西部的冤情一无所知。日裔
276 活动家的目的之一是为那些被迁移和监禁于安置营的家庭赢得经济赔偿。而成效之一便是国会于 1980 年设立了战时平民安置与监禁委员会。1982 年，该委员会发布了一份长达 493 页的报告，题为《褫夺个人正义》(*Personal Justice Denied*)。

该报告中最重要的莫过于下述文字：“总之，军事需要不能说明第 9066 号行政令之正当性，军事考虑也不能成为此后一系列决定的理由：驱逐、监禁、结束羁押、停止驱逐。显然，形成这些决定的历史原因是种族偏见、战争狂热，以及政界领袖的失职。”

近50年后，由于日裔美国公民协会等机构的长期斗争，争取赔偿，1988年，终于促使国会通过并由罗纳德·里根总统签署了《民权法案》（*Civil Liberties Act of 1988*），其中包括对迁移和监禁所作的郑重道歉。该法案由国会议员诺曼·峰田和参议员艾伦·辛普森倡议。当年，当地童子军前往哈特山与安置营童子军露营时，他们两人因共住一顶帐篷而结识。国会有很多人共襄此举，其中包括加州的罗伯特·松井和夏威夷的井上健，前者曾经也是迁移人员，后者则是第442团的战斗英雄。里根总统签署该法案后，松井说："因为被监禁，不忠的名声伴随了我们42年，这个法案终于为我们洗刷了冤屈。我们终于重新成为了完整意义上的美国公民。"松井补充道，"如今，国会和总统都要求重新信任那些被冤枉的人，而我们必须也确保不再失信于人。"

据估计，安置营幸存者有8万人，而该法案提供12亿美元，每人赔付2万美元。[①] 按照2014年美元的价值计算，当年美籍日裔的损失高达数十亿美元，赔付额度与此相比可谓杯水车薪。然而，说到底，这件事情无关金钱，而关乎政府的道歉——为他 277
们曾经剥夺的自由和幸福，也关乎揭穿20世纪40年代的谎言与欺骗。1990年，首笔赔偿款得以支付。

* * *

1942年，是松丰三郎拒绝前往坦佛兰集散中心报到，韦恩·柯林斯曾代理其诉讼。1945年8月，柯林斯决定承接5 000

① 原文如此。——译者

余名美籍日裔的案件，他们或遭恐吓，或遭欺骗，放弃了国籍。很多当事人只是孩子，或者是稀里糊涂的父母，有些则是曾经希望被遣返日本的老人。柯林斯是位兢兢业业、义愤填膺而又踌躇满志的法律工作者，他余生的大部分时间都用在立案上，帮助弃籍者恢复美国公民身份。研究迁移史的一位重要历史学者、辛辛那提大学的罗杰·丹尼尔斯（Roger Daniels）说：“战争期间，共有 5 766 名美籍日裔正式放弃国籍，很多没有国籍的第一代日裔申请将其遣送回日本。战后，交通刚一恢复，美国政府即着手将美籍日裔运回日本。”有时候，柯林斯实际上是在轮船即将离开西海岸港口前往日本时，上船将自己的“当事人”拉下来的。这些当事人不用支付律师费，只是需要事后捐款。共有 4 724 名日本人被安置营驱逐出境或遣送回国。其中，1 659 人是外国人；1 949 人是美国公民，他们大多是随同父母遣逐的孩子；1 116 人是成年的二代日裔。

1945 年 11 月 13 日，柯林斯向美国旧金山联邦地方法院提起两场集体诉讼：“安保诉克拉克案”（*Abo v. Clark*）和“古屋诉克拉克案”（*Furuya v. Clark*）；两起请求人身保护诉讼：“安保诉威廉斯案”（*Abo v. Williams*）和“古屋诉威廉斯案”（*Furuya*
278 *v. Williams*）。这些案件试图通过确定国籍，阻止将美国公民驱往日本，允许那边的人返回美国，并结束对未经审判即收押于联邦监狱的日裔社区领袖的监禁。1955 年，联邦法官路易斯·古德曼（Louis E. Goodman）判定集体弃籍违反宪法：“一名美国公民无辜遭禁，受到胁迫与限制，而其政府却接受其拱手让渡之宪法权利，良心何安？政府对无罪公民实施监禁，此等违宪行为令人错愕，绝非战争危机与狂热所能为之开脱。”

联邦上诉法院支持此判决，但要求每个弃籍者的案件单独审理。对柯林斯而言，这一过程历时二十余年。他显然着迷此事，经常在其逼仄的办公室一住就是数周，唯恐错过那些绝望至极的日裔的电话。1968 年，他提起申请的最后一起案件举行了听证，并且有了最终的结果。

2 300 余名拉美日裔的案件也大多由柯林斯代理。战争期间，他们被美军从拉美各国抓来，关押在美国，绝大多数被关在得克萨斯州的克里斯特尔城。战后，他们被当作“不受欢迎的外国人”驱逐出境，事实上，他们是被控无证入美。700 余人被逐往日本，但是，柯林斯再一次根据此前逐一立案的方式，帮助数百人留了下来，在美安家。

1974 年，柯林斯去世。西浦美智的《耻辱岁月》和清田实（Minoru Kiyota）的《超越忠诚：归米的故事》（*Beyond Loyalty : The Story of a Kibei*）均题献于他。在战争期间和战后，清田目睹了美国最好的一面，也目睹了其最坏的一面。因为关押于图利 279
湖，他一气之下，像很多人一样，放弃了美国国籍。清田满腹怨恨，直到 1946 年 3 月他才获释，接受了阿肯色州克拉克斯维尔市欧扎克斯学院的一笔奖学金。在加州奥克兰等候东去列车时，他走进一家咖啡店，里面坐满了从太平洋战场上归来准备回家的军人。

清田正欲坐下，柜台后的男子指了指一个牌子：日本人禁止入内。

他起身离开，但有只手搭在他的肩上，阻止了他。身后一名年轻的海军陆战队中士说："我请你！"他将清田带至一张桌前，那里还有他的四名战友。

"先生，"中士对柜台里那位大声嚷道，"给这位来份火腿鸡蛋，一杯热咖啡，快点儿！"

那些海军陆战队队员问他是做什么的，他说自己刚从监禁营放出来。

"什么？"其中一个问道，"可你是美国公民啊，对吧？"

他们聊了一会儿。清田给他们讲自己的经历，直到他乘坐的火车要开了。当他谢过这些陆战队队员往外走时，看到其中一人起身从墙上把那个"日本人禁止入内"的牌子扯了下来。

清田去了阿肯色州，随后回到伯克利，获得加州大学东亚研究的学位。朝鲜战争期间，他入伍供职于陆军情报部门。大约一年后，东京有人发现了他在图利湖时的"双否"档案以及弃籍申请，于是他的护照遭到没收。在异乡他国，他成了无国籍之人。此时，正值柯林斯在第九巡回上诉法庭慷慨陈词，他认为 1944
280 年的《放弃国籍法案》有违宪法。1955 年，他胜诉。清田重获护照后，在威斯康星大学教了 30 年的宗教学。1997 年，清田教授还写到了柯林斯："此公致力于美国理想，受益者众，我乃其一。"

* * *

鼓吹监禁日本人的那些官员，很少有人因此而影响到职业生涯。约翰·德威特将军被任命为华盛顿特区美国陆海军参谋学院院长。1950 年，卡尔·本德森被提名担任陆军部副部长，加州大学伯克利分校前教务长门罗·多伊奇参加了任职听证会，他说："这个人的言谈表明他持有种族主义观点，与希特勒毫无二致，对他的任命将是最大的不幸。"

本德森的提名获参议院批准。20 世纪 80 年代，陆军披露的电话记录显示，1943 年 1 月，本德森对另一军官曾说："也许我们对东方人的看法都很荒唐……也许他们没有那么难以捉摸。"后来的岁月里，虽然他对自己在迁移日本人事件中的作用轻描淡写，但却公开反对对关押于安置营的美籍日裔进行赔偿。

厄尔·沃伦官至州长，很大程度上得益于集体迁移所聚拢的人气。1953 年，他被德怀特·艾森豪威尔总统任命为美国第 14 任首席大法官。当他坐下来撰写回忆录时，对于 1942 年自己担任加州司法部部长和州长期间在集体迁移中的作为仅用一笔带过："因为这件事不符合我们美国的自由观念和公民权利，所以从那时起，我一直对驱逐令以及自己作证时倡导此事深感后悔。"

1971 年，阿梅莉亚·弗赖为加州大学班克罗夫特图书馆口 281
述史项目采访沃伦。当提及他曾参与日本人的迁移工作时，他一时无语，突然流起泪来，采访被迫结束。

显然，时间让沃伦认识到，他曾在种族主义的恐怖冤案里起到了推波助澜的作用。有些美国人或许会认为，沃伦时期那个著名且影响深远的法庭判决与他对监禁事件的忏悔有直接关系，我也这么认为。1954 年，法庭对"布朗诉教育局"一案做出一致裁决，解除公立学校中的种族隔离。首席大法官沃伦在 1954 年的历史性举措与加州司法部部长沃伦在 1942 年的耻辱举措紧密相关，对此我毫不怀疑。

当年鼓吹监禁日本人的很多官员都在回忆录、访谈和口述史中公开悔罪，通常用一两句提及1942年以后的行为。陆军部部长史汀生说：“对忠诚的公民而言，这种强迁是对个人的不公。”弥尔顿·艾森豪威尔将其称为“惨无人道的错误”。丰三郎一案中持多数派立场的威廉·道格拉斯法官写道，当时的观点“一直让我内疚”。后来在最高法院任职的司法部副部长汤姆·克拉克说：“今天回头来看，那显然是个错误。”

沃尔特·李普曼毫无歉意。他坚持认为，他撰写专栏，倡议监禁日裔，有助于保护他们免受白人联防队员的暴力侵害。在回复《丹佛邮报》主编帕尔默·霍伊特于1968年写的一封信中，李普曼说：“我的确写过你谈及的那个专栏，我一度对此颇感痛苦。我的理由是，珍珠港事件后，在这个因为战争而失去理性的州里，
282 日本人对暴民来说易于辨认，可能不太安全……我当时觉得，现在依然觉得，在戾气甚重的那段时期，有此举措理所当然。”

律师和当事人提请立案后，案件自然会进入法律程序。1982年，韦恩·柯林斯故去八年后，加州大学圣迭戈分校的教授兼作家彼得·艾恩斯（Peter Irons）开始调研，准备著书研究是松丰三郎等美籍日裔挑战1942年迁移令的诉讼史。此间，他发现在丰三郎案件上诉至联邦最高法院之前，司法部官员扣留或毁灭了一些证据。他召集了一个美籍日裔律师小组，其成员全部为第三代日裔，共同提起诉状，最终推翻了第九巡回上诉法庭于40年前对丰三郎的判决。这些年轻的律师继续其诉讼征程，使得同一法院最终也撤销了对平林浩的判决。艾恩斯团队的核心理据是，联邦最高法院“特别信任”副检察长的陈述，假如这位副检察长当年真正地“完全公正”，那么联邦最高法院就不可能做出同样

的判决。该案关键的目击者、司法部前副部长爱德华·恩尼斯作证时说，陆军部副部长约翰·麦克洛伊曾禁止向 1942 年三名日裔的案件提供证据。三人中的另一人安井实未等结案即已亡故。

* * *

2011 年 5 月 20 日，发生了一件被一众学者认为非同寻常的法律事件：美国司法部通过代理副检察长尼尔·卡迪尔发表声明：“当平林浩和是松丰三郎两案被诉至联邦最高法院时，副检 283
察长（查尔斯·费伊）已得到一份关键性的情报，足以瓦解监禁的理由。海军情报部的《林格尔报告》发现，在美籍日裔中，构成潜在安全威胁之人比例甚小，而且，最危险的人员已经暴露或者在押。尽管事先曾被警示，不告知法庭‘等同于湮灭证据’，但是，副检察长并未告知法庭此报告的内容。”相反，他辩称，忠诚的美籍日裔与不忠者无法区分。他也未告知法庭，一系列力挺监禁的关键性陈述已经被联邦调查局和联邦通信委员会（FCC）证实系虚假信息，比如，美籍日裔使用无线电发射机与西海岸附近敌军潜艇通信。更糟糕的是，他听信关于美籍日裔的粗略概括，比如，他们不忠，而且讲究“种族团结”。

2011 年的声明中继续写道：“联邦最高法院维持原判，而地方法院花了近五十年的时间才撤销了对两人的入狱判决。”

然而，司法部的声明丝毫无法否定联邦最高法院 1944 年的判决，事实上，只有联邦最高法院本身有权否定其判决。因此，罗伯特·杰克逊法官于 1944 年所提出的异议和警示，在今天仍然颇有道理。用他的话讲，这些判决简直无异于“装了子弹的枪”，不管是遇到真实的威胁还是臆想的威胁，政府都可以操之即用。所以，很多美国人——包括笔者——都认为或者担心，在或真或假的危急时刻，某些群体的无辜成员或许会再次不经审判
284 即遭监禁，借口便是“军事需要”。美籍日裔的经历明确回答了如下问题：“这种事情在这里会发生吗？”是的，它已然发生。

现在的问题是，它是如何发生的，以及它是否会再度发生。

光阴荏苒，20 世纪 40 年代关押于安置营的一些人，在后来的民权运动、公民自由事业和其他美国人的事务中始终活跃。2011 年 9 月 11 日，纽约的世贸中心遭恐怖袭击。不到两周，洛杉矶的数百名美籍日裔即聚会游行，抗议成批逮捕美国的穆斯林。是松丰三郎在最高法院的两起案件中提交了非当事人意见陈述，质疑古巴关塔那摩美国海军基地对穆斯林未经定罪即行拘捕。他说：“只有认识到，即使在危急时刻，我们也必须警惕偏见且奉公守法，才能完全证明美籍日裔是无辜的。”

一些美籍日裔和其他族裔研究并抗议 20 世纪 40 年代的强制迁移。经过漫漫岁月，他们才被关心民权自由的很多美国人视为英雄，最终也被大多数美籍日裔视作英雄，甚至被很多白人自由论者视作英雄。要知道，最早抗议 1942 年迁移令者寥寥无几，但对他们，白人中那些自由论者曾避之唯恐不及。一个巨大的讽刺是，当年，富兰克林·罗斯福总统的朋友鲍德温竭力拒绝美国公民自由联盟代理是松丰三郎一案，但随着历史被改写，该联盟却将 2001 年的“罗杰·鲍德温自由奖”授予是松丰三郎。丰三郎和平林浩均被授予总统自由勋章；在加州的圣何塞，两人的名字均被用作街名。此外，华盛顿特区国家肖像艺术博物馆中有个“为正义而战”的区

域，丰三郎成为了第一个肖像展示于此的亚裔人士。在加州的奥克 285
兰，有个“正义斗士”艺廊，立有他的一尊重达30吨的雕像，另几尊分别是圣雄甘地（Mahatma Gandhi）、纳尔逊·曼德拉（Nelson Mandela），以及马丁·路德·金（Martin Luther King Jr.）博士。

*　*　*

2006年3月，俄勒冈州胡德里弗谷。经县地方长官的批准，该县历史博物馆举办了名为《自由的轮回：失而复得》（*A Circle of Freedom*：*Lost and Restored*）的展览。展品中有些文件和照片是巴德·柯林斯在一个仓库里发现的。巴德是二战老兵，也是位专门研究美国退伍军人协会第22分会的历史学家。该分会臭名昭著，其会员曾涂黑在欧洲和太平洋服役的当地日裔的名字。

“我保存它们是有理由的，”说起那两箱文件，柯林斯告诉研究地方史的教授琳达·田村（Linda Tamura），“你知道，我们都不想再絮叨此事，都想抛诸脑后，但我们不能忘记历史……这些就是事实，就是历史……现在改变，为时已晚。”

戴维·梅里韦瑟（David Meriwether）县长同意此说法：“这是一个伟大的国家，我们做了很多了不起的事，但这件事不是其中之一。我们必须始终牢记应如何对待彼此、如何相互交往。”博物馆馆长康妮·尼斯（Connie Nice）也持此看法，她告诉《胡德里弗日报》：“我希望人们能驻足思考，我们会干这样的事情吗？我们对拉美人、墨西哥人或者穆斯林在重复这样的事情吗？……我并不是说，这个小小的展览将会改变世界。但是，我希望人们离开时会说：‘也许我们做的不对。’继而希望他们不会重蹈覆辙。”

人物简注

287 战时安置署监禁的日本人共计 120 313 名，有美国公民，也有外国人。其中 54 127 人返回太平洋沿岸的加州、俄勒冈州和华盛顿州；52 978 人移居其他各州或夏威夷；另有 4 724 人被遣送回日本，不过，大多终因韦恩·柯林斯的起诉，得以重返美国；3 121 人，含家属，被押于司法部监狱。在美军服役的共有 2 355 人，1 322 人就职于国家机构。关押期间，1 862 人在安置营亡故。

下面对书中所提及的部分人物的战后生活作一简单介绍。

约翰·相矶：美国占领日本期间，在军队服役，以中校军衔退伍。后担任加州上诉法院法官，系担任此职的第一位美籍日裔，洛杉矶的小东京有一街以其名命名。1987 年，发生了一起街头抢劫案，相矶被杀。

288 **秋元裕**：返回斯托克顿后，以设计好莱坞电影海报而著名，

2009年去世。

卡尔·本德森：1950年，获任陆军部助理部长，两年后，担任副部长。韶光荏苒，他不断虚造、修改其简历，声称先后在夏威夷和菲律宾服役，曾从马尼拉将道格拉斯·麦克阿瑟将军的密函传给华盛顿的乔治·马歇尔将军。他还称自己当过飞行员，但这种话连其家人也无法佐证。其子系海军飞行员，但他说，从未听说父亲也当过飞行员。1954年，本德森从政府部门退休，担任冠军国际纸业董事会主席兼首席执行官。在后来的岁月里，虽然对自己在迁移日本人事件中的作用轻描淡写，但他公开反对对关押于安置营的美籍日裔进行赔偿。1989年去世。

欧内斯特·贝西格：美国公民自由联盟旧金山分会首任会长，毕其一生，代表共产党和诗人艾伦·金斯伯格与政府对抗，1998年去世。

弗朗西斯·比德尔：罗斯福总统去世后，辞去司法部部长一职。后被杜鲁门总统任命为美国主审法官，赴纽伦堡，审判德国战犯。在其自传中，他为自己未能更加坚决地反对强制迁移美籍日裔而懊悔。1968年去世。

弗莱彻·鲍伦：担任洛杉矶市市长至1953年。州长初选失败后，竞选进入加州上诉法院。1968年去世。

克拉拉·布里德：担任圣迭戈市图书馆管理员，1970年退休。史密森尼学会将“布里德小姐”信函纳入信函文献的课程计划。1994年去世。

拉尔夫·卡尔：科罗拉多州州长，共和党人，反对“新政”。1942年11月，竞选参议员失败。分析家称，其关于迁移和安置的立场是他政治生涯结束的主要原因。1976 年，当地日裔筹资在丹佛的樱花广场为其立半身塑像。1950 年去世。

289 **约翰·富兰克林·卡特：**著书 30 本，兼具虚构和非虚构。他的联合专栏为“我们人民”（We, the People）……后加入哈里·杜鲁门总统的竞选团队，撰写演讲稿。1967 年去世。

A. B. 钱德勒：人称“快乐的”钱德勒。1945 年担任美国职业棒球大联盟（Major League Baseball）干事，1951 年辞职。1967 年去世。

汤姆·C. 克拉克：战后卸任司法部部长，被任命为美国联邦最高法院大法官，1967 年其子拉姆齐被林登·约翰逊总统任命为司法部部长，为避免利益冲突，遂辞职。其后，克拉克法官说：“我这一生中犯了很多错误……其中之一就是我曾在 1942 年将日本人迁出加州一事中所扮演的角色……我觉得那样做对我毫无益处。我们把他们装上列车，投入集中营，这就是事实。回首此事，尽管我曾力挺此事，但我现在还是惊讶于联邦最高法院竟也批准了此事。”1977 年去世。

罗恩·德勒姆斯：这名奥克兰小伙曾力图制止士兵抓走其日裔好友罗兰，后担任国会议员长达 28 年，曾任国会黑人同盟（Congressional Black Caucus）主席。2005年，当选为奥克兰市市长。

约翰·德威特中将：担任华盛顿特区陆海军参谋学院院长，因为将日本人从西海岸迁出，获颁杰出服役勋章。1947 年退伍，后升为四星上将。1962 年去世。

弥尔顿·艾森豪威尔：1943 年年中成为堪萨斯州立大学校长。六年后转任约翰·霍普金斯大学校长。1985 年去世。

弗兰克·埃米：获释后成为公务员，先后供职于邮局和加州失业救济处。1980 年退休后，积极从事推动沉冤昭雪。2010 年去世。

迪洛斯·埃蒙斯：曾任美国夏威夷部队司令，后接替约翰·德威特将军担任第四军司令。退伍前，指挥阿拉斯加的陆军部队。1965 年去世。

远藤光世：在迁移人员中，所涉案件上诉至美国最高法院 290
的唯一女性。法庭因其曾在加州政府部门工作，判定其具有“业经证实的忠诚”。此后，赴芝加哥从事秘书工作，婚后育有三子。2006 年去世。

爱德华·恩尼斯：战后离开司法部，为美国公民自由联盟工作 40 年，长期担任会长一职。在其任期内，该联盟成为 1973 年第一个弹劾理查德·尼克松总统的组织。1978 年去世。

查尔斯·费伊：第二次世界大战期间任副检察长，后担任美国上诉法院法官。1978 年去世。

弗雷德·藤川医生：这位来自特米诺岛的医生，从杰罗姆安置中心获释后，与另外七名日裔在密苏里州乔普林市的肺结核疗养院工作。该州立法机构禁止其为白人诊病的一项法案被废弃。1992 年去世。

艾伦·格里恩少将：1944 年 4 月，以陆军宪兵司令身份退役。1946 年去世。

平林浩：获得华盛顿大学博士学位，先后任教于美利坚大学开罗分校和贝鲁特分校。其后，担任加拿大埃德蒙顿市艾伯塔大学社会学系主任。具有讽刺意味的是，由于加拿大政府对待其西海岸日裔的做法与美国政府一样恶劣，所以，1947 年以前，日裔曾被禁止返回加拿大太平洋沿岸的不列颠哥伦比亚。2012 年去世。

枚闻铁三：从未实现上大学的梦想，供职于通用动力公司，2006 年去世。

比尔 · 细川：历任哈特山报纸主编、《得梅因要闻》(*Des Moines Register*) 记者、《丹佛邮报》社论版主编。代表作为《二代日裔：沉默的美国人》。

珍妮 · 若月 · 休斯顿：后又著书两种，并担任电视剧《重返曼萨纳》的编剧，该剧在全国广播公司电视网 (NBC network) 播出。与丈夫詹姆斯 · 休斯顿住在加州圣何塞，育有三子。

291 **井上健：**如书中所述，后来成为夏威夷第一位国会议员和参议员。重新审核档案时发现，陆军的正式报告对日裔的勇敢行为往往轻描淡写，所以，比尔 · 克林顿总统将其所获的杰出服役十字勋章升级为荣誉勋章。其第二位夫人是艾琳 · 平野，曾任华盛顿非营利组织美日协会会长。井上健担任参议员 50 年，2012 年去世。

埃斯特尔 · 石语：长期贫穷，住在活动房屋里，其父阿瑟破产后于 1957 年去世。1972 年，一度与她失联的一位日本朋友为其举办安置营绘画展，展览及画册均大获成功，哈特山故旧由此发现她住在好莱坞一地下室，双腿因坏疽截肢。故友将其安排到一个养老院，悉心照料，直至她 1990 年去世。反映其生平与艺术的电影《等待的日子》荣获 1991 年奥斯卡最佳短纪录片奖。

玛格丽特 · 石野：战后供职于华盛顿特区的劳工部，退休后返回圣迭戈。

哈维·板野：曾在伯克利毕业典礼上致辞，被遣送至图利湖。获释后，在圣路易的华盛顿大学继续其医学研究。在加州大学圣迭戈分校任教期间，首次将疾病与分子缺陷相联系，与泡令博士共同研究镰状细胞性贫血，这种病多发于非裔美国人群体。后当选为美国科学院首位日裔院士，2010 年去世。

木户三郎：这位日裔美国公民协会会长在安置营两次遭殴，后在洛杉矶从事民权方面的法律工作，1988 年去世。

查尔斯·菊池：来自旧金山，常写日记。在退伍军人管理局（Veterans Administration）担任心理社工，达 24 年之久。1977 年去世。

玛丽昂·小西：在格拉纳达安置营 1944 届毕业典礼上致辞，后成为餐馆老板，在芝加哥开设首家寿司店，运营 34 年。

约瑟夫·栗原：满腹怨恨的一战老兵，任黑龙会头目。主动
接受遣送回日，声称将在自己的国土上为民主而努力。然而，具 292
有讽刺意味是，在日本，他为美国占领军担任翻译。有人认为他
是英雄，因为是他首倡为迁移人员昭雪的。1965 年去世。

本·黑木：战后，这名空军机枪手成了名人，到各地巡回演讲，宣扬种族宽容。获得内布拉斯加大学新闻学学位，最终拥有该州两份小报。1984 年退役，2005 年荣获杰出服役勋章，共获战斗荣誉十余次。

威尔逊·真壁：因为欠税 1 200 美元，加州卢米斯这位残疾老兵不得不与家人一起卖掉部分产业，后来赎回时花费 4.5 万美元。

正冈优：后来成为华盛顿的一名说客，为美籍日裔争取利益，娶诺曼·峰田的妹妹为妻。1991 年去世。

丑闻

松田家：1954 年，平祐和光之加入美籍。米一将农场扩大至 58 英亩，与父亲共同经营。米一因作战勇敢获得过一枚铜星勋章，但从未告诉家人。玛丽迁往西雅图，在普吉特湾大学完成学业，并获得学士学位。此间，邂逅丈夫查尔斯·格伦沃德。1951 年结婚后搬往波士顿，查尔斯在那里获得神学硕士学位，后在华盛顿、爱达荷以及科罗拉多等州担任牧师。两人育有三子。76 岁时，玛丽开始撰写回忆录，于 2005 年 80 岁时出版。

罗伯特·松井：担任国会议员 26 年，2005 年去世。2006 年，其妻多丽丝获选继任国会议员。

约翰·麦克洛伊：被《哈珀》（*Harper*）杂志誉为“美国历史上最具影响力的普通公民”。这位华尔街最受尊敬的律师曾担任八位总统的顾问，从罗斯福到里根。职位包括：美国在德占领军特派员，大通曼哈顿国民银行（Chase Manhattan National Bank）董事长，世界银行行长。然而，在战时平民安置与监禁委员会听证会期间的两天中，他被听众中的美籍日裔和一些委员
293 的敌视所激怒，实在有失风度。1992 年，其传记作者卡伊·伯德写道：“美籍日裔在铁丝网包围的安置营内遭监三年，对此，麦克洛伊比其他所有官员都负有更大责任。他据理力争，最终获胜，打消了司法部对宪法的顾虑。”内政部部长哈罗德·伊克斯在日记中这样描写麦克洛伊：“我非常喜欢麦克洛伊，他是我在陆军中见得最多的人，但是，我听说他多多少少有些法西斯倾向，对此，我并不惊讶。据我所知，他强势且能干。”麦克洛伊认为委员会的听证会“绝对不可接受”，但是，他相信自己会被当作爱国者和美国英雄，所以，他来了。第一天以后，他便带着

自己的律师回来了，为其 1941 年至 1945 年担任陆军部副部长时的行为辩护。

诺曼·峰田：先后担任加州圣何塞市市长和美国国会议员，最后在两位总统内阁任职，分别任商务部部长和交通部部长。在哈特山安置营期间，他曾是童子军 379 部队一员，与科迪当地的童子军 250 部队中的艾伦·辛普森共住帐篷。后来，辛普森从怀俄明州当选为参议员，任职八年。两人友谊如故。

柯蒂斯·B. 芒森：战后重操旧业，从事投资工作，与妻子伊迪斯·卡明思行走四方。伊迪斯是一名高尔夫球手，是登上《时代》周刊封面的首位女运动员。她也是司各特·菲茨杰拉德（F. Scott Fitzgerald）的小说《了不起的盖茨比》（*The Great Gatsby*）中乔丹·贝克的原型。

狄龙·迈尔：日裔美国公民协会的红人，倡议同化。后担任印第安事务局局长。1982 年去世。

野口勇：战后继续从事雕塑，在公共园林设计方面广受认可，包括在耶鲁大学内的一处设计和联合国教科文组织巴黎总部内的一处设计。1987 年获自由勋章。1988 年去世。

路易丝·小川：返回圣迭戈后，在市政府工作。嫁给理查德·渡边，他也是圣迭戈的迁移人员之一。

保罗·大多喜：班布里奇岛上一家报社的记者，在太平洋战 294
区陆军情报部担任译员。

卡伯特·奥尔森州长：在 1942 年州长竞选中，被厄尔·沃伦击败。从事律师工作，担任美国世俗主义者联合会会长。1962 年去世。

查尔斯·彭斯上尉：第 442 团团长，服役 30 年。退役后在伊利诺伊州莫林市的奥古斯塔娜学院担任发展总监。2009 年去世。

艾契欧·平查：重返大都会歌剧院，曾参演百老汇著名音乐剧《南太平洋》(*South Pacific*)，1957 年去世。

海军少校肯尼斯·林格尔：美国海军“瓦萨奇”号（USS *Wasatch*）舰长，该舰是太平洋战区担负重任的一艘两栖登陆舰。1953 年，林格尔以少将军衔退役。后来，他认为在加州和夏威夷从事情报工作影响其职业生涯，妨碍其晋升为上将。1963 年去世。

詹姆斯·罗：在杜鲁门总统任期内，担任多个联邦政府职位。1952 年以后，在华盛顿特区从事律师行业。1984 年去世。

史迪威将军：这位才华横溢、外号“尖酸乔”的战略家总是与盟国相处不好。他在中国指挥第六军，其明确表示，美国所支持的中国国民党领袖蒋介石只不过是个腐败的军阀，对日本采取不抵抗政策，反而与其对手共产党的毛泽东争斗，因此遭到解职。最终，华盛顿支持蒋介石，史迪威被召回。1946 年去世。

特蕾莎·隆义：她有一半爱尔兰血统，曾在西雅图经营冰淇淋店。战后，与丈夫和孩子从米尼多卡迁往印第安纳州的波利斯，25 年后返回西雅图。其夫在印第安纳波利斯当会计。“在印第安纳，我们遇到很多很多的好人。”她说，“他们都是白人，都把我们当作他们中的一员。但他们没有一个人了解那场迁移，没有一个人。当我告诉他们时，他们很惊讶。”她家失去冰淇淋店后，政府赔偿了 100 美元。1984 年去世。

295 **乔治·武井：**来自罗沃尔的一个男孩，后成为著名演员，代表角色是《星际迷航》(*Star Trek*)中的苏鲁中尉，也当过剧作家和导演。在加州民主党内和美籍日裔事业方面活跃40年。

凯瑟琳·田崎：在加州的丘拉维斯塔担任图书管理员，嫁给了圣迭戈的一名迁移人员本·濑川。朝鲜战争期间，其夫在美国空军服役。

津曲福生：在芝加哥的麦格劳希尔出版社担任秘书，后嫁给工程师汤姆·东子(Tom Higashioka)，迁往加州的圣马特奥。其弟津曲幸男在怀俄明州以行医为生。

内田淑子：著有儿童读物十余种，其中一本讲述的是自己的故事:《流放沙漠：强迁美籍日裔家庭》。1975年去世。

爱迪生·宇野：在日裔美国公民协会及其他日裔组织工作，主张美籍日裔应当得到昭雪，各种损失应该获得赔偿，是最早呼吁此事的活动家之一。1975年去世。

安井益男：在丹佛从事律师工作，担任该市人权委员会主席，1986年去世。

注　释

297 **缩略语**

BOH：伯克利口述史（Berkeley Oral History）

DENSHO：伝书网站（Denshō.org）

DOH：伝书口述史（Denshō Oral History）

HAY：速水国雄与乔安妮·奥本海姆著《速水国雄日记与信札：从集中营到战场》（Stanley Kunio Hayami and Joanne Oppenheim, *Stanley Hayami, Nisei Son: His Diary*, *Letters*, *& Story from an American Concentration Camp to Battlefield*, *1942—1945*）

HOS：比尔·细川著《二代日裔：沉默的美国人》（Bill Hosokawa, *Nisei: The Quiet Americans*）

JAH：布赖恩·新谷著《美籍日裔简史：1868 年迄今之参考资料》（Brian Niiya, *Japanese American History: An A-to-Z Reference from 1868 to the Present*）

PJ：美国战时平民安置与监禁委员会著《褫夺个人正义：战时再安置

和拘留平民委员会报告》(United States, Commission on Wartime Relocation and Internment of Civilians, *Personal Justice Denied: Report of the Commission on Wartime Relocation and Internment of Civilians*)

前言

xix **《我家的房子》**：乔安妮·奥本海姆(Joanne Oppenheim),《布里德小姐信札集：在押美籍日裔与图书管理员的真实故事》(*Dear Miss Breed: True Stories of the Japanese American Incarceration* 298
During World War II and a Librarian Who Made a Difference)，纽约：学乐出版社,2006 年，第 29 页。这首歌的历史颇具讽刺意味，其背景故事令人惊讶。唱片和歌谱上均注明是刘易斯·艾伦所写，其实并无此人。实际作者为埃布尔·米若珀尔(Abel Meeropol)，他是纽约市德威特克林顿中学一名老师，教龄 27 年，美国共产党员。朱利叶斯·罗森堡和埃塞尔·罗森堡因向苏联泄露原子弹机密而以叛国罪被处死后，米若珀尔夫妇收养了他们的孩子。米若珀尔最著名的歌曲是《怪异的果子》，一首关于美国黑人遭私刑处死的歌曲，由歌手比利·霍利迪唱红。《我家的房子》后续故事：此歌一直被当作爱国歌曲，在 1985 年罗纳德·里根的第二次总统就职典礼上和 1986 年自由女神像重启仪式上，由弗兰克·西纳特拉演唱。①

第一章

1 **珍珠港**：约翰·莫德尔(John Modell),《菊池日记：美国集中营编年史》(*The Kikuchi Diary: Chronicle from an American Concentration Camp*)，芝加哥：伊利诺伊大学出版社，1973 年，第 42 页。

---

① 各章节每个注释首行左侧数字为本书边码(即原书页码)；黑体字部分为该页出现的相关词句；余为相应注释。——译者

1 **“我感到那个我认识的……世界”**：《恐怖岁月》（*A Time to Fear*），导演：苏·威廉斯，DVD，PBS，2004 年。

1 **甫闻偷袭**：布赖恩·新谷，伝书网站，“木户三郎”。2013 年 12 月 7 日浏览。

2 **《罗府新报》**：1942 年 4 月 4 日，政府勒令《罗府新报》停刊。

2 **内布拉斯加**：今井志保（Shiho Imai），伝书网站，“正冈优”（Mike Masaoka）。2013 年 12 月 8 日浏览。

3 **不到 24 小时**：杰伊·费尔德曼（Jay Feldman），《制造狂热：美国当代陷害、监控、隐匿史》（*Manufacturing Hysteria: A History of Scapegoating, Surveillance, and Secrecy in Modern America*），纽约：万神殿书局，2011 年，第 164 页。

3 **数小时后**：斯蒂芬·C. 福克斯（Stephen C. Fox），“约翰·德威特将军与第二次世界大战期间监禁德意外国人的建议”（General John DeWitt and the Proposed Internment of German and Italian Aliens During World War Ⅱ），网站：JSTOR.org，2011 年 6 月 19 日。

299 5 **然而……迥然不同**：凯里·麦克威廉斯（Carey McWilliams），《偏见：美籍日裔之种族宽容》（*Prejudice: Japanese-Americans, Symbol of Racial Intolerance*），波士顿：小布朗出版社，1944 年，第 66 页。

6 **内田淑子**：内田淑子，《流放沙漠：强迁美籍日裔家庭》（*Desert Exile: The Uprooting of a Japanese-American Family*），西雅图：华盛顿大学出版社，1982 年，第 46 页。

7 **北方**：玛丽·松田·格伦沃德（Mary Matsuda Gruenewald），《貌似敌人：我在日裔监禁营的故事》（*Looking Like the Enemy: My Story of Imprisonment in Japanese-American Internment Camps*），特劳达勒：新圣出版社，2005 年，第 23 页。

7 **在加州的佩塔卢马**：浅香目贺（Megan Asaka），《艾琳·名岛访谈之十三》（*Irene Najima Interview Segment 13*），伝书口述史，2008 年 8 月 4 日。2010 年 12 月 1 日浏览。

8 **“危险”分子**：浅香目贺（Megan Asaka），《格蕾丝·大下访谈之八》（*Grace F. Oshita Interview Segment 8*），伝书口述史，2008 年 6 月 4 日。2010 年 11 月 30 日浏览。

8 **胡德里弗谷**：琳达·田村（Linda Tamura），《日裔士兵打破沉默：返回胡德里弗》(*Nisei Soldiers Break Their Silence: Coming Home to Hood River*),西雅图:华盛顿大学出版社,2012 年,第 36 页。

8 **巴里·佐伯:** 罗杰·丹尼尔斯(Roger Daniels),桑德拉·C. 泰勒(Sandra C. Taylor),哈里·H. L. 北野(Harry H. L. Kitano),《美籍日裔:从强迁到平反》(*Japanese Americans: From Relocation to Redress*),盐湖城:犹他大学出版社,1986 年,第 15 页。

8 **联邦调查局抓捕:** 费尔德曼,《制造狂热》,第 160 页。

10 **胡德里弗谷:** 琳达·田村,《日裔士兵打破沉默》,第 28 页。

11 **联邦调查局抓捕名单:** 布赖恩·新谷(Brian Niiya),伝书网站,《肯尼斯·林格尔》,2013 年 3 月 19 日。2013 年 6 月 13 日浏览,http://encyclopedia.densho.org/Kenneth%20Ringle/。

11 **抓捕名单上另一位:** 迈克尔·L. 库珀(Michael L. Cooper),《为荣誉而战:美籍日裔与第二次世界大战》(*Fighting for Honor: Japanese Americans and World War Ⅱ*),纽约:克拉里昂出版社,2000 年,第 1 页。

12 **林格尔少校:** 罗杰·丹尼尔斯(Roger Daniels),《未经审判的囚犯:二战中的美籍日裔》(*Prisoners without Trial: Japanese Americans in World War Ⅱ*),纽约:希尔王出版社,1993 年,第 23 页。

13 **整个"日本问题":** K. D. 林格尔,《林格尔关于监禁日裔之报告》(*Report on Japanese Internment*),海军图书馆,1942 年 1 月 26 日。2013 年 6 月 13 日浏览。

15 **秘密间谍:** 布赖恩·新谷(Brian Niiya),伝书网站,"芒森报告"(Munson Report),2013 年 3 月 19 日。2013 年 6 月 13 日浏览,http://encyclopedia.densho.org/Munson_Report/。

16 **大约两周:** 莫顿·格罗津斯(Morton Grodzins),《背叛美国人:政治与强迁日裔》(*Americans Betrayed: Politics and the Japanese Evacuation*),芝加哥:芝加哥大学出版社,1949 年,第 380 页。 300

17 **有迹象表明:** 朴润(Yoon PaK),"'亲爱的老师':美籍日裔监禁前夕书信"("Dear Teacher": Letters on the Eve of the Japanese American Imprisonment),社会研究委员会教师网络图书馆:美国历史(NCSS Online Teachers' Library: U.S. History Collection),2001 年 9 月。2010 年 9 月浏览。

19 **“我在车站”**：格雷格·鲁滨逊（Greg Robinson），《奉行政令：罗斯福总统与美籍日裔监禁》（*By Order of the President: FDR and the Internment of Japanese Americans*），马萨诸塞州剑桥：哈佛大学出版社，2001，第 116 页。

19 **校长**：麦克威廉斯，《偏见》，第 160 页。

20 **常务会长**：弗兰克·J. 泰勒（Frank J. Taylor），“不受欢迎的民族”（The People Nobody Wants），《星期六晚邮报》（*Saturday Evening Post*），1942 年 5 月 9 日。

21 **司法部副部长**：米里亚姆·范戈尔德（Miriam Feingold），《美籍日裔口述史项目》（*Japanese American Oral History Project*），加利斯菲尔：加州大学伯克利分校班考罗夫特图书馆，1975 年 9 月 8 日。2011 年 6 月 7 日浏览。

23 **二号人物**：约瑟夫·W. 史迪威（Joseph W. Stilwell），《史迪威文存》（*The Stilwell Papers*），纽约：威廉·斯隆出版社，1948 年，第 2—11 页。

26 **联邦调查局官员**：田村，《日裔士兵打破沉默》，第 38 页。

29 **庞大的第五纵队**：罗纳德·毕晓普（Ronald Bishop），《保护与服务：美籍日裔监禁中媒体的监督作用》（*To Protectand Serve: The "Guard Dog" Function of Journalism in Coverage of the Japanese-American Internment*），哥伦比亚：媒体与大众传播教育协会，2000 年，第 70 页。

30 **与此同时**：德威特将军：福克斯（Fox）电视台，“德威特将军”。

31 **迷茫和恐惧**：奥本海姆（Oppenheim），《亲爱的布里德小姐》（*Dear Miss Breed*），第 22 页。

第二章

33 **州长**：丹尼尔斯，《未经审判的囚犯》，第 42 页。

34 **罗斯福与阿利希会谈**：理查德·德林农（Richard Drinnon），《集中营掌门人：狄龙·迈尔与种族主义》（*Keeper of Concentration Camps: Dillon S. Myer and American Racism*），伯克利 / 洛杉矶：加州大学出版社，1987 年，第 259 页等。

35 **类似报道**：利奥·卡切尔（Leo Katcher），《厄尔·沃伦的政治生涯》（*Earl Warren : A Political Biography*），纽约：麦格劳希尔出版社，

1967 年，第 138 页。

36 **加州首府**：维基百科，“加州弗洛林”，2010 年 5 月 1 日，2010 年 6 月 13 日浏览，en.wikipedia.org/wiki/Florin_ California。

36 **早在……2 月**：麦克威廉斯，《偏见》，第 107 页。

37 **同仇敌忾**：卡切尔，《厄尔·沃伦的政治生涯》，第 145 页。 301

38 **南部**：阿尔金·哈默茨（Aljean Harmetz），《捕猎嫌犯》（*Round Up the Usual Suspects: The Making of Casablanca: Bogart*，*Bergman, and World War Ⅱ*），纽约：哈普林出版社，1992 年。

40 **集体迁移的必要性**：卡切尔，《厄尔·沃伦的政治生涯》，第 147 页。

40 **德威特将军**：《褫夺个人正义》，第 73 页。

44 **一方面**：卡切尔，《厄尔·沃伦的政治生涯》，第 116 页。

50 **惹恼**：富兰克林·D. 罗斯福总统博物馆，“文件 4:1942 年 2 月 17 日司法部部长弗朗西斯·比德尔致总统公函”（Document 4 : Memorandum to the President from Attorney General Francis Biddle, February 17, 1942）。

55 **与此同时**：卡切尔，《厄尔·沃伦的政治生涯》，第 145 页。

第三章

59 **惊慌失措**：约翰·艾伦（John Allen），《竹内方广访谈之五》（*Hikoji Takeuchi Interview Segment 5*），伝书口述史，2002 年 11 月 7 日。2011 年 4 月 10 日浏览。

61 **最终**：丹尼尔斯，《未经审判的囚犯》，第 51 页。1943 年 2 月，乔·迪马乔入伍，他被安排做特殊兵种，经常代表第 7 军航空队在本土和夏威夷打棒球。1945 年 9 月返回扬基队，他的两个兄弟文森特和多米尼克都是大联盟选手，分别效力于匹兹堡海盗队和波士顿红袜队，均入伍服役。

62 **蒙特雷**：麦克威廉斯，《偏见》，第 133 页。

63 **西海岸**：鲁滨逊，《奉行政令》，第 248 页。

69 **3 月 24 日**：伝书网站，《一号平民驱逐令》，1942 年 3 月 25 日。2011 年 4 月 10 日浏览。

70 **要卖吗**：约翰·艾伦（John Allen），《竹内方广访谈之五》。

丑闻

71 **13 名：**《班布里奇周报》（*Bainbridge Island Review*），1942 年 3 月 28 日，第 1 版。

74 **松田家：**格伦沃德，《貌似敌人》，第 44 页。

75 **弗兰克 · 埃米：**弗兰克 · 安倍（Frank Abe），《弗兰克 · 埃米访谈之一》，伝书网站，1994 年 3 月 20 日。2010 年 12 月 22 日浏览。

75 **佩塔卢马的名岛一家：**浅香目贺（Megan Asaka），《艾琳 · 名岛访谈之十三》，2011 年 6 月 20 日浏览，www.denshovh-nirene-01-segment 13.com。

302 76 **萨克拉门托：**斯蒂芬 · 马格尼尼（Stephen Magagnini），"美籍日裔庆祝保护农场的英雄"（Japanese Americans Celebrate Hero Who Saved Their Farms），《萨克拉门托蜂报》（*Sacramento Bee*），2010 年 2 月 13 日。2010 年 6 月 5 日浏览。

76 **战争结束时：**"鲍勃 · 弗莱彻去世，曾挽救日裔农场"（Bob Fletcher Dies at 101 ; Saved Farms of Interned Japanese Americans），《洛杉矶时报》（*Los Angeles Times*），2013 年 6 月 3 日。2013 年 6 月 8 日浏览。

76 **这种事情：**罗伯特 · B. 科曾斯，伯克利口述史，第 45 页。

77 **本 · 立石：**库珀，《为荣誉而战》，第 10 页。

78 **松浦佳美：**汤姆 · 池田（Tom Ikeda），《松浦佳美访谈之十二》，伝书口述史，2009 年 6 月 17 日。2010 年 12 月 3 日浏览。

78 **星田秀夫与女友：**汤姆 · 池田，《星田秀夫访谈 I 之 36》，伝书口述史，2006 年 1 月 26 日。2010 年 12 月 3 日浏览。

82 **华盛顿州一位种植草莓的农场主：**德博拉 · 肯特（Deborah Kent），《美籍日裔监禁营辛酸史》（*The Tragic History of the Japanese-American Internment Camps*），伯克利海茨：恩斯洛出版社，2008 年，第 47 页。

94 **平林浩：**美国公谊服务委员会（American Friends Service Committee），2012 年 1 月 6 日平林浩对美国监禁日裔之反驳。

第四章

98 **亚利桑那州州长：**麦克威廉斯，《偏见》，第 67 页。

101 **孤松镇：**杰西·A. 加勒特（Jessie A. Garrett）和罗纳德·C. 拉森（Ronald C. Larsons），《安置营与社区：以曼萨纳与欧文斯谷为例》（*Camp and Community: Manzanar and the Owens Valley*），富勒顿：加州大学出版社，美籍日裔口述史项目，1977 年。

102 **埃斯特尔·石语：**鲁滨逊，《奉行政令》，第 258 页。

106 **到达曼萨纳之后：**珍妮·若月·休斯顿（Jeanne Wakatsuki Houston），詹姆斯·D. 休斯顿（James D. Houston），《告别曼萨纳》（*Farewell to Manzanar*），波士顿：休顿米夫林出版社，1973 年。

107 **最终抵达亚利桑那州的帕克镇：**《褫夺个人正义》，第 151 页。

108 **营地周围要建围栏：**马修·T. 埃斯蒂斯（Matthew T. Estes）、唐纳德·H. 埃斯蒂斯（Donald H. Estes），“炽热：圣迭戈日裔史 1942—1946”（Hot Enough to Melt Iron：The San Diego Nikkei Experience 1942-1946），《圣迭戈历史学刊》（*Journal of San Diego History*），1942 年第 3 期，1996 年夏。2013 年 6 月 27 日浏览。

113 **隐忍：**《美籍日裔简史》，第 143 页。另见德尔芬·平泽（Delphine
Hirasuna），《忍的艺术：美籍日裔监禁营艺术和手工 1942— 303
1946》（*The Art of Gaman: Arts and Crafts from the Japanese American Internment Camps 1942-1946*），伯克利：十速出版社，2005 年。

113 **珍妮·若月：**休斯顿夫妇，《告别曼萨纳》。

113 **绝大多数：**同上书。

120 **回到营地：**埃斯蒂斯，“炽热”。

第五章

125 **“刹那间”：**淑子，《沙漠流放》，第 119 页。

127 **“我是第一个”：**拉里·戴恩·布里纳（Larry Dane Brimner），《安置营声音》（*Voices from the Camps: Internment of Japanese Americans During World War Ⅱ*），纽约：富兰克林·沃茨出版社，1994 年，第 50 页。

128 **“波斯顿周边的土壤”**：埃斯蒂斯，“炽热”。

128 **野口勇**：雅世·杜斯（Masayo Duus），《野口勇传：无界之旅》（*The Life of Isamu Noguchi: Journey without Borders*），普林斯顿：普林斯顿大学出版社，2004年，第162页。

129 **仲夏**：同上书，第170页。

130 **挖坑**：乔治·平原（George Hirahara）访谈。

130 **查尔斯·滨崎**：布里纳，《安置营声音》，第50页。

131 **弗兰克·埃米**：弗兰克·安倍（Frank Abe），《弗兰克·埃米再访谈之五》（*Frank Emi Interview II Segment 5*），伝书口述史，1998年1月30日。2010年12月10日浏览。

131 **11月初**：奥本海姆，《亲爱的布里德小姐》，第140页。

132 **兴高采烈**：埃斯蒂斯，“炽热”。

133 **1942年12月8日**：拉尔夫·G. 马丁（Ralph G. Martin），《内布拉斯加小伙：本·黑木的故事》（*Boy from Nebraska: The Story of Ben Kuroki*），纽约：哈珀兄弟出版社，1946年，第73页。

134 **第一个圣诞节**：奥本海姆，《亲爱的布里德小姐》，第145页。

135 **日裔美国公民协会**：同上书，第146页。

136 **昨晚，我收到了**：《速水国雄日记与信札》，第30页。

139 **1942年12月25日**：同上。

141 **1942年末**：克兰希·克拉克·内弗斯（Klancy Clark De Nevers），《上校与和平主义者》（*The Colonel and the Pacifist: Karl Bendetsen, Perry Saito, and the Incarceration of Japanese Americans During World War II*），盐湖城：犹他大学出版社，2004年，第177页。

141 **与此同时**：田村，《日裔士兵打破沉默》，第44页。

304 第六章

143 **1943年初**：《美籍日裔简史》，第60页。

145 **比尔·细川**：《二代日裔：沉默的美国人》（HOS），第141页。

146 **首名教官**：约瑟夫·D. 哈林顿（Joseph D. Harrington），《美国武士：日裔在美国太平洋战争中的秘密贡献》（*Yankee Samurai: The*

Secret Role of Nisei in America's Pacific Victory），底特律：佩蒂格鲁出版社，1979年，第9页；詹姆斯·C.麦克诺顿（James C. McNaughton），《日裔语言专家：第二次世界大战期间陆军情报部的美籍日裔》（*Nisei Linguists: Japanese Americans in the Military Intelligence Service During World War II*），华盛顿特区：陆军部，2006年，第91页。

146 **“没有任何美国人”**：哈林顿，《美国武士》，第9、15页。

146 **相矶和韦克林的工作**：麦克诺顿，《日裔语言专家》，第159页等。

147 **培训结束后**：哈林顿，《美国武士》，第184页。

147 **陆军情报部**：同上书，Kindle编号3993等。

149 **最危险的任务**：同上书，Kindle编号5712。

149 **讽刺**：同上书，Kindle编号2408。

150 **归米**：同上书，第159页。

150 **上士罗伊·松本**：同上书，第252页。

150 **小岛**：麦克诺顿，《日裔语言专家》，Kindle编号5955。

150 **战后**：林恩·克罗斯特（Lyn Crost），《战火荣耀：第二次世界大战中的美籍日裔》（*Honor by Fire: Japanese Americans at War in Europe and the Pacific*），诺瓦托：普雷西迪奥出版社，1994年，第31页。

151 **本·黑木**：马丁，《内布拉斯加小伙》，第83页等。

152 **美国人降落**：同上书，第106页等。

153 **容不得半点差错**：麦克诺顿，《日裔语言专家》，Kindle编号1648。

153 **珍珠港**：《美籍日裔简史》，第224页；西浦美智（Michi Nishiura Weglyn），《耻辱岁月：美国集中营前所未闻的故事》（*Years of Infamy: The Untold Story of America's Concentration Camps*），纽约：莫罗·奎尔出版社，1976年，第153页。

154 **与此同时**：《美籍日裔简史》，第269页。

154 **卫理公会主教**：丹尼尔斯等，《美籍日裔：从强迁到平反》，第118页。

155 **总统改变主意后**：罗伯特·朝日奈（Robert Asahina），《地道美国人：美籍日裔如何在国内外获胜》（*Just Americans: How Japanese*

Americans Won a War at Home and Abroad)，纽约：戈特汉姆书局，2006年，第51页等。

155 **“上周二”**：《速水国雄日记与信札》，第59页。

156 **营区里的年轻人**：《美籍日裔简史》，第61页。

158 **哈特山**：同上书，第66页。

305 159 **第28个问题则是雪上加霜**：第28个问题是：“你是否愿意宣誓绝对效忠美国，在美国遭受国内外力量攻击时忠诚卫国，同时，收回对日本天皇或其他外国政府及组织的所有效忠誓言？”男性公民对该题回答情况如下：15 011人回答“是”，340人回答“有保留的是”，4 414人回答“否”，375人回答“有保留的否”，128人未答。换言之，73.7%给出了肯定回答，21.7%给出了否定回答。女性公民中，15 671人回答“是”，376人回答“有保留的是”，1 919人回答“否”，210人回答“有保留的否”，226人未答，即85%的人肯定，10.4%的人否定。在男性外籍人士中，20 197人回答“是”，137人回答“否”，相当于96.4%的人肯定，0.7%的人否定。在女性外籍人士中，14 712（96.5%）人回答“是”，263（1.8%）人回答“否”。不分入籍与否，整体来看，问卷未经修改时，65 079人（87.4%）回答“是”，6 733人（9%）回答“否”。

159 **若樱初见**：丹尼尔斯等，《美籍日裔：从强迁到平反》，第7页。

160 **两天后**：卡切尔，《厄尔·沃伦的政治生涯》，第148页。

164 **复活节**：田村，《日裔士兵打破沉默》，第104页等。

165 **无论他们境遇如何**：埃弗里特·M. 罗杰斯（Everett M. Rogers）和南希R. 巴特利特（Nancy R. Bartlit），《第二次世界大战的无声表达》（*Silent Voices of World War Ⅱ: When Sons of the Land of Enchantment Met Sons of the Land of the Rising Sun*），圣菲：太阳石出版社，2005年，第182页。

166 **厄尔·沃伦**：卡切尔，《厄尔·沃伦的政治生涯》，第148页等；西浦美智，《耻辱岁月》，第154页。

168 **同一天**：西浦美智，《耻辱岁月》，第163页等。

169 **约翰·科斯特洛众议员**：同上书，第151页。

169 **报纸不断批评**：内弗斯，《上校与和平主义者》，第223页。

169 **“软禁”**：“日裔福利：议员称安置营食物短缺”（Says Japs Benefit : Representative Asserts Camps Get Scarce Foodstuffs），《纽约时报》（*New York Times*），1943 年 1 月 10 日。

170 **国会议员勒罗伊·约翰逊**：西浦美智，《耻辱岁月》，第 229 页。

170 **12 月 6 日**：鲁滨逊，《奉行政令》，第 250 页。

第七章

306

172 **复活节后**：《速水国雄日记与信札》，第 72 页。

172 **同日**：同上。

173 **参议员钱德勒**：德林农，《集中营掌门人》，第64页；比尔·细川，《二代日裔：沉默的美国人》，第 377 页。

174 **较小的报纸**：比尔·细川，《二代日裔：沉默的美国人》，第 376 页。

175 **高中毕业典礼**：加利斯菲尔，http://content.cdlib.org/ark:/13030/ft3c6003sr/。

175 **速水国雄**：《速水国雄日记与信札》，第 89 页。

175 **8 月 17 日**：同上，第 86 页。

176 **8 月底**：同上，第 87 页等。

176 **速水的哥哥**：同上，第 85 页。

177 **1943 年 9 月**：埃斯蒂斯，“炽热”。

178 **加州众议院**：麦克威廉斯，《偏见》，第 259 页。

179 **沃伦州长**：同上书，第 263 页。

179 **多萝西娅·兰格**：琳达·戈登（Linda Gordon）和加里·Y. 大木裕（Gary Y. Okihiro），《监禁：多萝西娅·兰格与美籍日裔照片审查》（*Impounded: Dorothea Lange and the Censored Images of Japanese American Internment*），纽约：诺顿出版社，2006 年，第 5 页。

179 **亚当斯**：安塞尔·亚当斯（Ansel Adams），《生来自由而平等》（*Born Free and Equal: The Story of Loyal Japanese Americans, Manzanar Relocation Center, Inyo County, California*）纽约：美国摄影出版社，1944 年，第 13 页。

181 **1943 年：**麦克威廉斯,《偏见》，第 257 页。

181 **数日之内：**鲁滨逊,《奉行政令》，第 248 页。

181 **战时安置署主任迈尔：**《褫夺个人正义》，第 208 页。

183 **图利湖：**吉姆·谷本（Jim Tanimoto),《图利湖恐怖事件》(*A Frightening Incident in Tule Lake*)，伝书口述史,2009 年 12 月 10 日。

183 **军事监护人员：**西浦美智,《耻辱岁月》，第 161 页。

185 **吉姆·谷本：**谷本,《图利湖恐怖事件》。

186 **大多数夜晚：**德林农,《集中营掌门人》，第 127 页等。

186 **加州移民与住房局前局长：**马丁,《内布拉斯加小伙》。

187 **1 月 14 日：**《法夫自由周报》(*Fife Free Press*)，2009 年 4 月 8 日，第 1 版。

307 188 **与此同时：**罗纳德·玛格登（Ronald Magden),《罗伯特·水上访谈之十二》(*Robert Mizukami Interview Segment 12*)，伝上口述史，2000 年 4 月 11 日。2010 年 12 月 22 日浏览。

189 **内田家：**内田,《流放沙漠》，第 141 页。

189 **1943 年初：**《荣耀之子》(*Most Honorable Son*)，比尔·久保田导演，PBS 家庭 DVD，2007 年。

190 **黑木讲到：**马丁,《内布拉斯加小伙》，第 155 页等;《荣耀之子》。

192 **弗兰克·埃米：**在美籍亚裔研究会的演讲，华盛顿大学，1988 年 3 月 24 日。

193 **黑木收到家书：**《荣耀之子》。

194 **两天后：**玛莎·弗格森·麦基翁（Martha Ferguson McKeown),"从生到死美国人"(He Was an American at Birth—and in Death)，《波特兰俄勒冈人报》(*Portland Oregonian*)，1946 年 5 月 25 日。麦基翁女士曾经在胡德里弗当老师，峰谷是其学生。

第八章

195 **第一周：**高密克（Anne O'Hare McCormick),"日裔安置营观感"(The Outlook from a Japanese Relocation Camp),《纽约时报》，1944 年 1 月 8 日。

196 **陆军部部长：**格雷格·鲁滨逊（Greg Robinson),《民主的悲剧：北美对日裔的监禁》(*A Tragedy of Democracy: Japanese Confinement in North America*)，纽约：哥伦比亚大学出版社，2009年，第251页；史密斯，《考验民主》(*Democracy on Trial*)，第369页。

197 **会后**：史密斯，《考验民主》，第370页。

197 **"我越想"**：同上书，第369页。

197 **1944年5月24日**：德林农，《集中营掌门人》，第43页等；西浦美智，《耻辱岁月》，第312页。

201 **陪审团**：《美籍日裔简史》，第162页；弗兰克·安倍(Frank Abe)，《弗兰克·埃米访谈之二十》(*Frank Emi Interview Segment 20*)，伝书口述史，1998年1月30日。2010年12月22日浏览。

202 **再遭起诉后**：《美籍日裔简史》，第162页；德林农，《集中营掌门人》，第127页。

202 **审讯前**：《欧内斯特·贝西格访谈之四》(*Ernest Besig Interview Segment 4*)，伝书网站，1992年10月1日；德林农，《集中营掌门人》，第128页。

202 **尽管**：德林农，《集中营掌门人》，第127页。

202 **贝西格……争取获准**：同上书，第128页。

204 **无论技巧如何**：约翰·克里斯戈(John Christgau)，"柯林斯与世抗争：为恢复二战期间美籍日裔弃籍者之国籍而拼搏"(Collins 308
versus the World : The Fight to Restore Citizenship to Japanese-American Renunciants of World War Ⅱ)，《太平洋历史评论》，第54卷第1期，1985年2月。

204 **华盛顿**：史密斯，《考验民主》，第327页。

205 **117名归米**：德林农，《集中营掌门人》，第126页。

208 **乔治·中村**：史密斯，《考验民主》，第284页。

209 **流散各方**：格伦沃德，《貌似敌人》，第154页等。

211 **速水国雄**：《速水国雄日记与信札》，第105页。

211 **同时**：同上，第115页和第57页。

212 **1944届**：《曼萨纳年鉴》，美籍日裔国家博物馆，洛杉矶。

213 **"这或许"**：奥本海姆，《亲爱的布里德小姐》，第217页。

216 **话题**：同上书，第214页。

丑闻

216 **汤姆·川口**：朝日奈，《地道美国人》，第 51 页。

216 **速水国雄**：《速水国雄日记与信札》，第 125 页。

218 **在哈特山的“家”里**：同上，第 137 页。

218 **“芝加哥”**：奥本海姆，《亲爱的布里德小姐》，第 225 页。

218 **“我听说”**：同上书，第 234 页。

第九章

220 **1942 年 5 月 28 日**：埃斯蒂斯，“炽热”。

221 **由于他们的训练很成功**：C. 道格拉斯·斯特纳（C. Douglas Sterner），《孤注一掷：第二次世界大战期间战胜德国、日本以及美国偏见的日裔武士》（*Go for Broke: The Nisei Warriors of World War II Who Conquered Germany, Japan, and American Bigotry*），克利尔菲尔德：美国历史遗产出版社，2008 年，第 17 页；www.goforbroke.org/history/history_historical_veterans_100th.asp。

222 **获录服役**：肯·伯恩斯（*Ken Burns*）和林恩·诺维克（*Lynn Novick*），《战争》（*The War*），PBS 网站，2007 年 9 月。2011 年 7 月 14 日浏览。

222 **不出所料**：加利斯菲尔，content.cdlib.org/ark:/13030/ft1h4n99xm。

223 **那些军官**：朝日奈，《地道美国人》，第 59 页。

223 **本土那帮人**：斯特纳，《孤注一掷》，第 20 页；朝日奈，《地道美国人》，第 60 页。

224 **谢尔比**：朝日奈，《地道美国人》，第 60 页。

224 **“到了以后”**：同上书，第 62 页等。

225 **本土**：斯特纳，《孤注一掷》，第 10 页。

225 **第 442 团**：同上，第 37 页。

225 **6 月 6 日**：《美籍日裔简史》，第 277 页。

309 226 **三个连队**：斯特纳，《孤注一掷》，第 106 页。

226 **第 442 团**：参阅网站：GoForBroke.org。第二次世界大战期间，每个步兵营由 4 个连组成：3 个步枪连，1 个重型武器连。3 个营组成一个团，3 个团组成一个师。第 442 团是一支整编战斗力量，系独立团，军官由白人担任，所有士兵均是日裔。该团包括第

552 和 232 战斗工程连、陆军地面部队乐团、反坦克连、炮兵连、医疗队、警卫连以及两个步兵营，其中一个便是第 100 营。

226 **7 月 11 日**："乔治·斋藤"，http://www.youtube.com/watch?=s08paiTodq8。2010 年 11 月 2 日浏览。

227 **9 月**：朝日奈，《地道美国人》，第 144 页。

227 **战斗并未结束**：同上。

227 **"冲啊"**：原文"Banzai"字面义为"万岁"。在日本，经常用于向天皇致敬，日本军队的士兵用短语"Tennuoheika Banzai"表示"天皇万岁"。

227 **日裔部队**：朝日奈，《地道美国人》，第 158 页。

228 **布吕耶尔**：同上书，第 161 页；斯特纳，《孤注一掷》，第 174 页；克罗斯特，《战火荣耀》，第 184 页。

231 **该文只字未提**：朝日奈，《地道美国人》，第 193 页；罗伯特·朝日奈在《地道美国人：美籍日裔如何在国内外获胜》一书中，通过艰苦卓绝的调研，确认指挥官巴里中尉实系第 36 师 141 团医疗队人员。

231 **媒体离开后**：朝日奈，《地道美国人》，第 189 页。关于约翰·达尔奎斯特将军是否应该绕过比佛坦而不是将日裔当作"炮灰"，数十年来，一直争议不断。第 442 团军官戈登·辛格斯中尉多年后遇到达尔奎斯特时，拒绝握手。达尔奎斯特勇气可嘉，毫无疑问。他曾亲赴前线，距离德军机枪阵地仅 40 码，他的参谋威尔斯·刘易斯——作家辛克莱·刘易斯之子——当场阵亡，血溅达尔奎斯
特。战争最后一年，达尔奎斯特率师在慕尼黑附近俘虏纳粹陆军 310
元帅赫尔曼·格林，达尔奎斯特因与格林握手并共进午餐而遭到艾森豪威尔将军正式且公开的谴责。

232 **12 月 18 日**：彼得·艾恩斯（Peter Irons），《战时正义：美籍日裔监禁案》（*Justice at War: The Story of the Japanese American Internment Cases*），纽约：牛津大学出版社，1983 年，第 325 页等。

233 **反对意见**：是松丰三郎民权教育研究会，"远藤光世方"（Ex Parte Mitsuye Endo），http://korematsuinstitute.org/institute/aboutfred/internmentcases/ex-parte-mitsuye-endo/。

234 **明尼阿波利斯**：奥本海姆，《亲爱的布里德小姐》，第 235 页。

235 **1944 年 11 月 29 日夜**：《美籍日裔简史》，第 167 页；田村，《日裔士兵打破沉默》，第 143 页等。

236 **“敬致胡德里弗人”**：田村，《日裔士兵打破沉默》，第 41 页。

236 **胡德里弗县**：同上书，第 147 页等。

239 **反日情绪**：同上书，第 170 页。

241 **速水国雄**：《速水国雄日记与信札》，第 148 页等。

243 **早晨 5 点**：斯特纳，《孤注一掷》，第 110 页等。

243 **两周后**：同上书，第 151 页。

244 **柏野四郎**：文斯·松平（Vince Matsudaira），《柏野四郎生平与遗产》（*Kash: The Life and Legacy of Shiro Kashino*），Kiro 电视台，西雅图，2012 年。

244 **幸存者**：索利·加诺（Solly Ganor），《点燃蜡烛：从立陶宛逃往耶路撒冷》（*Light One Candle: A Survivor's Tale from Lithuania to Jerusalem*），纽约：科丹沙国际出版社，1995 年，第 292 页等。

246 **其中就有速水国雄**：《速水国雄日记与信札》，第 174 页等。

第十章

248 **黑木中士**：马丁，《内布拉斯加小伙》，第 188 页。

249 **第 442 团**：斯特纳，《孤注一掷》，第 144 页；克罗斯特，《战火荣耀》，第 312 页。

249 **12 月 15 日**：西浦美智，《耻辱岁月》，第 192 页。

249 **还有 100 名**：朝日奈，《地道美国人》，第 229 页。

250 **沃伦州长**：《褫夺个人正义》，第 217 页。

251 **安置计划**：阿瑟·A. 汉森（Arthur A. Hansen），《重建口述史：
311 安置时期美籍日裔家庭、社区、民权之重建》（*Regenerations Oral History Project: Rebuilding Japanese-Americans Families, Communities, and Civil Rights in the Resettlement Era—Resettlement: A Neglected Link in Japanese America's Narrative Chain*），美籍日裔国家博物馆，1997 年。2012 年 2 月 22 日浏览，第 xix 页。

251 **1945 年初**：奈杰尔·汉密尔顿（Nigel Hamilton），《总统之责：战时的罗斯福总统（1941—1942）》（*The Mantle of Command: FDR at War 1941-1942*），纽约：休顿米夫林哈考特出版社，2014 年，第 486 页；鲁滨逊，第 261 页。

252 **2 000余名日本人**：1996年，秘鲁人发起集体诉讼，美国承认错误，向拉美迁移人员中每位幸存者赔付 5 000 美元。

254 **“我不会担心”**：欲更多了解艾丽斯·新田，可参阅网站：JapaneseRelocation.org。

254 **珍妮·若月**：休斯顿夫妇，《告别曼萨纳》，第 121 页。

255 **至少还有 3 000 名**：罗杰斯等，《第二次世界大战的无声表达》，第 139 页。

256 **图利湖**：同上书，第 315 页。

256 **5 461 人**：西浦美智，《耻辱岁月》，第 247 页。

256 **图利湖的事态**：同上。

259 **日莲教**：参阅网站：www.archivetoday/SKEob ;《沉默的美国人》，第 436 页。

260 **约翰·斋藤**：《褫夺个人正义》，第 241 页。

260 **桥口睦夫**：詹姆斯·有百（James Arimo），《桥口睦夫访谈之六十二》，伝书口述史，1998 年 7 月 28 日。

261 **斋藤汤川**：鲁滨逊，《民主的悲剧》，第 257 页。

261 **数百起暴力事件**：朝日奈，《地道美国人》，第 230 页等。

261 **普莱瑟县**：鲁滨逊，《民主的悲剧》，第 260 页。

261 **沃尔特·速水**：《速水国雄日记与信札》，第 180 页。

261 **平祐和光之**：格伦沃德，《貌似敌人》，第 194 页。

262 **松田一家**：同上书，第 197 页。

262 **米一**：同上书，第 198 页。

263 **随着日本人回到西海岸**：田村，《日裔士兵打破沉默》，第 172 页。

263 **有传言称**：同上书，第 165 页。

263 **情况才得以改观**：同上书，第 167 页。

264 **没有小东京**：《沉默的美国人》，第 394 页。

265 **野村清子**：迈克尔·帕特里克·罗恩（Michael Patrick Rowan），“铁丝网圈起的座座岗楼：曼萨纳影集”（All Along the Watch 312

Towers：Photographs of Manzanar at Gunpoin，Framed in Barbed Wire），旧金山城市学院荣誉研究项目，网站：voiceslikeyours.com/pdfs/MRowan_ Watchtowers.pdf。

265 **“我听说”**：德林农，《集中营掌门人》，第128页。

266 **威斯敏斯特**：斯特纳，《孤注一掷》，第101页等。

267 **益田一家**：克洛斯特，《战火荣耀》，第153页。

267 **回夏威夷**：朝日奈，《地道美国人》，第229页。

267 **传至白宫**：鲁滨逊，《民主的悲剧》，第276页。

268 **回家**：《褫夺个人正义》，第259页等。

269 **名岛家**：浅香目贺，《艾琳·名岛访谈之十三》，2010年12月1日浏览。

269 **真壁**：约翰·立石（John Tateishi），《所有人的正义：美籍日裔监禁口述史》（*And Justice for All: An Oral History of the Japanese American Detention Camps*），纽约：兰登书屋，1984年，第250页等。

尾声

273 **在美国历史上**：鲁滨逊，《民主的悲剧》，第258页。

276 **总之**：《褫夺个人正义》，第459页。

276 **近50年后**：“理解1988年民权法案”（Understanding the Civil Liberties Act of 1988），反损害名誉联盟，2014年，参阅网站：http://www.adl.org/assets/pdf/education-outreach/Understanding-the-Civil-Liberties-Act-of-1988.pdf。

277 **韦恩·柯林斯**：鲁滨逊，《民主的悲剧》，第258页。

278 **由柯林斯代理**：丹尼尔斯等，《美籍日裔：从强迁到平反》，第142页。

278 **柯林斯去世**：艾恩斯，《战时正义》，第368页等。

278 **清田实**：清田实（Minoru Kiyota），《超越忠诚》（*Beyond Loyalty: The Story of a Kibei*），火奴鲁鲁：夏威夷大学出版社，1997年，第155页。

281 **回忆录、访谈和口述史**：《褫夺个人正义》，第18页。

282 **1982 年：** http://korematsuinstitute.org/institute/aboutfred/。

282 **5 月 20 日：** 最高法院原本计划 1944 年 5 月 1 日举行听证会，但副检察长查尔斯·费伊称，政府需要时间准备卷宗，因而推迟。几乎整整 67 年后，2011 年 5 月 20 日，代理副检察长尼尔·卡迪尔发布声明："承认错误：检察长在美籍日裔监禁案中的错误" 313
（http://www.justice.gov/opa/blog/confession-error-solicitor-generals-mistakes-during-japanese-american-internment-cases）。该声明援引司法部评论性文件称，副检察长查尔斯·费伊 1943 年和 1944 年未告知法庭：相关报告极力淡化了西海岸日裔居民所构成的危险。在"丰三郎诉美国案"和"平林诉美国案"中均有此类省略和错误陈述。

人物简注

287 相矶藤雄：《美籍日裔简史》，第 98 页。

288 弗朗西斯·比德尔：同上书，第 113 页。

289 汤姆·C. 克拉克：《褫夺个人正义》，第 378 页。

289 约翰·德威特：《美籍日裔简史》，第 128 页。

289 弥尔顿·艾森豪威尔：同上书，第 130 页。

290 爱德华·恩尼斯：同上书，第 135 页。

290 弗雷德·藤川：立石，《所有人的正义》，第 208 页。

290 艾伦·格里恩：《美籍日裔简史》，第 153 页。

290 平林浩：同上书，第 163 页。

291 井上健：同上书，第 174 页。

291 埃斯特尔·石语：《等待的日子》，DVD，旧金山：穆谢特电影公司，1989 年。

291 哈维·板野：西浦美智，《耻辱岁月》，第 108 页。

291 木户三郎：《美籍日裔简史》，第 201 页。

291 约瑟夫·栗原：同上书，第 212 页。

292 本·黑木：《荣耀之子》。

292 正冈优：《美国日裔简史》，第 226 页。

丑闻

292 松田家：格伦沃德，《貌似敌人》，第 219 页。

292 约翰·麦克洛伊：卡伊·伯德（Kai Bird），《约翰·麦克洛伊传》（*The Chairman: John J. McCloy, the Making of the American Establishment*），纽约：西蒙舒斯特出版社，1992 年，第 16 页。

293 诺曼·峰田：《美籍日裔简史》，第 232 页。

314 293 童子军成员：唐纳·加户（Donna Kato），“监禁营分裂怀俄明”（Plan for Former Intern Camps Divides Wyo. County），奈特里德新闻社，1992 年 2 月 19 日。

293 柯蒂斯·芒森：《美籍日裔简史》，第 241 页。

293 狄龙·迈尔：德林农，《集中营掌门人》，第 254 页。

293 路易丝·小川：奥本海姆，《亲爱的布里德小姐》，第 258 页。

294 肯尼斯·林格尔：《小肯尼斯·林格尔访谈》。

294 史迪威将军：史迪威，《史迪威文存》，第 351 页。

295 乔治·武井：《美国日裔简史》，第 325 页。

295 津曲福生：奥本海姆，《亲爱的布里德小姐》，第 236 页。

295 内田淑子：淑子，《流放沙漠》，第 146 页等。

295 安井实：《美国日裔简史》，第 360 页。

参考文献

Adams, Ansel. *Born Free and Equal: The Story of Loyal Japanese Americans, Manzanar Relocation Center, Inyo County, California.* New York: U. S. Camera Publishing, 1944. 315

Asahina, Robert. *Just Americans: How Japanese Americans Won a War at Home and Abroad.* New York: Gotham Books, 2006.

Austin, Allan W. *From Concentration Camp to Campus: Japanese American Students and World War Ⅱ*. Chicago: University of Illinois Press, 2004.

Bell, Ted. "Interned and Shunned During War." *Sacramento Bee*, May 10, 1992. Web, accessed June 5, 2010.

Beyond Barbed Wire ...a Part of History America Wants to Forget! Directed by Steve Rosen.DVD.VCI Entertainment, 2001.

Bird, Kai. *The Chairman: John J. McCloy, the Making of the American Establishment.* New York: Simon & Schuster, 1992.

Bishop, Ronald. *To Protect and Serve: The "Guard Dog" Function of Jour-*

nalism in Coverage of the Japanese-American Internment. Columbia, SC: Association for Education in Journalism and Mass Communication, 2000.

316 Brill, Helen Ely. "Oral History Interview #406. " Philadelphia, PA: The American Friends Service Committee, August 17, 1991.

Brimner, Larry Dane. *Voices from the Camps: Internment of Japanese Americans During World War Ⅱ*. New York: Franklin Watts, 1994.

Cooper, Michael L. *Fighting for Honor: Japanese Americans and World War Ⅱ*. New York: Clarion Books, 2000.

——. *Remembering Manzanar: Life in a Japanese Relocation Camp.* New York: Clarion Books, 2002.

Crost, Lyn. *Honor by Fire: Japanese Americans at War in Europe and the Pacific.* Novato, CA: Presidio Press, 1994.

Daniels, Roger. *Prisoners Without Trial: Japanese Americans in World War Ⅱ*. NewYork: Hill and Wang, 1993.

Daniels, Roger, Sandra C. Taylor, and Harry H. L. Kitano. *Japanese Americans: From Relocation to Redress.* Salt Lake City: University of Utah Press, 1986.

Days of Waiting. Directed by Steven Okazaki. DVD. Farallon Films, 1990.

De Nevers, Klancy Clark. *The Colonel and the Pacifist: Karl Bendetsen, Perry Saito, and the Incarceration of Japanese Americans During World War Ⅱ*. Salt Lake City: University of Utah Press, 2004.

Donlan, Leni. *How Did THIS Happen Here?: Japanese Internment.* Chicago: Raintree, 2008.

Drinnon, Richard. *Keeper of Concentration Camps: Dillon S. Myer and American Racism.* Berkeley/LosAngeles: University of California Press, 1987.

Duus, Masayo. *The Life of Isamu Noguchi: Journey Without Borders.* Princeton, NJ: Princeton University Press, 2004.

Feingold, Miriam. "Tom C. Clark: Civilian Coordinator to the Western Defense Command." Japanese American Oral History Project. Calisphere, University of California. September 8, 1975. Web, accessed 2011.

Feldman, Jay. *Manufacturing Hysteria: A History of Scapegoating, Sur-*

veillance, and Secrecy in Modern America. New York: Pantheon Books, 2011.

Fisher, Anna Reeploeg. *Exile of a Race.* Sidney, BC: Peninsula Printing, 1965.

"Florin, California." Wikipedia, the free encyclopedia. May 1, 2010. Web, accessed June 13, 2010.

Fox, Stephen C. "General John De Witt and the Proposed Internment of 317
German and Italian Aliens During World War Ⅱ." JSTOR. org, June 19, 2011.

Franklin D. Roosevelt Presidential Library and Museum, www. fdr library. marist. edu.Web, accessed July 8, 2013.

Garrett, Jessie A. , and Ronald C. Larsons. *Camp and Community: Manzanar and the Owens Valley.* Fullerton: California State University, Japanese American Oral History Project, 1977.

Girdner, Audrie, and Anne Loftis. *The Great Betrayal: The Evacuation of the Japanese-Americans During World War Ⅱ*. London: Macmillan Company, 1969.

Going for Broke: They Believed in America, When America No Longer Believed in Them. Hosted by Senator Daniel K. Inouye. DVD. Questar, Inc. , 2005.

Gordon, Linda, and Gary Y. Okihiro. *Impounded: Dorothea Lange and the Censored Images of Japanese American Internment.* New York: W. W. Norton & Company, 2006.

Grodzins, Mortin. *Americans Betrayed: Politics and the Japanese Evacuation.* Chicago: University of Chicago Press, 1949.

Gruenewald, Mary Matsuda. *Looking Like the Enemy: My Story of Imprisonment in Japanese-American Internment Camps.* Troutdale, OR: NewSage Press, 2005.

Handlin, Oscar. *The Uprooted: The Epic Story of the Great Migrations That Made the American People*. Boston: Little, Brown and Company, 1951.

Hansen, Arthur A. *REgenerations Oral History Project: Rebuilding Japa-*

nese-Americans Families, Communities, and Civil Rights in the Resettlement Era—Resettlement: A Neglected Link in Japanese America's Narrative Chain. Japanese American National Museum, 1997.Web, accessed February 22, 2012.

Harmetz, Aljean. *Round Up the Usual Suspects: The Making of Casablanca: Bogart, Bergman, and World War Ⅱ*. New York: Hyperion, 1992.

Harrington, Joseph D. *Yankee Samurai: The Secret Role of Nisei in America's Pacific Victory*. Detroit, MI: Pettigrew Enterprises, 1979.

Harth, Erica. *Last Witnesses: Reflections on the Wartime Internment of Japanese Americans.* New York: Palgrave Macmillan, 2001.

318 Hayami, Stanley Kunio, and Joanne Oppenheim. *Stanley Hayami, Nisei Son: His Diary, Letters, & Story from an American Concentration Camp to Battlefield, 1942—1945.* New York: Brick Tower Press, 2008.

Hayashi, Brian Masaru. *Democratizing the Enemy: The Japanese American Internment.* Princeton, NJ: Princeton University Press, 2004.

Hebblethwaite, Cordelia. "Pain and Redemption of WWII Interned Japanese-Americans. " BBC News Magazine, February 18, 2012.Web, accessed February 18, 2012.

Hess, Jerry N. "Oral History Interview with Tom C. Clark. " Harry S. Truman Library and Museum, Washington, D. C. , October 17, 1972.

Hirabayashi, Lane Ryo. *Japanese American Resettlement: Through the Lens.* Boulder: University Press of Colorado, 2009.

Hiro: A Story of Japanese Internment. Directed by Keiko Wright. DVD. Hiro Productions, 2011.

Hosokawa, Bill. *Nisei: The Quiet Americans.* New York: William Morrow, 1969.

Houston, Jeanne Wakatsuki, and James D. Houston. *Farewell to Manzanar.* Boston: Houghton Mifflin, 1973.

Howard, John. *Concentration Camp on the Home Front: Japanese Americans in the House of Jim Crow.* Chicago: University of Chicago Press, 2008.

Ichioka, Yugi. *Before Internment: Essays in Prewar Japanese American*

History. Stanford, CA: Stanford University Press, 2006.

The Idaho Homefront: Of Camps and Combat. DVD. Boise: Idaho Public Television, 2007.

Inada, Lawson Fusao. *Only What We Could Carry: The Japanese American Internment Experience.* Berkeley, CA: Heyday Books, 2000.

Irons, Peter. *Justice at War: The Story of the Japanese American Internment Cases.* New York: Oxford University Press, 1983.

——. *A People's History of the Supreme Court: The Men and Women Whose Cases and Decisions Have Shaped Our Constitution.* New York: Penguin Books, 1999.

Jacoby, Harold Stanley. *Tule Lake: From Relocation to Segregation.* Grass Valley, CA: Comstock Bonanza Press, 1996.

"Japanese Put Under F.B.I. Inquiry Here: Records Seized Show Donations to Tokyo for Army and Navy." *Los Angeles Times*, November 13, 1941.

Katcher, Leo. *Earl Warren: A Political Biography.* New York: McGraw- 319
Hill Book Company, 1967.

Kato, Donna. "Plan for Former Intern Camp Divides Wyo.County." Knight-Ridder News Service, February 19, 1992.

Kent, Deborah. *The Tragic History of the Japanese-American Internment Camps.* Berkeley Heights, NJ: Enslow Publishers, Inc. , 2008.

Kiyota, Minoru. *Beyond Loyalty: The Story of a Kibei.* Honolulu: University of Hawaii Press, 1997.

Leal, Antonio. "Oral History Interview #406." American Friends Service Committee, August 17, 1991.

The Lost Village of Terminal Island. Directed by David Metzler. DVD. Our Stories, 2007.

Lukesh, Jean A. *Lucky Ears: The True Story of Ben Kuroki: World War II Hero.* Grand Island/Palmer, NE: Field Mouse Productions, 2010.

Malkin, Michelle. *In Defense of Internment: The Case for "Racial Profiling" in World War II and the War on Terror.* Washington, D. C. : Regnery Publishing, Inc. , 2004.

Manzanar with Huell Howser. Written and produced by Huell Howser.

DVD. Huell Howser Productions, 2004.

Martin, Ralph G. *Boy from Nebraska: The Story of Ben Kuroki.* New York: Harper & Brothers, 1946.

Masuda, Minoru. *Letters from the 442nd: The World War Ⅱ Correspondence of a Japanese American Medic.* Seattle: University of Washington Press, 2008.

McCormick, Anne O'Hare. "The Outlook from a Japanese Relocation Camp. " *New York Times*, January 8, 1944.

McNaughton, James C. *Nisei Linguists: Japanese Americans in the Military Intelligence Service During World War Ⅱ*. Washington, D. C. : Department of the Army, 2006.

McWilliams, Carey. *Prejudice: Japanese-Americans, Symbol of Racial Intolerance.* Boston: Little, Brown and Company, 1944.

Minear, Richard H. *Dr. Seuss Goes to War: The World War Ⅱ Editorial Cartoons of Theodor Seuss Geisel.* New York: New Press, 1999.

Modell, John. *The Kikuchi Diary: Chronicle from an American Concentration Camp.* Chicago: University of Illinois Press, 1973.

Most Honorable Son. Directed by Bill Kubota. DVD. PBS Home Video, 2007.

320 Muller, Eric L. *American Inquisition: The Hunt for Japanese American Disloyalty in World War Ⅱ*. Chapel Hill: University of North Carolina Press, 2007.

——. "Representative King's Investigation and the Ghost of Hearings Past. " The Faculty Lounge: Conversations About Law, Culture, and Academia. March 8, 2011.Web, accessed March 10, 2011.

Newton, Jim. *Justice for All: Earl Warren and the Nation He Made*. New York: Riverhead Books, 2006.

Niiya, Brian. *Japanese American History: An A-to-Z Reference from 1868 to the Present.* New York: Facts on File, 1993.

Okubo, Miné. *Citizen 13660.* New York: Columbia University Press, 1946.

Oppenheim, Joanne. *Dear Miss Breed: True Stories of the Japanese American Incarceration During World War II and a Librarian Who Made a*

Difference. New York: Scholastic, Inc. , 2006.

Pak, Yoon. " 'Dear Teacher': Letters on the Eve of the Japanese American Imprisonment. " NCSS Online Teachers' Library: U.S. History Collection, September 2001.Web, accessed May 6, 2012.

Perl, Lila. *Behind Barbed Wire: The Story of Japanese-American Internment During World War Ⅱ*. Tarrytown, NY: Benchmark Books, 2003.

Rabbit in the Moon: A Documentary/Memoir About the World War Ⅱ Japanese American Internment Camps. Directed by Emiko Omori. DVD. The Furumoto Foundation, 2004.

Ringle, K. D. *Ringle Report on Japanese Internment.* Navy Department Library, January 26, 1942. Web, accessed June 13, 2013.

Robinson, Greg. *By Order of the President: FDR and the Internment of Japanese Americans.* Cambridge, MA: Harvard University Press, 2001.

——. *A Tragedy of Democracy: Japanese Confinement in North America*. New York: Columbia University Press, 2009.

Rogers, Everett M. , and Nancy R.Bartlit. *Silent Voices of World WarⅡ: When Sons of the Land of Enchantment Met Sons of the Land of the Rising Sun.* Santa Fe, NM: Sunstone Press, 2005.

Sakurai, Gail. *Japanese American Internment Camps.* New York: Children's Press, 2002.

"Says Japanese Benefit: Representative Asserts Camps Get Scarce Foodstuffs. " *New York Times*, January 10, 1943.

Smith, Page. *Democracy on Trial: The Japanese American Evacuation and* 321
Relocation in World War Ⅱ. New York: Simon & Schuster, 1995.

Starr, Kevin. *Embattled Dreams: California in War and Peace, 1940—1950*. New York: Oxford University Press, 2002.

Sterner, C. Douglas. *Go for Broke: The Nisei Warriors of World War Ⅱ Who Conquered Germany, Japan, and American Bigotry.* Clearfield, UT: American Legacy Historical Press, 2008.

Stilwell, Joseph W. *The Stilwell Papers.* New York: William Sloane Associates, Inc. , 1948.

Tamura, Linda. *Nisei Soldiers Break Their Silence: Coming Home to Hood*

River. Seattle: University of Washington Press, 2012.

Tateishi, John. *And Justice for All: An Oral History of the Japanese American Detention Camps*. New York: Random House, 1984.

Taylor, Frank J. "The People Nobody Wants." *Saturday Evening Post*, May 9, 1942.

Time magazine, confidential internal office memorandum from the Los Angeles bureau to the New York bureau, November 15, 1941. Courtesy of John Godfrey Morris, director of photography.

A Time to Fear. Directed by Sue Williams. DVD. PBS, 2004.

"Transcript of Telephone Conversation: Allen W. Gullion and Mark W. Clark." National Archives, Record Group 389, February 4, 1942.

Uchida, Yoshiko. *Desert Exile: The Uprooting of a Japanese-American Family*. Seattle: University of Washington Press, 1982.

——. *Journey to Topaz*. Berkeley, CA: Heyday Books, 1971.

Unfinished Business: The Japanese-American Internment Cases. Directed by Steven Okazaki. DVD. Mouchette Films, 1984.

United States, Commission on Wartime Relocation and Internment of Civilians. *Personal Justice Denied: Report of the Commission on Wartime Relocation and Internment of Civilians*. Washington, D. C.: U.S. Government Printing Office, 1982.

Valor with Honor. DVD. San Jose, CA: Torasan Films, 2008.

The War. PBS. September 2007. Web, accessed July 14, 2011.

Weglyn, Michi Nishiura. *Years of Infamy: The Untold Story of America's Concentration Camps*. New York: Morrow Quill, 1976.

Wehrey, Jane. *Images of America: The Owens Valley*. Charleston, SC: Arcadia Publishing, 2013.

322 White, G. Edward. *Earl Warren: A Public Life*. New York: Oxford University Press, 1982.

Yamamoto, Eric K., Margaret Chon, Carol L. Izumi, Jerry Kang, and Frank H. Wu. *Race, Rights, and Reparation: Law and the Japanese American Internment*. New York: Aspen Publishers, 2001.

致　谢

这本书酝酿已久，写作目的很简单，就是想回答：“这件事 323
是怎么发生的？”我参观过好几座二战期间的“安置中心”，希望可以听到那里的美国人的声音。自然，我是无法听到的，除了那些风的呼啸。20 世纪 60 年代末和 70 年代，年轻的美籍日裔在黑人民权运动和反越战运动的激励下，催促家人讲述过往，这些风便成了文字。他们催生了美籍日裔基金会和博物馆，作家与研究人员收集保存这些文字，遂形成数以千计的访谈和口述史，描绘美国史上这一污点。第二次世界大战和 20 世纪下半叶美国的崛起注定会淹没很多故事，但感谢成千上万的美国人，他们探
寻历史、挖掘过去。我感谢美国历史这一非凡时期的见证者和研 324
究者。特别感谢两位引导我进入此领域的人士：加州大学洛杉矶分校的平林道亮和罗伯特·朝日奈。若非他们，我的研究会漫无

头绪。

我还要感谢两位不同凡响的年轻女士：我的助手休·吉福德和亨利霍尔特出版社（Henry Holt and Company）的约翰·斯特林手下的编辑埃米·伊坎德。分析这段美国历史时，埃米与我有时意见相左，但是，没有她的热情和灼见，本书会逊色很多。迈克尔·沙舒亚协助进行在新墨西哥州的调研。书中提及的很多感人情节，若无众人鼎力相助，恐难呈现。这是一场历险，我要感谢国家公园管理局（National Park Service）和洛杉矶的美籍日裔国家博物馆（Japanese American National Museum）的工作人员，他们陪我走过了这段旅程，他们堪称国家之宝。

从私人角度，我深深地感谢数百名亲友，他们分布在洛杉矶、纽约、萨格港和巴黎。在人生最艰难的时期，我开始写作此书，若无亲友的爱与帮助，我绝难完成。我要感谢的人很多，无法尽列其名，但我必须提及以下名单：我的孩子杰弗里、菲奥娜、辛西娅，康纳·奥尼尔、柯林·奥尼尔及其妻丹妮，玛丽·安，杰克·加维，安·贝尔尼，玛丽和罗杰·马尔维西尔，我的经纪人阿曼达·厄本，感谢她优异的职业能力及其所做的很多事情，也感谢她的丈夫肯·奥利塔。此外还要感谢：南希·坎德奇、珍妮特·普雷格勒博士、玛西亚和保罗·赫尔曼、米莉·哈蒙·迈耶斯、艾丽斯·梅休、莱斯利·斯塔尔、阿伦·莱瑟姆、凯伊·埃尔德雷奇、吉姆·索尔特、默纳和保罗·戴维斯、阿曼达·凯泽、罗伯特·萨姆·安森、盖尔·希伊、克莱·菲尔克、碧娜和沃尔特·伯纳德、埃伦·切斯勒、马特·马洛、琼·瓦莉
325 莉·格雷厄姆、梅雷迪斯和汤姆·布罗考、巴拉克·奥巴马总统、

辛西娅和史蒂文·布里尔、里弗·厄尔曼、苏珊·艾伯蒂、弗兰和罗杰·戴蒙德、苏珊和艾伦·弗里德曼、海蒂·舒尔曼、米基·坎特、南希和莱恩·雅各比、罗杰·古尔德、肯·图兰、帕蒂·威廉斯、罗恩·罗杰斯、丽萨·施佩希特、艾丽斯和戴维·克莱门特、黛安娜·韦恩、艾拉·赖纳、艾琳·亚当斯、杰夫·考恩、苏珊和唐纳德·莱斯、南希和迈尔斯·鲁滨、琳达·道格拉斯、约翰·菲利普斯。感谢我在南加州大学新闻与传播学院的同事：玛丽·墨菲、南希和理查德·阿骚特、伯纳和李·许布纳、康妮和多米尼克·博德、伊丽莎白·约翰斯顿、帕特·汤普森、吉姆·波特曼、帕特和沃尔特·威尔斯、朱迪斯·西蒙德、萨拉·斯塔克波尔、沃德·贾斯特、艾娜和罗伯特·卡罗、萨拉和米奇·罗森塔尔、马利斯和艾伦·赖丁、林恩和拉塞尔·凯里、帕特·海因斯、拉尔夫·施洛斯坦、简·哈特利、德布和凯文·麦克尼尼、苏珊·莱西、霍尔斯特德·威尔斯、凯瑟琳·布朗、范·戈登·索特、安妮·格雷夫斯以及帕特里夏·里韦拉。

理查德·里夫斯

索 引

（索引页码为原书页码，即本书边码）

A

Abbaroka（freighter）“阿巴洛卡”号（货轮），25
Aberdeen, Washington　阿伯丁，华盛顿州，47
Abo, Tadayasu　安保忠能，186
Abo v. Williams　安保诉威廉斯案，277
Abrams, Leonard　伦纳德·艾布拉姆斯，79
Adams, Ansel　安塞尔·亚当斯，179–180，212
African Americans　非裔美国人，xiv–xv，xix，258，273–274
Aiso, Frank　弗兰克·相矶，264–265
Aiso, John F.　相矶藤雄，146，265，287
Akahora, Kikuko　喜久子，165
Akimoto, George　秋元裕，11，288
Akimoto, Yutaka　秋元丰，11
Akita, Stanley　斯坦利·秋田，227–228
Akiyama, George　乔治·秋山，235，236
Akiyama, Mariko Ann　秋山麻里子，229
Akiyama, Mickey　米基·秋山，229
Akiyama, Tomeshichi　秋山留七，8
Alaska　阿拉斯加州，93
Algren, Nelson　尼尔森·阿尔戈林，275
“Alien Enemies on the West Coast”，（Bendetsen memo）“西部海岸的敌侨”（本德森函），45
Alien Enemy Control Unit　敌侨管理处，207
Allied Translator Interpreter Section　盟军译员部，148
Amache, Colorado　阿玛彻，科罗拉多州。见 Granada Relocation Center
American Civil Liberties Union（ACLU）美国公民自由联盟，95–

96，202-204，207-208，265-266，284，288，290
American Friends Service Committee 美国公谊服务委员会，103-104，106，189
American Legion 美国退伍军人协会，86，254
Post 22 第 22 分会，235-241，264，285
Post 31 第 31 分会，250
Women's Auxiliary 妇女协助会，173
American Red Cross 美国红十字会，262
Anderson, N. Christian N. 克里斯琴·安德森，267
Annala, Vienna 维娜·安娜拉，236
Anson, Austin 奥斯汀·安森，20
anti-Americanism 反美主义，118-121，255-256
anti-Japanese sentiment 反日情绪，177-179，218-219，235-241，249-250，254，260-264，266-271。参见 racism
anti-Semitism 反犹太主义，34
Anzio invasion 安奇奥战役，225
"Application for Leave Clearance"（WRA loyalty questionnaire）休假许可申请表（战时安置署忠诚调查表），144，199
Questions 27 and 28 第 27、28 问题，159，181-182，185-186，200，209，215-216，221-222
Arizona 亚利桑那州 55，64，67，98
Arkansas 阿肯色州，170，273
Arno River campaign 阿尔诺河战役，226
Asahina, Robert 罗伯特·朝日奈，xx
Asai, Masaaki 浅井正昭，235
Asai, Taro 浅井太郎，235
Asbury Methodist Church 亚斯理卫理公会，238，264
assembly centers 集散中心，64，66-69，73，77-91，93-96，98，102-103，106，109，115，137，167，236，260-261，274，277。另见 Specific centers
Associated Press 美联社，231
Atkinson, Alfred 艾尔弗雷德·阿特金森，19
atomic bomb 原子弹，194，248，256
Austin, Verne 维恩·奥斯汀，184

B

Bainbridge Island 班布里奇岛，69，70-72，81，102，294
Bainbridge Island Review《班布里奇周报》，72
Baldwin, Roger 罗杰·鲍德温，xvii，95，202-203，284
Ball, Hugh 休·鲍尔，141-142
bank accounts, frozen, 银行账户冻结，6，12，75
Bankline oil refinery 班克兰炼油厂，58
Barry, C. O. 指挥官巴里，231
Barta, Sumie 巴塔澄江，19
Bataan Death March 巴丹死亡行军，99-100，172，250
Bellevue, Washington 贝勒维，华盛顿州，261
Belvederedi Spinello Battle of 贝斯战役，225-226
Benaphfl, Margaret 玛格丽特·贝纳菲尔，177-178
Bendetsen, Karl 卡尔·本德森，xvi-xvii，44-48，51-52，61，63-64，66，98，130，141，165-166，

177，181，280，288
Berkeley, California　加州伯克利，5-6，66，82-83，108，126，250-251，281
Berkeley Oral History Project　伯克利口述史项目，250-251，281
Besig, Ernest　欧内斯特·贝西格，xvii, 96，202-204，265-266，288
Bessho, Kei　别所慧，175
Best, Raymond　雷蒙德·贝斯特，183-184，203-205
Beyond Loyalty（Kiyota）《超越忠诚》（清田），278-279
Biddle, Francis　弗朗西斯·比德尔，4，39-40，43，48-50，52-54，184，196，288
Biffontaine, capture of　攻取比丰坦，227-228
Bill of Rights　《人权法案》，174，178，200
Bird, Kai　卡伊·伯德，293
Bismarck, North Dakota, prison　北达科他州俾斯麦监狱，6，11，59，252
Black, Hugo　雨果·布莱克，233
Black Dragon Society　黑龙会，10，63，119-123，291
black market　黑市，121-122
Black Tom explosion　黑汤姆军火库爆炸案，40
Bockscar（bomber）"博克之车"号（轰炸机），248
Boitano, Ida　艾达·博伊塔诺，96
Bonesteel, C. H.　C. H. 博恩斯蒂尔，197
Bordges, Alex　亚历克斯·博德斯，62-63
Born Free and Equal（Adams）《生来自由而平等》（亚当斯），180
Bowron, Fletcher　弗莱彻·鲍伦，33-34，251，288
Boy Scouts　男童子军，86，163
Brancusi, Constantin　康斯坦丁·布朗库西，129
Brannan, Charles　查尔斯·布兰南，133
Brawley, California　布劳利，加州，118，261
Brawley News《布劳利新闻》，16-17
Breed, Clara　克拉拉·布里德，89-91，113-114，123-124，131，134-135，162-163，213-216，275，288
Brereton, Lewis　刘易斯·布里尔顿，189
British Columbia　不列颠哥伦比亚，93，290
Brown v. Board of Education　布朗诉教育局案，273，281
Bruyères, Battle of　布吕耶尔战役，227
Buck, Pearl　赛珍珠，178
Burbank, California　伯班克，加州，264-265
Bureau of Indian Affairs　印第安事务局，129
Bureau of Soil Conservation Service　水土保持局，103
Burgoyne, Rev. W. Sherman　舍曼·伯戈因，238，264
Burleson, Clarence　克拉伦斯·伯利森，118
Burling, John　约翰·伯林，207
Burma　缅甸，20，150
Bush, George W.　乔治·W. 布什，163
Butzin, Don　唐·巴特辛，237
Butzin, Kenneth　肯尼斯·巴特辛，237

C

Calder, Alexander　亚历山大·考尔德，129

California 加州。参见 specific locations
agricultural interests 农业利益，41-42
anti-Japanese sentiment in 反日情绪，18—21，28，30，32—36，40—42
assembly centers 集散中心，67
camp closings and 闭营，197，205，235，254，259，266
Japanese American distribution maps and 美籍日裔分布图，42
elections of 1942 1942 年选举，33，167
evacuees return to 迁移人员返回，177—179，218—219，235，249，250，258—259，265—272
Military Areas 军事区域，54—55，64
military recruiters and 征兵人员，28
number of evacuees from 迁移人数，105
Pearl Harbor and 珍珠港，16-17，28
California Court of Appeals 加州上诉法院，287
California Housing and Immigration Division 加州移民与住房局，67，167
California Polytechnic Institute 加州理工学院，78
California Site Survey 《加州园址勘察》，105
California State Council of Defense 加州防务委员会，30
California state legislature 加州立法机构，177-179
California Townsend Clubs 加州汤森德俱乐部，37
Camp Blanding, Florida 佛罗里达州布兰丁营，218
Camp Savage, Minnesota 明尼苏达州萨维奇营，28，119，147，215
Camp Shelby, Mississippi 密西西比谢尔比营，188，222-224，225
Canada 加拿大，93，290
Caniff, Milton 弥尔顿·卡尼夫，19
Carey, C. Reid C. 里德·凯里，104
Carr, Ralph 拉尔夫·卡尔，99，288
Carrillo, Leo 利奥·卡里略，179
Carter, John Franklin 约翰·富兰克林·卡特，15，16，289
Castellina, Italy 卡斯特利纳，意大利，226
Cat Island, Mississippi 卡特岛，密西西比州，221
Caton, Tom 汤姆·卡顿，254
Cavalry Replacement Training Center 装甲兵新兵训练中心，165
CBS News 哥伦比亚广播公司新闻频道，37
Cecina, Italy 切奇纳，意大利，226
Census Bureau 人口普查局，3，99
Chamber of Commerce 商会，11
Chandler, A. B. "Happy" "快乐的"钱德勒，153-154，169，173-174，289
Chiang Kai-shek 蒋介石，294
Chicago 芝加哥，94，218，253，264
China 中国，294
Chinese Americans 美籍华裔，xix，19-20
Christgau, John 约翰·克里斯戈，207
Christian Advocate 《基督教会报》，112-113
Christian Century 《基督世纪》，154-155
Christians 基督徒，253，260
Cincinnati 辛辛那提，253
Circle of Freedom, A (exhibit) 《自由的轮回》(展览)，285
citizenship 国籍，32，39，43，49，63，138
Collins suit to restore 柯林斯诉请恢复，207—208，277—280
denied to Asian immigrants 亚裔移民无权申请，xiv, 5，9，159，200

deportations and　驱逐出境，277—278
Fair Play protests　公平竞争抗议，200—202
lawsuits on　诉讼案件，96
Mayekawa address on　前川演讲，211—212
"non-alien" label and　"非外籍人员"标牌，74
renunciations of　放弃，204—208，256—257，277—280
threats to rescind　威胁撤销，173，182，186
"Citizenship Carries Responsibility"（Mayekawa address）"国籍附带责任"（前川演讲），211
Civil Control Office　民管局，70
Civilian Conservation Corps（CCC）民保队，22，66，119，122
Civilian Exclusion Order No. 1　平民隔离一号令，69
civil liberties　民权，284
Civil Liberties Act（1988）《民权法案》（1988 年），276
civil rights movement　民权运动，xv，273-274，284
Clark, Chase　蔡斯·克拉克，xvi, 99
Clark, Mark　马克·克拉克，40，53，243
Clark, Ramsey　拉姆齐·克拉克，289
Clark, Thomas　托马斯（汤姆）·克拉克，xvii, 21-22，52-53，281，289
Cleveland　克利夫兰，253
Clinton, Bill　比尔·克林顿，163，249，291
Coast Guard　海岸警卫队，25，59，95
code breakers　破译员，103
Cody, Wyoming　科迪，怀俄明州，163
colleges and universities　大学，116-117，137，161，188-189，251
Colle Musatello, Battle of　科莱穆赛特罗战役，243-244
Collier, John　约翰·科利尔，129
Collier's《科利尔周刊》，236
Collins, Bud　巴德·柯林斯，285
Collins, Wayne　韦恩·柯林斯，xvii, 96，203-204，207-208，277-282，287
"Collins versus the World"（Christgau）"柯林斯与世抗争"（克里斯戈），207
Colorado　科罗拉多州，66，99，251
Commission on Wartime Relocation and Internment of Civilians　战时平民安置与监禁委员会，259-260，276，292-293
Commonwealth Club of California　加州联邦俱乐部，190-192
community councils　社区委员会，115，118
Conn, Stetson　斯特森·康恩，45
Corregidor　科雷希多岛，99-100
Costa Rica　哥斯达黎加，93
Costello, John　约翰·科斯特洛，169
Crystal City, Texas, prison　得克萨斯州克利斯特尔城监狱，6，93，214，252，278
Cummings, Edith　伊迪斯·卡明思，293
curfews　宵禁，61，65，71，94，97

D

Dachau concentration camp　达豪集中营，244
Dahlquist, John　约翰·达尔奎斯特，231
Daniels, Roger　罗杰·丹尼尔斯，277
Daughters of the American Revolution　美国革命女儿会，178
Davies, Lawrence　劳伦斯·戴维斯，63
Davis, Edward　爱德华·戴维斯，229
Davis, Elmer　埃尔默·戴维斯，103，144-145，221

Dawley, Roy 罗伊·道利，151，191
Days of Waiting（film）《等待的日子》（电影），291
Death Valley 死亡谷，119，122
defense plants 国防工厂，9，161，258，272
Dellums, Ron 罗恩·德勒姆斯，66，289
Denaturalization or Renunciation Act（1944）剥夺或放弃国籍法（1944），204-208，279-280
Denman, William 威廉·登曼，182-183
Denver 丹佛，253，288
Denver Post《丹佛邮报》，168，170，281
deportation 驱逐出境，170-171，182，207-208，277-278，287，291-292
Depression 大萧条，22，179
Desert Exile（Uchida）《流放沙漠》（淑子），295
Deutsch, Monroe 门罗·多伊奇，193，280
Dewey, Thomas E. 托马斯·E. 杜威，232
DeWitt, John 约翰·德威特，xvi-xvii，22-24，28-30，40-46，49-55，61-66，69，78，115，120，130，144-147，160，165-166，169，174，177，181，211，280，289
DiMaggio, Giuseppe Paolo 朱思佩·保罗·迪马乔，3-5，61
DiMaggio, Joe 乔·迪马乔，3-4，61
“disloyals” “不忠者”，159，181-183，252
Doi, Shig 土井志贺，261
Doi, Sumio 土井澄男，261
Doolittle, James 杜立德，172
Douglas, William O. 威廉·O. 道格拉斯，xvii，281
Dutch East Indies 荷属东印度群岛，20

E

Eisenhower, Dwight 德怀特·艾森豪威尔，64-65，243，280
Eisenhower, Milton 弥尔顿·艾森豪威尔，xvi，64-65，98，103，281，289
Elberson, Don 唐·埃尔伯森，105-106
Elberson, Marnie 玛尔尼·埃尔伯森，106
El Centro, California 埃尔森特罗，加州，127
Elections 大选
of 1942，1942 年，167
of 1944，1944 年，97，196，232
Elks Club 麋鹿俱乐部，37
Emancipation Proclamation 解放奴隶宣言，175
Emi, Frank 弗兰克·埃米，75，131，192，199-202，289
Emidio（freighter）“艾美迪奥”号（货轮），25
Emmons, Delos 迪洛斯·埃蒙斯，40，177，197，220，289
Endo, Hiro 远藤裕，230，234
Endo, Mitsuye 远藤光世，94，96-97，232-234，290
Enemy Alien Control Unit 敌侨控制局，39
Engle, Clair 克莱尔·恩格尔，205
Ennis, Edward 爱德华·恩尼斯，xvii，39，53，257，282，290
Enola Gay（plane）“艾诺拉·盖伊”号（飞机），194，248
Epting, Jake 杰克·艾普汀，134，151-153
escheat laws 充公法，75
eugenics 优生学，34
Evans, Mrs. C. W. C. W. 埃文斯夫人，136
Evanson, Ellen 埃伦·埃文森，17-18
Exclusion Orders 驱逐令，196-197
Number 19，第 19 号，82

丑闻

Number 49 第四十九号，236
Executive Order 9066 第 9066 号行政令，xv，xix，45–46，52–55，60，96，112–113，276

F

Factories in the Field（McWilliams）《田野里的工厂》（麦克威廉斯），167
Fahy, Charles 查尔斯·费伊，283，290
Fairbanks, Douglas 范朋克，121
Fair Play Committee 公平竞争委员会，199–202
Farewell to Manzanar（Houston and Houston）《告别曼萨纳》（休斯顿夫妇），274–275
farmers 农场主，20，25–26，41–42，63，70，74，76，140
Federal Bureau of Investigation（FBI）联邦调查局，2–12，15，21，25–26，28，35，39，42，47，57，60，94–95，117–118，134–135，193，202，214，216，220，269，283
Federal Communications Commission（FCC）联邦通信委员会，283
Fifth Army 第五军，243
Fifth Column 第五纵队，14，29，33，37，45，55
First Armored Division 第一装甲师，225
fishing community 渔民，20，57，59–61
Fitzgerald, F. Scott F. 司各特·菲茨杰拉德，293
522nd Artillery Battalion 第 522 炮兵营，244
Fletcher, Bob 鲍勃·弗莱彻，xvii，76
Florin, California 弗洛林，加州，xvii，36
Ford, Gerald 杰拉德·福特，xix，275
Ford, Leland 利兰·福特，53–54，106–107
Fori, Joe 乔·弗里，151
Fort Lincoln, Nebraska 林肯堡，内布拉斯加州，118
Fort Logan, Colorado 洛根堡，科罗拉多州，217
Fort McCoy, Wisconsin 麦考伊堡，威斯康星州，221
Fort Missoula, Montana 米苏拉堡，蒙大拿州，91
Fort Ord 奥德堡，23
Fort Sill, Oklahoma, prison 锡尔堡监狱，俄克拉何马州，117
Fort Snelling, Minnesota 斯内灵堡，明尼苏达州，147
Fountain Valley, California 方廷谷，加州，267
442nd Regimental Combat Team 第 442 团，xviii，155，188，210，223，225–232，239，241–247，260–261，266，269–271，274，276，294
  decorations and 荣誉，226，249，252，266，269–270
  Lost Battalion rescued by 救援“失踪之营”，228–234
Fourth Army 第四军，22–25，130
France 法国，217–218，227–228，241–243
Fresno, California 弗雷斯诺，加州，67，76，78，80，104
Fresno Assembly Center 弗雷斯诺集散中心，86，236
Fruya v. Williams 古屋诉威廉斯案，277–278
Fry, Amelia R. 阿梅莉亚·R. 弗赖，250，281
Fujikawa, Fred 弗雷德·藤川，59–

60，80，290
Fujikawa, Kiyo 藤川喜代，59
Fujioka, Ted 特德·藤冈，218
Fukudome, Shigeru 福留繁，148

G

G-2 Intelligence 情报部门 G-2，150
Gabrielson, William 威廉·加布里埃尔森，40
Gandhi, Mahatma 圣雄甘地，285
Gannon, Chester 切斯特·甘农，178-179
Ganor, Solly 索利·加诺，244-245
Garcia, Mack 麦克·加西亚，74，210，261-262
Gardena, California 加迪纳，加州，21，199
Geisel, Theodor Seuss 西奥多·苏斯·盖泽尔，21
German aliens and German Americans 德国人和美籍德裔，xv，xix，3，30，39-40，64，160，175，214
German-American Bund 美籍德裔同盟，3
Germany 德国人。参见 Nazi Germany
Ghio, Stefano 斯蒂芬诺·吉奥，61-62
Ghio, Victor 维克多·吉奥，61-62
Gila River Relocation Center 希拉河安置中心，78，104，157，266
Eleanor Roosevelt visits 埃莉诺·罗斯福访问，164
Gilmour, Ailes 艾尔斯·吉尔摩，129-130
Gilmour, Leonie 利奥妮·吉尔摩，129
Ginsberg, Allen 艾伦·金斯伯格，288
Goe, Bernard 伯纳德·戈，198-199
Goleta, California 加州戈利塔，58
Goodman, Louis E. 路易斯·E. 古德曼，278
Gothic Line 哥特防线，243-244，246
Granada Relocation Center 格拉纳达安置中心，104，175，291
Great Britain 大不列颠，93
Gresham, Oregon 格雷舍姆，俄勒冈州，239，261
Grower-Shipper Vegetable Association of the Salinas Valley 萨利纳斯谷蔬菜种植运输协会，20
Growing Pains（Rouveral）《成长的烦恼》（鲁维罗），212
Gruenewald, Charles 查尔斯·格伦沃德，292
Guadacanal Diary（film）《瓜达康纳尔日记》（电影），217
Guantánamo Bay 关塔那摩湾，284
Gullion, Allen 艾伦·格里恩，30，42-46，49，52-53，290
Guy, Ed 伊德·盖伊，230

H

habeas corpus 人身保护，53，96，204，277-278
Hachiya, Frank 弗兰克·峰谷，194，235，239，264
Halsey, William 威廉·哈尔西，147
Hamada, Noboru 滨田升，235
Hamasaki, Charles 查尔斯·滨崎，130-131
Hanley, James 詹姆斯·汉利，239-240
Harmony, John 约翰·哈莫尼，225
Harris, Hugh 休·哈里斯，270
Harvard University 哈佛大学，117

Hashiguchi, Mutsuo 桥口睦夫，82，260
Hattiesburg, Mississippi 哈蒂斯堡，密西西比州，274
Haviland, Joseph 约瑟夫·哈维兰，264
Haviland, June 琼·哈维兰，264
Hawaii 夏威夷，23，29-30，37，40，220-221
Arkansas camp, and soldiers from 阿肯色州安置营及该州士兵，224
military service and 兵役，28，145，155，157，167，222-226，245，252，267
Hawaiian National Guard 夏威夷国民警卫队，145，220
Hayakawa, Kenjiro 早川谦次郎，235
Hayami, Eddie 埃迪·速水，176
Hayami, Frank 弗兰克·速水，137，176，216，218，241-242，246
Hayami, Grace “Sach” 格蕾丝（“赛奇”）·速水 137，139，176，218，247
Hayami, Stanley 速水国雄，136-141，155-157，164-165，172，175-176，211，216-218，241-243，246-247，261，275
Hayami, Walt 沃尔特·速水，137，139，261
Hearst, William Randolph 威廉·伦道夫·赫斯特，xvii, 35-36，48，50
Heart Mountain Relocation Center 哈特山安置中心，104，130-132，136-141
aftermath of 后果，276，290-291
army recruitment from 募兵，157-158，216-218，241-242，247
Boy Scouts 男童子军，163，293
disloyals moved from 不忠者，182
evacuees leave 迁移人员休假，164，175—176，208-209，217-218
Fair Play and 公平竞争，199—202
food in 食物，170—171
Kuroki speech at 黑木演讲，192
schools in 学校，175，211—212，218
secret darkroom at 秘密暗室，130
Heart Mountain Sentinel 《哈特山守望报》，201，218
Heckendorf, Percy 珀西·赫肯多尔夫，49，54
Hershey, Nebraska 赫希，内布拉斯加州，26，191-192
Hideo, Henry 亨利·秀夫，256
Higa, Takejiro 比嘉武次郎，150
Higashioka, Tom 汤姆·东子，295
Higgins, Marty 马蒂·希金斯，228，230-231
Hirabayashi, Gordon K. 平林浩，94-95，97，290
awards and 获奖，284
conviction vacated 撤销原判，282-283
Hirabayashi, Grant Jiro 平林次郎，150
Hirabayashi, Lane Ryo 平林道亮，xx
Hirahara, George 乔治·平原，130
Hirano, Irene 艾琳·平野，291
Hirasaki, Tetsuzo “Ted” 枚闻铁三（“特德”），131-132，135，161-162，213，215，290
Hirohito, emperor of Japan 日本裕仁天皇，146，173
Hiroshima 广岛，248，253
Hispanic Americans 西班牙裔美国人，100
Hitler, Adolf 阿道夫·希特勒，35，208，

217，236
Hitomi, Yaozo　仁美八尾，205
Hoiles, R. C.　R. C. 霍伊尔斯，38，112，267
Hokoku Dan gang　保国团，185，206–207
Hollywood, California　好莱坞，加州，38
Home Front Commandoes　后方突击队，254，260
Honda, Masami　本田正巳，128
Honolulu Star-Bulletin　《火奴鲁鲁星报》，239
Hood River County Sun　《胡德里弗太阳报》，237–238
Hood River Daily News　《胡德里弗日报》，141，285
Hood River Valley　胡德里弗谷，8，10，91，165，194，235–241，263–264
Circle of Freedom exhibit　《自由的轮回》展览，285
Hoover, J. Edgar　J. 埃德加·胡佛，3，39–40
Hopkins, B. H.　B. H. 霍普金斯，74，210，262
Horino, Sam　萨姆·堀野，199，201
Horiuchi, Shizuko　崛内静子，111
Hoshi Dan gang　奉仕团，185
Hoshida, Hideo　星田秀夫，78
Hosokawa, Bill　比尔·细川，70，145，290
Houston, James D.　詹姆斯·D. 休斯顿，274–275，290
Houston, Jeanne Wakatsuki　珍妮·若月·休斯顿，274–275，290。参见 Wakatsuki, Jeanne
Hoyt, Palmer　帕尔默·霍伊特，281
Hrdlicka, Ales　阿利希·赫尔德利奇卡，34
Hughes, John B.　约翰·B. 休斯，37
Hull, Cordell　科德尔·赫尔，xvii
Hunt, Idaho　亨特，爱达荷州，104
Huntington, West Virginia, *Herald-Dispatch,*　《先驱快讯报》，亨廷顿，西弗吉尼亚州，184–185

I

Ichiki, Miye　米耶·一木，256
Ickes, Harold　哈罗德·伊克斯，xvii，196–197，293
Idaho　爱达荷州，44，99，251
Illinois　伊利诺伊州，251
Imai, Amy　埃米·今井，138
Imai, Shigenobu　今井重信，235
Immigration Act（1924）　移民法（1924），xiv，5，9
Independence, California　独立城，加州，67，71，101，121，122
India　印度，113
Inouye, Daniel　井上健，xviii，1，222–225，243–244，246，267，276，291
Inouye, Mits　米茨·井上，175–176
Interior Department　内政部，196
International Red Cross　国际红十字会，149
interracial marriages　异族通婚，77
Inyo County, California　因约县，加州，101
Irish Americans　美籍爱尔兰裔，xv, xix
Irons, Peter　彼得·艾恩斯，282
Ishigo, Arthur　阿瑟·石语，77，102，291

Ishigo, Estelle　埃斯特尔·石语，77，102，291
Ishino, Margaret　玛格丽特·石野，12，89–90，291
Ishino, Thomas　托马斯·石野，12
Isomura, Hirota　广田矶村，118
Issei（first-generation immigrants）第一代日裔，xviii
arrests of leaders　领袖被抓，11–12
camp closings and　闭营，208，234，255，258，265–266
children drafted and　子女入伍，215–216
endurance by　隐忍，113
fear of execution and　担心死刑，74–75
Hawaii and　夏威夷，220
Nisei and　二代日裔，100，115–116，138，156
postwar lives of　战后生活，272
prohibited from owning land　禁止置业，262
pro-Japan sentiments of　亲日情绪，116
repatriation to Japan and　遣送回日，277
Ringle on loyalty of　林格尔论忠诚，14
suspicions of　怀疑，9
term defined　定义，xxi
Italian immigrants　意大利移民，xix，3–4，30，39，60–62，64，160
Italy　意大利，3，151，188–189，217，225–226，243，269–270。参见 specific battles
Itano, Harvey　哈维·板野，81，291
Ito, David　戴维·伊藤，242
Ito, James　詹姆斯·伊藤，121
Ito, Sus　伊藤晋，244

J

Jackson, Robert　罗伯特·杰克逊，233，283
Japan, Imperial　日本帝国，3，5–6，9，147–148。参见 specific battles
American citizens in　美国公民，92
army　军队，20，103，172，207
deportation to　驱逐，170–171，182，207–208，277–278，287，291–292
internment as propaganda for　监禁作为宣传工具，187，221
POWs　战俘，148–150
surrender of　投降，256，265
Japanese American Citizens League（JACL）日裔美国公民协会，2，10，32，62，65，82，128，135，188，215，291，293，295
attacked, in camps　营地遭攻击，120–123，193
Collins on　柯林斯论，204
Fair Play and　公平竞争，201
reparations campaign and　赔偿运动，276
Japanese American internment　美籍日裔监禁，xvi。参见 assembly centers；Executive Order 9066；and specific assembly and relocation centers, geographical locations, individuals, institutions, and laws
ACLU and　美国公民自由联盟，201–203
aftermath of　后果，280–282，287–295
American ideals and　美国理想，xiv，xix–xx
attitudes toward U.S. in　对美态度，116–123，141–142，173

Axis propaganda on 轴心国的宣传，145，221，255
books and memoirs on 书籍与回忆录，xvi，274–276，292，295
Chandler committee and 钱德勒委员会，153–154
Christmas in 圣诞节，135–141
citizenship renunciations and 放弃国籍，204–206
civilian institutions in 民间机构，85–86
closing of camps and 闭营，173–174，234–235，242–271
community councils in 社区委员会，115
constitutional issues and 宪法问题（参见 U.S.Constitution; U.S. Supreme Court）
curfews and 宵禁，52
debate on, in 1943–1944 辩论，1943—1944 年，153–155，160–161，197–198
design and conditions in 设计与条件，102，105–106
difficulties of evacuees, on leaving 艰难离别，259
"disloyals" segregated in 隔离"不忠者"，181–187，209
Eleanor Roosevelt visits 埃莉诺·罗斯福访问，164–165
evacuation of, to assembly centers 迁移，前往集散中心，66–70，77–98
evacuee courts and 迁移法庭，118
evacuees leave camps, in 1944， 迁移人员离开，1944 年，208–214
evacuees moved to camps, from assembly centers 从集散中心转往安置营，98–124
executive order on 行政令，xiii–xiv，50–56
evacueesreturntoWestand 迁移人员返回西部，177–178，218–219，235，237–241，249–251，258–271
family stories on 家庭故事，xvii–xviii
family tensionsin 家庭关系紧张，81，84–85，87，197，115，182，188，209，266
farming in 农耕，140
FDR pressed to establish 罗斯福总统迫使建立，9，49–51
food and mess halls and 食品与食堂，88，91，115，140，170–171
furniture in 家具，85，91，135
future implications of 未来，283–285
gangs in 帮派，118–123，185–186，205–206
government apology for 政府道歉，276
government records on 政府档案，xvi
guards and 卫兵，85，109–110，117，183，184，198–199
idea proposed and pressure for 建议以及压力，32–34，39–51
Japanese surrender and 日本投降，265
Justice Department evidence withheld on 司法部拒绝提供证据，257，282
Justice Department statement of 2011 on 司法部 2011 年声明，282–284
Kuroki tours 黑木旅行，190–193
Lange on 兰格论，179
leaves for work and studies 离开去求职或上学，116–117，161–162，164，167–170，175–178，181，188–189
leaves opposed 反对离开，167–170，

177–178
legal challenges to 法律挑战，93–97，203–204，232–234，277–284
local protests vs. 当地抗议，100–101，169–171
mail censorship and 邮件审查，136
mail-order supplies at 邮购，89
marriages and 婚姻，77–78，169
medical care at 医疗，68，73，80，85，90，131，169–170
military pressure for 军方压力，42–43，103
military service and 兵役，155–158，188，215–218，221–224，230–247
Nazi concentration camps and 纳粹集中营，112–113，244–245
news media on 媒体，48–49，111–113，174
numbers held in, at peak 最多关押人数，105
official end of 正式结束，251
reparations and 赔偿，276–277
resistance at 抵抗，113–115，168–169，183–185
sanitationin 卫生，86，88–89，106，110，183
schools in 学校，xviii，85–86，88，90，132–133，137–138，162–163，170，175，211–214
semblance of normal life in 类似正常生活，xviii
silence about, postwar 战后沉默，xv–xvi，272–273
suicides 自杀，117，132，255，265–266
Supreme Court rulings on 最高法院判决，xvi，232–233
tensions and violence in 紧张与暴力，117–118，121，154，159–160，181，193，196–200
terms for, defined 定义，xx
voluntary evacuation and 自愿迁移，65–66
Warren's remorse over 沃伦忏悔，280–281
Warren urges 沃伦敦促，55–56
Washington Post on damage of 《华盛顿邮报》论损失，160–161
western governors 西部州长，98–99
women's fears in 妇女恐惧，88–89
work in 工作，90，132–133，162
work opportunities on leaving 离开时的工作机会，242–253
Japanese charities, donors to 日裔慈善机构捐助者，11
Japanese consulates 日本领事馆，12–13
Japanese Exclusion League of California 加州排日协会，36
Japanese Society 日本社团，8
Japanese submarines 日本潜水艇，25，42，58
Japanese translators 日本译员，103，119，145–151，163–164，221，294。参见 Military Intelligence Service
Jefferson, Thomas 托马斯·杰斐逊，191
Jenkins, James 詹姆斯·詹金斯，193–194
Jerome Relocation Center 杰罗姆安置中心，104–105，150，274，290
army recruitment from 陆军征兵，157
Hawaiian soldiers visit 夏威夷士兵参观，224
Jews 犹太人
Nazis and 纳粹，112–113，244
in U.S.，在美国，xv，xix，45
Johnson, Jed 杰德·约翰逊，34
Johnson, J. Leroy J. 勒罗伊·约翰逊，170
Johnson, Lyndon B. 林登·B. 约翰逊，289

Jones, E. Stanley E. 斯坦利·琼斯，154
Jorgensen, Gordy 戈迪·乔根森，193
Justice Department 司法部，6，10，11，22，26，39，53，57，60，92，93，117，196，206-207，252，287，290，293
citizenship reinstatement and 恢复国籍，257
evidence withheld by 拒绝提供证据，257，282
statement on internment（2011）关于监禁的声明（2011），282-284

K

Kahlo, Frida 弗里达·卡娄，129
Kaiser, Henry J. 亨利·J. 凯泽，192
Kamiya, Hiroshi 神谷弘，70
Kanagawa, Jim 吉姆·神奈川，121
Karasawa, Richard "Babe" 理查德（"宝贝"）·唐泽，79，157
Kashino, Shiro 柏野四郎，244
Kashiwagi, Hiroshi 柏木浩，68-69
Kashiwagi, Ichigi 柏木一二，229
Katyal, Neal 尼尔·卡迪尔，282-283
Kawaguchi, Tom 汤姆·川口，216
Kawakami, Toyo 川上东洋，86
Kawanami, Calvin 卡尔文·川上，216
Kawashima, Mits 米茨·川岛，216
Kendo, Karo 卡罗·剑道，139
Kibei（second generation, educated in Japan）归米（在日本接受教育的第二代），14，116，255
Denaturalization Act and 放弃国籍法，205-206
gangs of 帮派，118，120-121，205-206，216
as MIS translators 陆军情报部译员，148-150，194
term defined 定义，xxi
Tule Lake protests and 图利湖抗议，184
Kido,Saburo 木户三郎，1-2，32，120，193，291
Kikuchi,Charles 查尔斯·菊池，65，84-89，100，108，114-115，291
Kikuchi, Mariko 菊池麻里子，65
Kimmel, Husband 赫斯本德·基梅尔，23，43
Kimoto, John 约翰·木本，76
Kimura, Toshio 木村利夫，79-80
King, Martin Luther, Jr. 马丁·路德·金，285
Kinoshita, Fred Mitsuo 木下光雄，235
Kinoshita, George 乔治·木下，235
Kirita, Sally 萨莉·桐田，11
Kiseri, Mr. and Mrs. 凯泽里夫妇，67
Kitagawa, Daisuki 北川大好，115
Kitozono, Lloyd 劳埃德·北园，216
Kiyota, Minoru 清田实，278-280
Klamath Falls, Oregon 克拉马斯福尔斯，俄勒冈州，75，161-162
Knox, Frank 弗兰克·诺克斯，9，29，57
Kobata, Toshio 小畑利夫，118
Kobayashi family 小林家，75
Kochiyama, William 威廉·河内山，83，274
Kochiyama, Yuri Nakahara 河内山百合，274
Kohashi, Wataru 小桥渡，229
Konishi Marion 玛丽昂·小西，175，291
Kono, Toraichi 河野虎市，12
Kooskia, Idaho, prison 库斯基亚监狱，爱达荷州，6
Korea 朝鲜，10
Korean comfort women 朝鲜慰安妇，150
Korematsu, Fred 是松丰三郎，94-

97，203，232–234，277，281–285
awards and　获奖，284–285
conviction dismissed　判决，282–283
Guantánamo and　关塔那摩，284
Kubo, Bob　鲍勃·久保 149
Kuratomi, Ikuko　仓富郁子，215
Kurihara, Joseph　约瑟夫·栗原，63，119，121–122，291–292
Kuroki, Ben　本·黑木，26–28，133–134，151–153，155–156，189–194，221，248，292
Kuroki, Fred　弗雷德·黑木，26–28，190
Kuroki, Shosuke　黑木胜介，26
Kusumoto, Chiyo　楠木千代，81

L

La Guardia, Fiorello　费欧雷罗·拉瓜迪亚，4
Lange, Dorothea　多萝西娅·兰格，179
Larson, Erik　埃里克·拉森，133–134
Latin American Japanese　拉美日裔，92–93，214，278
Laval, Pierre　皮埃尔·拉瓦尔，113
Lavery, Father Hugh　休·莱弗里神父，48
Leonard, Hubert "Dutch"　休伯特（"荷兰人"）·伦纳德，76
Leupp Relocation Center　洛伊普安置中心，123
Lewis, Robert R.　罗伯特·R. 刘易斯，249
Leyte Island　莱特岛，194，264
Library Journal《图书馆》，91
Life《生活》，72，116
Lincoln, Abraham, xv　亚伯拉罕·林肯，191
Linville, Clyde　克莱德·林维尔，263
Lions Club　雄狮俱乐部，37
Lippmann, Walter　沃尔特·李普曼，xvii，49–51，54，281–282
Little Rock Central High School　小石城中心高中，273
Little Tokyo, U.S.A.（film）《小东京》，美国（电影），111
Little Tokyo（Los Angeles）　小东京（洛杉矶），18，67，75，120，259–260，287
Livermore Field　利佛莫尔机场，55
Lone Pine, California　孤松镇，加州，71，101
Loomis, California　卢米斯，加州，269，270–271，292
Lordsburg, New Mexico　洛兹堡，新墨西哥州，118
Los Angeles　洛杉矶，33–34，48，66–67，74–77，102，104，254，258–260，265，268–269，287–288
Los Angeles Examiner《洛杉矶考察报》，36
Los Angeles Police Department（LAPD）洛杉矶警察局，*18*
Los Angeles Times《洛杉矶时报》，10，25–26，35–36，58，60，67，169–171，174，253–254
Lost Battalion　失踪之营，228–232，234，240
Lost Horizon《消失的地平线》，162
Lyon, Hale　黑尔·莱昂，237

M

MacArthur, Douglas　道格拉斯·麦克阿瑟，140，150，265，288
Maeda, Marva　马瓦·前田，127
MAGIC cables　"神秘"电报，13
Magnolia Study Club of Anaheim　阿纳海姆蒙古研究俱乐部，37
Makabe, Wilson　威尔逊·真壁，269–271，292
Malaya　马来亚，20

Malcolm X 马尔科姆·艾克斯，274
Manchuria 满洲里，10
Mandan, North Dakota 曼丹，北达科他州，239
Mandan Daily Pioneer 《曼丹先锋日报》，239
Mandela, Nelson 纳尔逊·曼德拉，285
Manzanar Assembly and Relocation Center 曼萨纳集散安置中心，xiii–xiv，67，71–74，101–102，106–107
  Adams photos of 亚当斯照片，179–180
  Chandler visits 钱德勒访问，154
  closed 关闭，253–255
  high school yearbook 高中年鉴，212–213
  Houston's memoir of 休斯顿回忆录，274–275
  military recruitment from 征兵，157，166，229
  as national historical monument 国家历史纪念馆，xvi
  pilgrimage of 1969 to 1969年重访，274
  resistance at 抗议，118–123，138，153
  students leave 学生毕业，188
Manzanar Free Press 《曼萨纳自由报》，265
Mao Tse-tung 毛泽东，294
Marshall, George 乔治·马歇尔，65，155，166，288
Maryknoll Center（Los Angeles） 马力诺尔中心（洛杉矶），48
Marysville, California 马里斯维尔，加州，67
Masaoka, Mike 正冈优，2–3，26，120，292
Massachusetts Institute of Technology 麻省理工学院，117
Masuda, Frank 弗兰克·益田，120–121，266
Masuda, Kazuo 益田一雄，266–267
Masuda, Mary 玛丽·益田，266–267
Matsuda, Heisuke 松田平祐，7，209–210，261，292
Matsuda, Mary 玛丽·松田，7，74，80–81，209–210，261–262，292
Matsuda, Mitsuno 松田光之，7，210，261–262，292
Matsuda, Yoneichi 松田米一，7，74，209–210，262–263，292
Matsui, Doris 多丽丝·松井，292
Matsui, Robert 罗伯特·松井，276，292
Matsumoto, Roy 罗伊·松本，150
Matsumura, Clarence 克拉伦斯·松村，245
Matsura, Yoshimi 松浦佳美，78
Maw, Herbert 赫伯特·莫，98
Mayekawa, Paul 保罗·前川，211
Mayer, Arizona 梅耶，亚利桑那州，67
McClatchy, V. S. V. S. 麦克拉奇，36
McCloy, John J. 约翰·J. 麦克洛伊，xvi，xvii，40–41，49，61–62，144，166，292–293
  evidence suppression and 湮灭证据，257，282
  executive order and 行政令，45–46，51–53
McCormick, Anne O'Hare 高密克，195
McGehee, Arkansas 麦格希，阿肯色州，104
McLemore, Henry 亨利·麦克勒莫尔，35，48
McNary, Helen 海伦·麦克纳里，123–124，132
McPherson, Aimee Semple 艾梅·森普尔·麦克弗森，260

McWilliams, Carey 凯里·麦克威廉斯，5，67，167，186-187
Merced Assembly Center 默塞德集散中心，67，80
Meriwether, David 戴维·梅里韦瑟，285
Merritt, Ralph 拉尔夫·梅里特，121，154，179-180，212
Messina, Italy 墨西拿，意大利，151
Mexico 墨西哥，93
Meyer, Joe 乔·莫耶尔，263
Michigan 密歇根州，251
Midway, Battle of 中途岛战役，103
Military Intelligence Service（MIS） 陆军情报部，28，119，145-151，194，221，235，252，265，294
military service 兵役，xviii-xix，86，143-151，155-159，167，209，215-232，235-249，258，287。参见specific battles, individuals, and military units
  anti-Japanese racism despite 反日种族主义，235-241，285
  camp closings and 闭营，260-262，266-271
  Fair Play and 公平竞争，200-202
  Nisei draft status and 征兵状况，176，187-188，215-217，279
  number of Nisei in 二代日裔数量，251-252
military zones or areas 军事区域，45-46，52，64-67
  Area No. 1 一号区域，55，64，65，69，78
  Area No. 2 二号区域，64-66
Miller, Bert 伯特·米勒，99
Miller, Virgil 维吉尔·米勒，231
Minaga, Yul 皆川由，244
Mineta, Kunisaku 峰田国策，163
Mineta, Norman 诺曼·峰田，77，163-164，276，292-293
Minidoka Relocation Center 米尼多卡安置营，93，94，104，111，130-131，165，209-210，294
  army recruitment from 陆军征兵，157，188，244
Minneapolis 明尼阿波利斯，162，214-215，253
Minnesota 明尼苏达州，251
Missoula, Montana, prison 米苏拉监狱，蒙大拿州，6
Missouri state legislature 密苏里州立法机构，290
Mitsui Export 三井出口公司，6，126
Miwa, Dick 迪克·三轮，120-122
Mix, Tom 汤姆·米克斯，121
mixed-marriage non-exclusive policy 异族通婚豁免政策，141
Miyatake, Toyo 宫武东洋，179-180
Mizukami, Bill 比尔·水上，188
Mizukami, Robert 罗伯特·水上 188
Moab, Utah, prison 摩押监狱，犹他州，122-123
Mola Vical, Emilio 埃米利奥·莫拉·维考，14
Montana 蒙大拿州，44
Montebello, USS（tanker） “蒙特贝洛”号（油轮），25，42
Monterey, California 蒙特雷，加州，60，62
Montgomery, Bernard 伯纳德·蒙哥马利，151
Morgenthau, Henry 亨利·摩根索，34
Morimoto, Yasuko 森本泰子，28
Mount Holyoke College 霍利奥克山学院，189
Munemori, Sadao S. 宗盛贞雄，243

Munson, Curtis B. 柯蒂斯·B. 芒森，15-16，23，293
Murata, Hideo 村田英雄，62-63
Murphy, Frank 弗兰克·墨菲，233-234
Murrow, Edward R. 爱德华·R. 默罗，xvii, 37-38
Museum of Modern Art 现代艺术博物馆，180
Mussolini, Benito 本尼托·墨索里尼，4-5
Mutual Broadcasting Company 墨脱广播公司，37
"My Day"（Eleanor Roosevelt）"我的日子"（埃莉诺·罗斯福），31
Myer, Dillon 狄龙·迈尔，103，116，123，144，149，154，157，161，168-169，173，181-184，193，293
Myitkyina Island 密支那岛，150

N

Nagasaki 长崎，248，253
Najima, Irene 艾琳·名岛，7-8，76，269
Najima, Jahachi 名岛，7-8，75-76，269
Nakada, James 詹姆斯·中田，164
Nakahara, Seiichi 中原诚一，273-274
Nakahara, Yuri 中原百合，274
Nakamura, George 乔治·中村，208
Nakashima, Shig 中岛志贺，127-128
Namba, Isso 矶雄难波，235
Naples, Italy 那不勒斯，意大利，151
Nation 《国家》，167
National Academy of Sciences 科学院，291
National Guard 国民警卫队，95
National Portrait Gallery 国家肖像艺术博物馆，284
Native Americans 美洲土著，xiv, 73，100，175
Native Sons of the Golden West 金西之子，33，254
naturalization law of 1790 1790 年归化法，9
Navajo 纳瓦霍，123
Nazi Germany 纳粹德国，3，34，38-39，93，123，227-229，243-245，246-247
concentration camps 集中营，244-245
Nazi submarines 纳粹潜艇，39
NBC radio 全国广播公司电台，190
Nebraska 内布拉斯加州，28
Nehru, Jawaharlal 贾瓦哈拉尔·尼赫鲁，113
Neill, Kenneth 肯尼斯·尼尔，194
Nereid（fishing boat）"海神之女"号（渔船），59
Nevada 内华达州，44
New Jersey 新泽西州，253
New Mexico National Guard 新墨西哥州国民警卫队，100
New Republic 《新共和周刊》，154
New World Sun 《新世界太阳报》，1-2
New York Herald Tribune 《纽约先驱论坛报》，50
New York State 纽约州，251
New York Times 《纽约时报》，4，29，42，63，111，184，192，195，231，236
New York Yankees 纽约洋基队，4
Nice, Connie 康妮·尼斯，285
Nichiren Buddhist Church（Los Angeles） 日莲教（洛杉矶），259-260
Ninety-Third Bomb Group 第 93 轰炸队，27，133，153，189
Ninth Air Force 第 9 航空队，189

Ninth Circuit Court of Appeals 第九巡回上诉法庭，279-280，282
Nisei (second generation) 二代日裔
army service by 兵役，xviii, 28，140-151，155-159，216-217，221-232，234，247，252
camp closings and 闭营，252-253，264-265
citizenship of 公民身份，75，205-206
college studies and 高校学习，188-189
Congressional Medal of Honor and 国会荣誉勋章，243
declared eligible for draft 宣布有资格参军，187-188
Eleanor Roosevelt and 埃莉诺·罗斯福，31
farmers 农场主，9
Issei tensions with 与第一代关系紧张，100，115，138，156
join army 参军，140-141
killed in Europe 欧洲阵亡，246-247
Kuroki encourages to enlist 黑木鼓励应募，190-191
loyalty oaths and 效忠誓言，159
missing in action 战斗中失踪，247
Munson on loyalty of 芒森论忠诚，16
postwar lives of 战后生活，272
pro-Japan factions and 亲日派系，205-206
Ringle on loyalty of 林格尔论忠诚，14
school children 校童，18
term defined 定义，xxi
Nisei (Hosokawa)《二代日裔》(细川)，290
Nisei Writers and Artists Mobilization for Democracy 二代日裔作家、艺术家民主促进会，130
Nishioka, Sagie 西冈鹭绘，235
Nishioka family 西冈家，139
Nitta, Alice 艾丽斯·新田，254
Nitto family 日东家，76
Nixon, Richard 理查德·尼克松，290
Noguchi, Isamu 野口勇，128-130，154，293
Noguchi, Yonejirō 野口米次郎，129
NoJapsIncorporated 禁日社，254
Noji, Mamoru 野衣卫，235
Nomura, Fred 弗雷德·野村，32
Nomura, Kiyoko 野村清子，265
"No-No Boys" "双否男孩"，159，181，200，215-216，279
Norimasu, Henry K. 亨利·K. 城增，235
Normandy invasion 诺曼底登陆，225，230
North Africa 北非，151-153，189，223，225
Northern California Committee for Fair Play 北加州公平竞争委员会，17
North Platte church 北普拉特教堂，26
North Portland Livestock Pavilion Assembly Center 波特兰北部的牲畜市场集散中心，94
Nuremberg trials 纽伦堡审判，288

O

Oak Grove High School (Hood River) 奥克格罗夫高中 (胡德里弗)，236
Oakland, California 奥克兰，加州，32，55，66，95
"Champions of Justice" Gallery "正义斗士"艺廊，285
Oakland Tribune《奥克兰论坛报》，82
Oda, James 詹姆斯·小田，120
Oda, Mary Sakaguchi 小田坂口，128，

188
Office of Naval Intelligence 海军情报部，10，283
Office of War Information 战时新闻处，103，111，144，192，221
Ogawa, Louise 路易丝·小川，90–91，123–124，132–134，162，216，218–219，234–235，264，293
Ohama, Abraham 亚伯拉罕·大浜，227
Ohio 俄亥俄州，251
Ohtaki, Paul 保罗·大多喜，72–73，294
Oiye, George 乔治·小矶，244
Okamoto, Shoichi James 冈本庄一，198–199
Okamoto family 冈本家，76
Olson, Culbert 卡伯特·奥尔森，17，30，33，40，116–117，167，294
Olympia, Washington 奥林匹亚，华盛顿州，47
Omura, James 大村宽，201–202
One Hundredth Infantry Battalion 第100步兵营，145，220–230，243，249，252
141st Regiment 第141团。参见 Lost Battalion
1399th Engineers Construction Battalion 第1399工兵营，252
Operation Tidal Wave 浪潮行动，189–190
Operation Z Z计划，148
Oppenheim, Joanne 乔安妮·奥本海姆，89，275
Orange County, California 奥兰治县，加州，38，266–267
Orange County Forum 奥兰治县论坛，267
Oregon 俄勒冈州，54–55，64，67，103–104
Oregon Property Owners' Protective League 俄勒冈业主保护联盟，239
Organization of Afro-American Unity 美籍非裔团结组织，274
orphans 孤儿，48，86–87
Osaka Mainichi(newspaper)《大阪每日新闻》(报纸)，5
Osamu, Harry 哈里·牧，235
Osborn, Sidney 悉尼·奥斯本，98
Oshima, Kanesaburo 大岛兼三郎，117
Oshita, Edward 爱德华·大下，8
Oshita, Grace 格蕾丝·大下，8
Our World(Manzanar yearbook)《我们的世界》(曼萨纳年鉴)，212–213
Owens Valley, California 欧文斯谷，加州，73–74
Ozawa, Takao 小泽高尾，5

P

Pacific Citizen(JACL newspaper)《太平洋公民》(日裔美国公民协会报纸)，215
Pacific Coast Committee on American-Principles and Fair Play 美国原则与公平竞争太平洋沿岸委员会，178
Pacific Coast Japanese Problem 太平洋沿岸日本问题社，254
Pacific Historical Review《太平洋历史评论》，207
Paiute 派尤特族，73
Palermo, Italy 巴勒莫，意大利，151
Palos Verdes California 帕洛斯弗迪斯，加州，25–26
Panama Canal 巴拿马运河，59，91–94
Paraguay 巴拉圭，93
Parent-Teacher Associations 家长教师协会，86
Parker, Arizona 帕克，亚利桑那州，107
Parker Valley High School 帕克谷高

中，213-214
Pauling, Linus 泡令，291
Pearl Harbor 珍珠港，xiii，xv，1，3，6-21，23，26，28-29，33，36-37，40，43，47，55，57-58，60，91，95，117，121，129，138，148，153，160，170，181，185，192，196，220-221，223，236，238，255，258，269，281-282
Pegler, Westbrook 韦斯特布鲁克·佩格勒，50
Pence, Charles 查尔斯·彭斯，224
Personal Justice Denied（1982 report）《褫夺个人正义》（1982 年报告），276
Peru 秘鲁，92-93，214
Petaluma, California 佩塔卢马，加州，7，75-76，269
Philippines 菲律宾，20，99-100，194
Philippine Sea, Battle of the 菲律宾海战，148
Phillips, Edward 爱德华·菲利普斯，118
Philpott, Gerald B. 杰拉德·B. 菲尔波特，159，160
Pierce, Charles 查尔斯·皮尔斯，239-240
Pierce, Walter M. 沃尔特·M. 皮尔斯，239
Pinedale Assembly Center 派恩代尔集散中心，67，80-81
Pinza, Ezio 艾契欧·平查，4-5，294
"pioneer communities" 拓荒社区，115
Pisa, Italy 比萨，意大利，243
Placer County, California 普莱瑟县，加州，261，269
Placerville Times 《普莱瑟维尔时报》，32-33
Ploeşti, Romania, oil fields 普罗耶什蒂油田，罗马尼亚，189-191
PM 《午后》，21，236
Pocatello, Idaho 波卡特洛，爱达荷州，210
Pomona Assembly Center 波莫纳集散中心，67，137
Portland, Oregon 波特兰，俄勒冈州，67，94，104
Portland Oregonian 《波特兰俄勒冈人报》，94，168
Poston Relocation Centers 波斯顿安置中心，102，106-108，113，120，123-124，127-135
army recruitment from 陆军征兵，157，216
Arts and Handicraft Center 艺术手工中心，129
gangsin 帮派，120，134-135，193
high school graduations 高中毕业，162，213-214
McCormick reports on 高密克报道，195-196
Noguchi at 野口，128-130，154
Poston I 波斯顿一号营，102，118，131，134-135
Poston Ⅱ 波斯顿二号营，102，135
Poston Ⅲ 波斯顿三号营，102，131
riot and strike at 暴乱和罢工，134-135
Prado, Ignacio 伊格纳西奥·普拉多，92-93
Prejudice（McWilliams）《偏见》（麦克威廉斯），5
Presbyterian Union Church 长老会教会联盟，136
Presidio 普雷西迪奥，6，8，22-23，28，62，99，146-147
Princeton University 普林斯顿大学，117
prisoner exchanges 交换战俘，187，252
Proclamation 4417（1976） 第 4417

号公告（1976），275
property losses, 财产损失，xvii，58-59，68，70，75-76，93，157，165，258-262，268-272，276-277，292，294
Protestant churches 新教教会，253
Public Proclamation 1（1942） 一号公告（1942），64，69
Public Proclamation 2（1942） 二号公告（1942），69
Public Proclamation 21（1945） 21 号公告（1945），251
Purcell, James 詹姆斯·珀赛尔，96
Puyallup Assembly Center 皮阿拉普集散中心，67-68
Pyle, Ernie 厄尼·派尔，38

Q

Quakers 公谊会，94，253
Queen Elizabeth 伊丽莎白女王，27
Questions 27 and 28 第 27 和 28 题。见 “Application for Leave Clearance”

R

racism 种族主义，xviii，34，221，233--240。参见 anti-Japanese sentiment
Radio Tokyo, 187
Rafu Shimpo（newspaper）《罗府新报》，2
Randolph, Edmund Jennings 埃德蒙·詹宁斯·伦道夫，39
Rankin, John 约翰·兰金，34
Ray, Man 曼·雷，129
Reader's Digest 《读者文摘》，238
Reagan, Ronald 罗纳德·里根，276，292
redress movement 平反运动，273，289，294-295。另见 reparations
Reeves Field 里夫斯机场，57
relocation centers 安置中心。见 specific location
Remember Pearl Harbor League 牢记珍珠港联盟，260
reparations 赔偿，276-277，280
Reserve Officers' Training Corps（ROTC） 预备役军官训练团，117，188
Return to Manzanar（TV show）《重返曼萨纳》（电视片），290
Rikita, Honda 本田利喜太，21-22
Ringle, Kenneth 肯尼斯·林格尔，10，12-16，23，283，294
Robertson, Guy 盖伊·罗伯逊，158，247
Robertson, Paul 保罗·罗伯逊，123
Robinson, Elsie 埃尔茜·鲁滨逊，235
Rocky Shimpo（newspaper）《落基新报》，202
Rohwer Relocation Center 罗沃尔安置中心，104-105，120，157，224，295
Rome, fall of 罗马陷落，225
Rommel, Erwin 埃尔温·隆美尔，151
Roosevelt, Anna 安娜·罗斯福，31
Roosevelt, Eleanor 埃莉诺·罗斯福，31，164-165，173，267
Roosevelt, Franklin D. 富兰克林·D. 罗斯福，xx，26，102，284，288，292
advisers vs. internment and 顾问与监禁，15-16，38-40，49，53，196-197，221
Baldwin and 鲍德温，95，284
campclosingsand 闭营，196-197
Chandler report and 钱德勒报告，173-174
“concentration camp” term and “集中营”表述，xx, 9
death of 死亡，267
declares war vs. Japan 对日宣战，3
Denaturalization Act and 剥夺国籍

法，204
eugenics and 优生学，34
evacuee resettlement and 迁移人员安置，257-258
Executive Order 9066 and 第9066号行政令，xiii-xv，xix，45-46，50-54
German and Italian Americans and 德意裔美国人，3-4
on internment 论监禁，232
Japanese American college students and 美籍日裔大学生，116-117
loyalty of Japanese Americans and 美籍日裔的忠诚，2，9, 15-16
Nisei military service and 二代日裔服役，143-145，155，164-165
reelection of 再次当选，xvi，196-197，232，257
Tule Lake protests and 图利湖抗议，184
WRA and 战时安置署，64，196-197
Rosell, Chester 切斯特·罗塞尔，38
Ross, Edward Alsworth 爱德华·阿尔斯沃斯·罗西，5
Rossi, Angelo 安吉洛·罗西，4
Rotary Club 扶轮社，91
Rouverol, Aurania 奥兰尼亚·鲁维罗，212
Rowe, James 詹姆斯·罗，xvii，39，53，294
Runyon, Damon 戴蒙·鲁尼恩，50
Russo-Japanese War 俄日战争，10

S

Sacramento 萨克拉门托，67-69，76，80，96，103-104，254
Sacramento Assembly Center 萨克拉门托集散中心，81
Sacramento Bee 《萨克拉门托蜂报》，36，37
Saijo, Albert 艾伯特·西乡，176
Saiki, Barry 巴里·佐伯，8
Saipan Island 塞班岛，149，217
Saito, Calvin 卡尔文·斋藤，226-227
Saito, Dahlia 戴利亚·斋藤，47
Saito, George 乔治·斋藤，226-227
Saito, John 约翰·斋藤，260
Saito, Lincoln 林肯·斋藤，47
Saito, Mary Yogawa 斋藤汤川，261
Saito, Morse 莫尔斯·斋藤，47
Saito, Natsu 斋藤奈津，47
Saito, Perry 佩里·斋藤，47
Saki, Isaburo 佐纪伊三郎，42
Sakumoto, Matsuji 坂本松治，230
Salinas, California 萨利纳斯，加州，67，249-250
Salt Lake City 盐湖城，253
San Bruno, California, 82。参见 Tanforan Assembly Center
San Diego 圣迭戈，11-12，56，60，66，77-79，89-91，108，128，254，288，293，295
San Diego City Council 圣迭戈市议会，177
San Diego High School 圣迭戈高中，90，213
San Diego Public Library 圣迭戈公共图书馆，89
San Diego Union 《圣迭戈联合报》，78，174
Sand Island Tough Boys 沙岛男子汉，206
San Fernando Valley 圣费尔南多谷，74
San Francisco 旧金山，62，66-68，96，104
San Francisco Chronicle 《旧金山纪事报》，16-17，35，37-38，174
San Francisco Examiner 《旧金山考察报》，35-36，48，235

San Gabriel Valley　圣加布里埃尔谷，137-138，261-262
San Joaquin County　圣华金县，102，104
San Jose, California　圣何塞，加州，77，284，290，293
San Leandro, California　圣莱安德罗，加州，96
San Luis Obispo Independent　《圣路易斯-奥比斯波独立报》，29
San Pedro Bay　圣佩德罗湾，57，104，118，254
San Quentin State Prison　圣昆廷监狱，13
Sansei（third generation）　三代日裔，273
Santa Ana Register　《圣安娜要闻》，38，112，267
Santa Anita Assembly Center　圣阿尼塔集散中心，67，73，78-81，86，88-91，106，113-115，274
Santa Anita Pacemaker　《圣阿尼塔导报》，86
Santa Barbara County　圣芭芭拉县，49，54，58
Santa Clara County　圣克拉拉县，104
Santa Cruz, California　圣克鲁兹，加州，60-61
Santa Cruz Sentinel　《圣克鲁兹守望报》，60
Santa Fe, New Mexico, prison　圣菲监狱，新墨西哥州，6，100，165，252，256
Santa Maria Courier　《圣玛丽亚快讯报》，174
Santa Monica, California　圣莫尼卡，加州，190，265
San Terenzo, Battle of　圣特伦佐战役，246
Sato, Eiichi　佐藤英一，160
Sato, Katsumi　佐藤胜美，235
Saturday Evening Post　《星期六晚邮报》，20
Schieberling, Edward　爱德华·希伯林，240
Seabiscuit（racehorse）　奔腾（赛马），79，90
Seabrook Farms　西布鲁克农场，161，253
Seagoville, Texas, prison　西格维尔监狱，得克萨斯州，6
Sears, Arthur　阿瑟·西尔斯，17
Sears Roebuck　西尔斯罗巴克公司，89，130
Seattle　西雅图，17，19，68，70，78，104，294
Seattle Chamber of Commerce　西雅图商会，260
Seattle Star　《西雅图星报》，168
Seattle Times　《西雅图时报》，70-71
Segawa, Ben　本·濑川，295
Selective Service Act　义务兵役法，201-202
September 11, 2001, attacks　2001 年 9 月 11 日袭击，284
Seuss, Dr.（Theodor Geisel）　苏斯博士（西奥多·盖泽尔），21
Sevier Desert　塞维尔沙漠，109
Shanghai Times　《上海泰晤士报》，255
Sheldrake, John　约翰·谢尔德里克，10
Shigekawa, Misako　重川美佐子，59
Shimoda, Ichiro　下田一路，117
Shoemaker, Ed　埃德·休梅克，264
Shoemaker, Kent　肯特·休梅克，238-239，264
Short, Walter　沃尔特·肖特，23，43
Sierra Nevada　内华达山脉，73-74
Simms, Ginny　金尼·西姆斯，190，192
Simpson, Alan　艾伦·辛普森，163，276，293
Sinatra, Frank　弗兰克·西纳特拉，xix
Sixth Army　第六军，294
Slater, Herbert　赫伯特·斯莱特，

177–178
Smith, Nels 内尔斯·史密斯，xvi，98
Smith College 史密斯学院，189
Solomon Islands 所罗门群岛，147，193
Sone, Monica 莫尼卡·曾祢，104
Southern Pacific Railroad 南太平洋铁路，55
Spanish Civil War 西班牙内战，14
Spanish consul 西班牙领事，187
Spanish Morocco 西属摩洛哥，152
Sprague, Charles 查尔斯·斯普拉格，141，264
Sproul, Robert Gordon 罗伯特·戈登·斯普劳尔，81，116，189
Stagnaro, Mario 马里奥·斯塔格纳若，62
Stanford University 斯坦福大学，44–45
Star Trek（TV series）《星际迷航》（电视连续剧），295
State Department 国务院，9，61，92
"Statement of United States Citizen of Japanese Ancestry" "美国日裔公民声明"，144，158–159
Stetinius, Edward 斯退丁纽斯，197
Stewart, Tom 汤姆·斯图尔特，172–173
Stilwell, Joseph "Vinegar Joe" "尖酸乔"史迪威，23–24，43，266–267，294
Stimson, Henry 史汀生，xvii，15，39，41–43，49，51–52，54–55，143，145，193–194，196，221，237，281
St. Louis 圣路易，253
Stockton, California 斯托克顿，加州，11，67，288
St. Sure, Adolphus F. 阿道弗斯·F. 圣·休尔，96
"Suggested Answers to Questions 27 and 28"（Emi brothers）"第 27 题和 28 题建议答案"（埃米），200–201
suicides 自杀，21，63，117，132，255，265–266
Supreme Pyramid of the Sciots 赛欧岛大金字塔，37

T

Tachibana, Itaru 立花至，12
Tacoma 塔科马，78，186，261
Takanashi, Harry 哈里·高梨，198
Takasaki, Gordon 戈登·高崎，246
Takayoshi, Theresa 特蕾莎·隆义，68，294
Takayoshi, Thomas 托马斯·隆义，68
Takayoshi, Yoshi 隆义悌，68
Takei, George 乔治·武井，81，295
Takeuchi, Hikoji 竹内方广，118
Takeuchi, Mary 玛丽·竹内，70
Talbot, California 托尔伯特，加州，266
Tamaki family 玉木家，68
Tamesa, Min 敏多目久，201
Tamura, Linda 琳达·田村，285
Tanaka, Fred 田中东乡，147
Tanforan Assembly Center 坦佛兰集散中心，67，82–84，87–88，95，96，100，108–109，114，260，277
Tanimoto, Jim 吉姆·谷本，185–186
Tasaki, Katherine 凯瑟琳·田崎，89，295
Tateishi, Ben 本·立石，77
Tateishi, Yuri 立石百合，73
Tayama, Fred 弗雷德·田山，118，122
Teno, Jack 杰克·特诺，192
Tenth Circuit Court of Appeals 第十巡回上诉法庭，202
Terminal Island 特米诺岛，57–60，65，70，192，254，273–274，290
Terry and the Pirates（Caniff）《特里

与海盗》(卡尼夫),19–20
Texas National Guard 得克萨斯州国民警卫队,228
Thayer, Mrs. Maynard 梅纳德·赛耶夫人,178
Theta Delta Chi fraternity TDC联谊会,45
Thirty-Sixth Division 第36师,231
Thomas, Elbert 艾尔伯特·托马斯,2–3
Thompson, Dorothy 多萝西·汤普森,29
Time《时代》,xviii,10,192,231,293
Tinian Island 提尼安岛,194,248
Tojo, Hideki 东条英机,217
Tokushige, Shizuko 德重静子,107–108
Tolan, John 约翰·托兰,56
Tomas, Carmen 卡门·托马斯,152
Tomas, Rosa 罗莎·托马斯,152
Tomemura, Dick 迪克·留村,139
Topaz Relocation Center 托珀兹安置中心,104,108–111,115,125–127,157,159,169,189,216,253
Totalizer, The(Tanforan newspaper)《统计报》(坦佛兰报纸),114
travel restrictions 旅行限制,63–65
Trebon, Edward 爱德华·特雷邦,174
Truman, Harry S. 哈里·S. 杜鲁门,267,269,288–289
Tsukamoto, Mary 玛丽·冢本,80
Tsukamoto family 冢本家,76
Tsumagari, Fusa 津曲福生,81,113–114,134–135,162–163,213–215,234–235,295
Tsumagari, Yukio 津曲幸男,114,162,295
Tsuneishi, Sally 萨莉·恒一,76–77
Tsuruda, Mas 鹤田正,242
Tsuruda, Yo 鹤田义,242
Tulare, California 图莱里,加州,67,78
Tulean Dispatch《图利人快讯》,208
Tule Lake Relocation and Segregation Center 图利湖安置隔离中心,47,96,103,105–106,115,141–142,165,216,291
army recruitment and 陆军征兵,157,166
Besig visits 贝西格访问,202–203
citizenship renunciations and 弃籍,204–208,256–257,279–280
closed 闭营,252,256–257,265–266
Collins and 柯林斯,204
deaths in 死亡,183,198
“disloyals” segregated in 隔离“不忠者”,181–187,209
gangs at 帮派,185–186,205–207
Myer visits 迈尔访问,183–185
protests at 抗议,168–169,183–185
stockade 监营,184,187,203–204
Tully, Grace 格蕾丝·塔利,39
Turlock, California 特洛克,加州,67
200th Coast Artillery Battery 第200海岸炮兵队,100

U

Uchida, Dwight Takashi 内田江诗,6–7,126–127
Uchida, Kay 凯·内田,189
Uchida, Yoshiko 内田淑子,6,82–84,88,108–110,125–126,189,295
Ueno, Harry 哈里·上野,121–122
Ulio, James A. 詹姆斯·A. 尤利奥,247,263
United Nations 联合国,113
U.S. Army 美国陆军,22,40,45,67,96,107

Japanese American service in 美籍日裔服役，8，26，143-145，155-156，161，215-218，220-225，251-252
Tule Lake Army-WRA rally of 1943 1943 年图利湖陆军-战时安置署集会，184
U.S. Army Air Corps 美国陆军航空队，9，26-27，92，153，156，190，228，264
U.S. Army and Navy Staff College 美国陆海军参谋学院，280，289
U.S. Army Investigation Committee 美国陆军调查委员会，198-199
U.S. Army Reserve 美国陆军预备役，94
U.S. Army Signal Intelligence Service 美国陆军信号情报部，13，14，231
U.S. Bill of Rights 美国人权法案，31
U.S. Cadet Nurse Corps 美国护士学员大队，209
U.S.Congress 美国国会，xvii，3，9，33-34，50-51，276，289，291-293
citizenship rights and 民权，204-205
DeWitt and 德威特，166
Warren and 沃伦，55-56
U.S. Constitution 美国宪法，xvi, 39，41，49，98，160，182，200，202，232-234，269
First Amendment 第一条修正案，202
Fourteenth Amendment 第十四条修正案，156
U.S. District Court of San Francisco 美国旧金山联邦法院，277
U.S. District Court of Seattle 美国西雅图联邦法院，95
U.S. House of Representatives Naval Affairs Committee 美国众议院海军事务委员会，xvi—xvii，160
Un-American Activities Committee 非美活动委员会，xv
U.S.-Japan Council 美日协会，291
U.S. Navy 美国海军，9，12，14，25，29，42，103
Japanese translators and 日语翻译，146-148
Terminal Island base 特米诺岛基地，57，70
U.S. Senate 美国参议院，181，280，291
Military Affairs Committee 军事委员会，173
U.S. Supreme Court 美国最高法院，xvi，5，94-97，232-234，257，273，281-284，289-290
University of Arizona 亚利桑那大学，19
University of California 加州大学，116-117，189
University of California, Berkeley 加州大学伯克利分校，81，193，250-251，279-281
University of Chicago 芝加哥大学，117，163-164
University of Hawaii 夏威夷大学，222
University of Michigan 密歇根大学，176
University of Oregon 俄勒冈大学，94
University of Washington 华盛顿大学，94
Uno, Edison 爱迪生·宇野，273，295
Uno, Kay 凯·宇野，18
Usui, Rev. Fuji 臼井富士，11
Usui, Mitsuo 臼井光雄，11，157，268-269
Utah 犹他州，44，66，98，253
Uyeno, Tad 塔德·上野，138

V

Van Vleet, T. S. T. S. 范·弗里特，239
Vashon Island 瓦雄岛，7，74，209-210，261-263

Vichy France 法国维希政府，113
Vietnam War protests 越战抗议，xv，273-274
Voluntary Evacuation 自愿迁移，65-66
voting rights 选举权，220

W

Wakamatsu, Eichi 若松英知，235
Wakamatsu, Johnny Y. 约翰尼·Y. 若松，235
Wakasa, James Hatsuki 若樱初见，159-160
Wakatsuki, Bill 比尔·若月，255
Wakatsuki, Eleanor 埃莉诺·若月，255
Wakatsuki, Frances 弗朗西丝·若月，255
Wakatsuki, Jeanne 珍妮·若月，73，106-107，113，115，253-255，274-275，290
Wakatsuki, Ko 若月高，59
Wakatsuki, Lillian 莉莲·若月，255
Wakatsuki, Martha 玛莎·若月，255
Wakatsuki, Ray 雷·若月，255
Wakatsuki, Riku 若月利库，59，70，106，254
Wakatsuki, Woody 伍迪·若月，255
Walker, Roger 罗杰·沃克，126
war bonds 战争债券，8，165
War Department 陆军部，44，64，120，144-145，166-167，174，187-188，193，196-197，221，233，252-253
War of 1812 1812 年战争，58
War Relocation Authority（WRA） 战时安置署，xvi，98
army recruitment and 陆军征兵，157
camp closings and 闭营，161，174，234-235，251-252，255，263
camp killings and 营区杀戮，118，159
"disloyals" segregated by 隔离"不忠者"，181-184
Eisenhower and 艾森豪威尔，64-65，103
established 建立，64
Interior oversees 内政部负责，196-197
Japanese translators and 日语翻译，149
Lange photos and 兰格照片，179
loyalty oaths and 忠诚宣誓，144
Manzanar and 曼萨纳，71，102
news media and 新闻媒体，116，174
Poston and 波斯顿，127
releases for school or work and 上学假和工作假，161，167-170，189
Warren, Earl 沃伦·厄尔，xvii，17，29，33，40，42，49-50，54-56，63，166，181，280-281
Brown and 布朗案，273，281
evacuee returns and 迁移人员返回，167-168，177，179，249-251
Wartime Civil Control Administration（WCCA） 战时民管局，64，66-67，98，106
Wartime Handling of Evacuee Property, The（report of 1982）《战时迁移人员财产处置报告》（1982），258
Washington, George 乔治·华盛顿，39，191
Washington Middle School（Seattle） 西雅图）华盛顿中学，17-18
Washington Post 《华盛顿邮报》，8-9，50，160
Washington State 华盛顿州，54-55，64，67，69-70，82，103，260-261
Washington State University 华盛顿

丑闻
州立大学，37-38
Washington Times Herald 《华盛顿时代先驱报》，169
Washington University（St. Louis）（圣路易）华盛顿大学，137
Watanabe, Grace 格蕾丝·渡边，47-48
Watanabe, Hisako 渡边尚子，162
Watanabe, Richard 理查德·渡边，293
Webb, Ulysses S. 尤利西斯·S. 韦布，9
Weckerling, John 约翰·韦克林，146
Weglyn, Michi Nishiura 西浦美智，275，278-279
Western Defense Command 西部防务司令部，xvi，22，64，69，82
Western Pacific Railroad 西太平洋铁路，55
Westminster, California 威斯敏斯特，加州，266-267
Weston, Edward 爱德华·韦斯顿，180
Whirlwinds（Manzanar magazine）《旋风》（曼萨纳杂志），253
Whitney, Mount 惠特尼山，72
WHO（Omaha radio station） WHO（奥马哈广播站），192
Wickard, Claude 克劳德·威卡德，64，103
Wilbur, George 乔治·威尔伯，239
Willoughby, Charles 查尔斯·威洛比，150-151
Wilson, Mount 威尔逊山，89
Wirin, A. L. A. L. 威林，202
World Trade Center attacks 世贸中心被袭，284
World War Ⅰ 第一次世界大战，xv，40，42，63
veterans 退伍军人，62-63，86，159
World War Ⅱ 第二次世界大战，xv，39。参见 military service；Pearl Harbor；and specific battles, countries, and military units
Wright, Frank Lloyd 弗兰克·劳埃德·赖特，130
Wyoming 怀俄明州，98

Y

Yabe, Fumiko 矢部富美子，103
Yada, Jimmie 吉米·矢田，164
Yamada, Yoshikazu 山田嘉一，148
Yamaki, Bill Shyuichi 山木修一，235
Yamamoto, Hisaye 山本久惠，7
Yamamoto, Isoroku 山本五十六，148
Yamashiro，George "Sankey" 乔治（"桑基"）·山城，148
Yamashita, Kanshi 山下汉诗，128
Yanari, Ralph 拉尔夫·八莉，176
Yasui, Kenny 肯尼·安井，150
Yasui, Masuo 安井益男，91-93
Yasui, Minoru 安井实，91-94，282，295
conviction and appeals of 判决及上诉，94，97，282
Yatabe, Tom 汤姆·矢田部，120
Yatsu, Lawrence 劳伦斯·谷津，128
Years of Infamy（Weglyn）《耻辱岁月》（西浦），275，278
Yoneda Elaine Black 伊莱克·布莱克·米田，119-120
Yoneda, Karl 米田刚三，119
Yoneda, Tommy 汤米·米田，119-120
Yoshimura, Akiji 吉村昭二，28
Young Men and Young Women's National Defense Association 青年男女国防协会，185

Z

Zanuck, Darryl F. 柴纳克，121

译后记

近年来，在中美两地奔波，于我而言，日子无异于国际流浪。或正因此，移译这本描摹动荡岁月的历史书，反倒给我漂泊不定的生活平添了些许静谧的安乐。

该书作者理查德·里夫斯曾任《纽约时报》首席政治记者，公共电视台《前线》栏目首席记者，并为《纽约客》撰稿，现住洛杉矶，执教于南加州大学。理查德·里夫斯擅长政治题材，撰写过肯尼迪、尼克松、里根、克林顿等总统传记。他曾获奖无数，其中包括 1993 年国际笔会最佳非虚构作品奖、全美专栏作家协会终身成就奖、美国政治协会凯里·麦克威廉斯奖等。《丑闻》一书被《洛杉矶时报》评为畅销书，系关于日裔集中营的权威之作。作者阅历丰富，写起历史来，笔意恣肆，独具特色。全书主题宏阔，叙事细腻。其文字时而冷峻深刻，时而诙谐幽默；

行文既有媒体报道之客观，又具文学作品之意趣；描叙家庭亲情，仿佛淙淙细泉，缠绵温婉；状写战争场面，又如万鼓齐鸣，铿锵激越。这虽然是一部纸质书籍，但掩卷回味，浮现眼前的却往往是一幅幅照片、一尊尊雕塑。作者文辞之生动、简洁以及历史情怀予人印象尤深。

翻译此书遇到的困难之一就是其中的专有名词。对于地名、人名、机构名等，译者绝大多数情况下依据词典，恪守规则，但个别情况下，难免“不羁”，凭一己之好恶信笔传译。比如，书中描写曼萨纳拘留营周边环境时，有如下文字：

> Manzanar, a barren, wind-whipped ghost town 230 miles northeast of Los Angeles in the eastern foothills of the Sierras, on the road between tiny places called Independence and Lone Pine.

此处提及加州的“Independence City”和“Lone Pine”，如果循规蹈矩地按照地名词典，前者应意译为“独立城”，后者则应音译为“隆派恩”。然而，如此译来，原文的对应表达顿失文采，作者的江湖义气亦散逸无遗。于是，译者僭易词典，弃音取意：

> 曼萨纳位于洛杉矶东北230英里处，坐落于内华达山脉东麓。那里狂风呼啸，漫无人烟。前有独立城，后有孤松镇（试比较：前有独立城，后有隆派恩）。

翻译之乐大概也正在于此，理论家们给我们这些实践者制定了各种堂而皇之的规则，而我们在实践中则可以戴着那些规则的“镣铐”尽情展示我们自己的舞蹈，或豪放，或曼妙。有时，甚至冒昧地抖落“镣铐”也能产生一种意想不到的美感。然而，一切翻译终究应该遵循语言的基本规律，形成译文内在逻辑的统一，此所谓道是不羁却有理（Though this be madness, yet there is method in it）。本书中经常提到两个概念：“American Japanese”和“Japanese American”。初看，似乎只是两个词语顺序的颠倒，其实，两者内涵具有明显的区别，前者指美国境内的日本人，既包括加入美国国籍的日裔公民（citizen），也包括生活或工作在美国却未入籍者（alien），译文统一处理为“美国的日本人”；后者指加入美国国籍的日裔，译文统一处理为“美籍日裔”。

此书的翻译得到很多人的帮助，对此，译者深怀感激。感谢夫人陈李萍承担家务，照顾孩子，让我有充足时间，专心译事。感谢徐怀静和刘红利在日本人名翻译方面的鼎力相助。拙译匆就，伏惟方家哂阅指正，以匡愚之不逮。

魏令查

2017年4月18日

图书在版编目(CIP)数据

丑闻:二战期间美国日裔拘留营中的惊人故事/(美)理查德·里夫斯著;魏令查译.—北京:商务印书馆,2018

ISBN 978-7-100-16638-6

Ⅰ.①丑… Ⅱ.①理… ②魏… Ⅲ.①第二次世界大战—史料 Ⅳ.①K152

中国版本图书馆 CIP 数据核字(2018)第 215197 号

丑闻

二战期间美国日裔拘留营中的惊人故事

〔美〕理查德·里夫斯 著

魏令查 译

商 务 印 书 馆 出 版

(北京王府井大街36号 邮政编码100710)

商 务 印 书 馆 发 行

北 京 冠 中 印 刷 厂 印 刷

ISBN 978-7-100-16638-6

2018 年 10 月第 1 版　　开本 880×1230 1/32

2018 年 10 月北京第 1 次印刷　　印张 11¼

定价:39.00 元